视
Horizon
界

涉外法治文库　主编　黄进

国家出版基金项目
NATIONAL PUBLICATION FOUNDATION

司法实践中的涉外法治

肖凯　等著

Judicial Practices for the Rule-of-Law in Foreign-Related Cases

法律出版社 LAW PRESS · CHINA
北京

图书在版编目（CIP）数据

司法实践中的涉外法治 / 肖凯等著. -- 北京 : 法律出版社, 2025. -- (涉外法治文库 / 黄进主编).
ISBN 978 - 7 - 5244 - 0384 - 5

Ⅰ. D922.134

中国国家版本馆 CIP 数据核字第 2025CR3738 号

司法实践中的涉外法治
SIFA SHIJIAN ZHONG DE SHEWAI FAZHI

肖　凯　等著

策划编辑 沈小英
责任编辑 毛镜澄
装帧设计 李　瞻

出版发行 法律出版社
编辑统筹 法治与经济出版分社
责任校对 王语童
责任印制 吕亚莉
经　　销 新华书店

开本 A5
印张 12.875　**字数** 353 千
版本 2025 年 6 月第 1 版
印次 2025 年 6 月第 1 次印刷
印刷 北京中科印刷有限公司

地址:北京市丰台区莲花池西里 7 号(100073)
网址:www.lawpress.com.cn
投稿邮箱:info@lawpress.com.cn
举报盗版邮箱:jbwq@lawpress.com.cn

销售电话:010 - 83938349
客服电话:010 - 83938350
咨询电话:010 - 63939796

书号:ISBN 978 - 7 - 5244 - 0384 - 5
定价:89.00 元

凡购买本社图书,如有印装错误,我社负责退换。电话:010 - 83938349

撰　写　组

肖　凯　华东政法大学党委副书记、校长
符　望　上海金融法院审判委员会专职委员
徐　玮　上海金融法院立案庭庭长
杨　晖　上海市崇明区人民法院审判监督庭法官
徐佳云　上海金融法院申诉审查及审判监督庭法官助理
刘　蒙　上海金融法院申诉审查及审判监督庭法官助理
赵丹阳　上海金融法院申诉审查及审判监督庭法官助理

总　　序

中国的涉外法治建设与中国的改革开放相伴而生、相随而行、相得益彰。事实上，党的十一届三中全会决定改革开放，中国涉外法治建设的帷幕就开启了。1979 年制定的《中华人民共和国中外合资经营企业法》就是明证，它是中国实行改革开放后制定的第一部涉外法律。改革开放 40 多年来，中国涉外法治建设不断深化、不断发展、不断前行，取得了长足的进步，极大地促进了中国的改革开放和现代化强国建设。党的十八大以来，以习近平同志为核心的党中央对全面依法治国作出一系列重大决策，提出一系列全面依法治国新理念新思想新战略，尤其高度重视加强涉外法治建设。2014 年，《中共中央关于全面推进依法治国若干重大问题的决定》明确提出要“加强涉外法律工作”；2019 年，习近平总书记主持召开中央全面依法治国委员会第二次会议特别强调，“加快涉外法治工作战略布局”“加强涉外法治建设”；2020 年，习近平总书记在中央全面依法治国工作会议上的讲话中提出了习近平法治思想核心要义的“十一个坚持”，其中首次提出“坚持统筹推进国内法治和涉外法治”；党的二十大报告再次强调，“加强重点领域、新兴领域、涉外领域立法，统筹推进国内法治和涉外法治”；2023 年，习近平总书记在中共中央政治局第十次集体学习时强调，“加快推进我国涉外法治体系和能力建设”，并对加强涉外法治建设作了系统、深入、全面的阐述。改革开放以来，特别是党的十八大以来，中国涉外法治建设无疑是一场波澜壮阔、气势磅礴的伟大实践，也是一幅生动活泼、气象万千的时代画卷。

“涉外法治”（rule of law in foreign matters）这个概念是从中国自身的角度而言的，是站在中国自己的立场来讲的。它指的是中国立法、执法、司法机关和法律服务机构，相关自然人、法人和非法人组织，依我国法律法规，特别是涉外法律法规，以及我国缔结或者参加的国际条约，处理自身涉外事务的法治活动。严格讲，“涉外法治”对应的概念是“纯国内法治”，即中国立法、执法、司法机关和法律服务机构，相关自然人、法人和非法人组织，依我国法律法规，处理纯国内事务的法治活动。而“国内法治”（rule of law in domestic matters）是一个大概念，指的是一个国家基于主权依法治国，处理自己对内、对外事务的立法、执法、司法、守法和法律服务等法治活动，它包含纯国内法治和涉外法治两个方面；涉外法治是我国国内法治的一部分，是全面依法治国的一个重要方面的工作。所以，可以肯定地说，涉外法律法规是中国特色社会主义法律体系的重要组成部分，是涉外法治的基础；而涉外法治是中国特色社会主义法治体系的重要组成部分。

“国际法治”（international rule of law）是与“国内法治”相对应的一个概念，并与“国内法治”和“涉外法治”这两个概念密切相关。“国际法治”指的是国际社会基于国际法原则、规则、制度处理国际事务而开展的法治活动。显然，它不是一国的涉外法治，不同于“国内法治”和“涉外法治”这两个概念。全球治理所依赖的法治既包括世界各国开展国内治理所依托的国内法治，也包括国际社会治理跨国事务或者应对全球性问题的国际法治。“国内法治”“涉外法治”“国际法治”三者之间的辩证关系可以这样来分析，打个比方说，国内法治是个圆，国际法治是另一个圆，这两个圆有一小部分重叠在一起，这个重叠部分、交叉部分、结合部分、融通部分就是涉外法治。对中国而言，涉外法治是国内法治的对外延伸，是沟通国内法治和国际法治的桥梁，是联系国内法治和国际法治的纽带,是国内法治的一部分;对国际社会而言,跳出中国从第三者的视角来看,也可以把两个圆重叠、交叉、结合、融通的部分,即涉外法治部分,视为国际法治的特别部分。在某种意义上可以这样说,仅就一国而言的涉外法治,因其是国内法治和国际法治的重叠、交叉、结合、融通部分,兼具国内法治和国际法治性质。当然,国际法治涉及面更广大得多。要特别强调的是,尽管一国涉外法治与国际法治有密切的联系,但涉外法治毕竟是一国国内法治的对外延伸,不能等同于国际法治;我们既不能用一国涉外法律法规代替国际法,也不能以一国的涉外法治代替国际法治。

新时代提出坚持统筹推进国内法治和涉外法治、加快推进涉外法治体系和能力建设,有两大时代背景:一是中国特色社会主义进入了新时代。当下中国正在以中国式现代化全面建成社会主义现代化强国和全面推进中华民族伟大复兴。这就决定了践行法治既是全面推进强国建设、民族复兴伟业的手段、路径和方法,也是需要实现的重要目标;中国式现代化是在法治轨道上推进的现代化,法治现代化是中国式现代化的应有之义。而国内法治和涉外法治建设,正是全面依法治国、法治中国建设的两个方面、两个面向、两个维度。统筹推进国内法治和涉外法治,加强涉外法治体系和能力建设是以中国式现代化全面推进强国建设、民族复兴伟业的长远所需。二是世界正经历百年未有之大变局。这是一个世界经济、政治、社会、文化、生态格局深刻调整,国际形势错综复杂,经济全球化遭遇逆流,单边主义、保护主义重新抬头,世界经济复苏乏力,国际投资贸易萎缩,新冠疫情影响深远,中美两国战略博弈,局部武装冲突改变世界地缘政治格局,新一轮科技革命和产业变革深入发展,全球治理体系亟待改革和完善的历史变革期。这一时代背景决定了当下中国必须统筹国内国际两个大局,也就是统筹中华民族伟大复兴战略全局和世界百年未有之大变局,办好发展、安全两件大事。我们全面推进依法治国、建设法治中国不可能关起门来施行，也不可能只推进国内法治而不去推进涉外法治，必须不断强化涉外法治体系和能力建设，统筹推进国内法治和涉外法治，以坚定维护国家主权、安全和发展权益，维护人民利益，有效防范各种风险和应对严峻挑战，推进国际关系法治化，促进国际法治进步，推动构建人类命运共同体。统筹推进国内法治和涉外法治，加强涉外法治体系和能力建设是推进高水平对外开放、应对外部风险挑战的当务之急。

涉外法治体系和能力建设是一项涉及面广、联动性强的系统工程，必须统筹国内和国际，统筹发展和安全，深刻认识做好涉外法治工作的重要性和紧迫性，统筹推进国内法治和涉外法治，建设同高质量发展、高水平开放要求相适应的涉外法治体系和能力，为中国式现代化行稳致远营造有利法治条件和外部环境。

第一，要加快涉外法治工作战略布局。面对推进高水平对外开放，涉外法治工作必须加强战略布局，占领制高点，掌握主动权。坚持前瞻性思考、全局性谋划、战略性布局、整体性推进，加强顶层设计，一体推进涉外立法、执法、司法、守法和法律服务，形成涉外法治工作大协同格局。

第二，在涉外立法方面，要加快形成系统完备的涉外法律法规体系。坚持立法先行、科学立法，统筹立改废释纂，保持时、度、效相统一，增强立法系统性、整体性、协同性、时效性，发挥立法的引领和推动作用，抓住提高立法质量这个关键。进一步建立健全反制裁、反干涉、反制“长臂管辖”的法律法规，充实应对挑战、防范风险的法律“工具箱”。加快推进我国法域外适用的法律体系建设，为我国涉外执法、司法活动提供法律依据。

第三，在涉外执法方面，要加快建立健全涉外执法体系。构建协同高效的涉外法治实施体系，提升涉外执法水平和效能。尤其要不断加强对外经济贸易领域的执法能力，依法维护国家主权、安全和发展利益，依法保障中国公民、法人和非法人组织在海外的合法权益,依法保护外商来华投资贸易权益,反制非法单边制裁,营造市场化、法治化、国际化、便利化一流营商环境,推进高水平对外开放。

第四,在涉外司法方面,要加快提高涉外司法公信力。把涉外公正司法放到重中之重的位置,积极推进涉外司法审判体制机制进行符合审判规律的改革和创新,不断提高涉外司法审判能力和水平,强化涉外司法效能,努力让当事人在每一个涉外司法案件中感受到公平正义。

第五,在涉外守法方面,要加快提升涉外活动主体的法治素养。在涉外工作中强化法治意识和合规意识,加强企业合规管理,引导企业、公民在"走出去"过程中更加自觉地遵守当地法律法规和风俗习惯,运用法治和规则维护自身合法权益。

第六,在涉外法律服务方面,要加快强化涉外法律服务体系和能力。通过优质的法律服务切实维护中国公民、法人在海外及外国公民、法人在中国的正当合法权益,依法维护海外侨胞权益。要注重培育一批国际一流的仲裁机构、调解机构、律师事务所及其他法律服务机构,把涉外法治保障和服务工作做得更有成效。

第七,在国际交流合作方面,要加快深化法治领域国际合作。基于国际条约和平等互惠,深化执法司法国际合作。加强反腐败国际合作,积极参与执法安全国际合作。深化司法领域国际合作,完善我国司法协助体制,扩大国际司法协助覆盖面,积极开展域外送达、取证,域外法律查明,仲裁裁决和法院判决的相互承认与执行等司法协助。深化律师、仲裁、调解、公证、法律援助、司法救助等领域的法律服务协作。加强领事保护与协助,建强保护我国海外利益的法治安全链。加强中国法治的国际传播,讲好中国法治故事。

第八,在队伍建设方面,要加快高素质涉外法治人才培养。高素质涉外法治人才是具有坚定理想信念、强烈家国情怀、深邃世界眼光、宽广全球胸怀、扎实法学根底，熟悉中国国情，通晓国际规则，善于处理涉外法律事务的法治人才。鉴于涉外法治人才必须通晓国际法律规则、善于处理涉外法律事务，其核心专业知识、专业能力和专业素养是国际法专业，因此可以这样说，涉外法治人才就是国际法治人才。加强高素质涉外法治人才的培养，要从法学院校专业培养和在职继续教育培训两方面入手。在法学院校专业人才培养方面，要坚持立德树人、德法兼修，在夯实法学根底的基础上，依靠国际法专业师资队伍，基于国际法学科专业平台，完善以实践为导向的培养机制，着力培养出一批政治立场坚定、专业素质过硬、通晓国际规则、精通涉外法律实务的涉外法治人才。在继续教育培训方面，要面向涉外实务工作者开展涉外法治方面的继续教育培训，加强涉外干部队伍法治能力建设，打造高素质专业化涉外法治工作队伍。同时，各级领导干部要带头尊法、学法、守法、用法，切实提升涉外法治思维和依法办事能力。健全人才引进、选拔、使用、管理机制，做好高端涉外法治人才培养储备。

坚持统筹推进国内法治和涉外法治，加快推进涉外法治体系和能力建设，事关中国全面推进依法治国，事关中国推进高水平对外开放，事关中国外交工作大局，事关中国稳妥有效应对复杂多变的国际局势，事关中国参与全球治理体系改革和建设，事关推进国际关系法治化，促进国际法治进步，推动构建人类命运共同体。因此，习近平总书记在2023年中共中央政治局第十次集体学习时特别强调，加强涉外法治建设既是以中国式现代化全面推进强国建设、民族复兴伟业的长远所需，也是推进高水平对外开放、应对外部风险挑战的当务之急。要从更好统筹国内国际两个大局、更好统筹发展和安全的高度，深刻认识做好涉外法治工作的重要性和紧迫性，建设同高质量发展、高水平开放要求相适应的涉外法治体系和能力，为中国式现代化行稳致远营造有利法治条件和外部环境。

2023 年是中国涉外法治建设和发展进程中非常重要的一年。这一年,《中华人民共和国对外关系法》和《中华人民共和国外国国家豁免法》相继制定出台,《中华人民共和国民事诉讼法》第四编"涉外民事诉讼程序的特别规定"进行了大幅度的修改,最高人民法院先后发布了《最高人民法院关于适用〈中华人民共和国涉外民事关系法律适用法〉若干问题的解释(二)》、《最高人民法院关于审理涉外民商事案件适用国际条约和国际惯例若干问题的解释》、《最高人民法院关于设立国际商事法庭若干问题的规定》(2023 年修正)。与此同时,涉外执法、司法、守法和法律服务受到前所未有的重视,各项涉外法治工作蓬勃发展。正是在这样的时代背景下,我们,一群志同道合的国际法专业同仁希望在涉外法治研究方面有所开拓、有所创新、有所作为。2023 年 7 月,法律出版社社务委员、法治与经济分社社长沈小英建议,出版一套"涉外法治文库"。现摆在读者面前的就是我们共同商定、合力编写出版的这套"涉外法治文库"。该文库将立足中国涉外立法、执法、司法、守法和法律服务实践,以全国人大及其常委会制定的专门的涉外法律为主线,兼顾国务院出台的重要涉外行政法规,诠释、解读、剖析中国涉外立法及相关涉外法治实践,并同外国和国际实践进行比较分析,探讨中国涉外法律法规的准确适用,探索中国涉外法治建设的规律和优化发展之路。为了编写出版好这套文库,我们制订了策划方案,组建了一个学缘结构多元、老中青国际法专家学者结合的编辑委员会,聚合了一个颇具规模的以中青年国际法专家学者为主体的编写团队,法律出版社法治与经济分社则选定了经验丰富的编辑负责项目推进及编辑工作。现在出版"涉外法治文库"可谓恰逢其时,万事俱备。

庄子云:"吾生也有涯,而知也无涯。"仰观宇宙之大,俯察知识之盛,人生真有"少年易老学难成,一寸光阴不可轻"之感慨。我们面对的涉外法治建设,是全面推进依法治国和法治中国建设的必修课,是涉及面广、联动性强的系统工程，是永远在路上并循序渐进的长征，也是求真向善至美的文化苦旅。我辈国际法同仁适逢这个时代，唯有尽力而为，砥砺前行，奋发图强，久久为功。能为中国涉外法治建设添砖加瓦，贡献一份力量，实为不可多得的快事。

甚幸甚幸，快哉快哉！是为序。

*

2024 年 3 月 19 日于京华

* 黄进，中国政法大学教授，中国法学会副会长，中国国际法学会会长，中国国际私法研究会会长。

目录 CONTENTS

第一章

统筹推进国内法治和涉外法治的总体要求和司法应对

前　　言

在更加深刻具体地理解统筹推进国内法治和涉外法治的总体要求的基础上，解读涉外法治的新时代内涵，补齐涉外法治建设短板，明确推进涉外法治的方向。在探讨司法应对路径时，既要坚持正确的政治站位，同时也要审慎思考国际形势的复杂情况、双循环新发展战略的迫切司法需求以及当前的司法实践。在深刻理解涉外法治对司法的具体要求的前提下，针对目前存在的问题明确司法应对路径。

一、统筹推进国内法治和涉外法治的总体要求

（一）服务应对好两个大局

随着全球化的不断深入，不同国家之间、不同地区之间的联系日益密切，越来越多的治理难题单凭一国之力无法有效克服，需要各方通力合作、共同应对。国内治理与国际治理之间的联系难以割裂，两者牵一发而动全身，协调推进国内治理和国际治理两个大局是当前中国发展过

程中的必然选择。坚持统筹推进国内法治和涉外法治正是为了服务于协调国内治理和国际治理两个大局的时代需要。

（二）统筹协调国内法治和涉外法治的关系

习近平总书记指出："人类社会发展的事实证明，依法治理是最可靠、最稳定的治理。"①法治的含义不仅包括静态的制度规范，也包括动态的治理。这就要求首先要存在完善良好的法律，然后在此基础上运用法律实现良好的治理。

国内法治与涉外法治是中国特色社会主义法治建设中不可或缺、相互影响的重要组成部分，其衔接协调也是法治建设的重要方面，二者分属国家对内职能和对外政策密切联系的不同领域。特别是在实践活动中，国内法治与涉外法治之间的联系千丝万缕，呈现相互渗透、相互交叉的复杂局面。相关问题的解决和治理，往往需要国内法治与涉外法治的协同配合。

要结合国家战略，围绕现实需求，加快加强涉外法治体系建设，修改完善既有法律法规制度，推动新兴领域涉外立法活动，实现我国国内法治和涉外法治在规则内容、适用标准、运行程序等方面的衔接协调。在尊重国际规则的同时，积极参与其中，综合运用国内法律与涉外法律，协调推进国内治理与涉外治理，增强运用国际规则和法律手段的能力，更好地服务国家主权、安全和发展利益。② 国内法治和涉外法治是法治中国的两个重要方面，二者互相促进、相辅相成，不可或缺。统筹推进国内法治和涉外法治，高举和平、发展、合作、共赢旗帜，一方面坚定不移地维

---

① 中共中央文献研究室编：《习近平关于全面依法治国论述摘编》，中央文献出版社 2015 年版，第 63 页。

② 参见马康：《如何充分认识"坚持统筹推进国内法治和涉外法治"》，载《党课参考》2021 年第 1 期。

护国家主权、安全、发展利益，另一方面坚定不移地维护世界和平，促进共同发展。①

(三)从立法、执法、司法全方位统筹推进国内法治和涉外法治

贯彻落实习近平法治思想中的涉外法治理念，首要的任务就是建章立制，通过加强涉外立法工作为其他涉外法治工作的开展提供法律依据。加强涉外立法工作，确保中国涉外法治工作有法可依，是建立健全涉外法治体系的基础，是统筹推进国内法治和涉外法治的基本要求。完善的涉外立法是贯彻落实涉外法治理念的基础。但“徒法不足以自行”，如果涉外立法得不到有效执行，不仅会影响中国法治文明的形象，还会对中国国家主权、安全和发展利益带来负面影响。

执法是我国开展对外斗争的重要抓手。我国在维护国家主权的基础上，运用国际法、国内法以及其他相关法域法律，强化涉外领域执法，针对西方国家打着“法治”幌子的霸权行径，加强反制理论和实践研究，建立阻断机制，以法治方式明确我国不接受任何国家的“长臂管辖”，有效维护我国海外机构、企业和公民的合法权益。

司法是维护公平正义的防线。提升涉外司法能力，坚持合目的性、合规则性、合理性的司法理念，提升涉外法治交流与合作的能力，提升域外法与国际法的通识能力。在建立“一带一路”争端解决机制等新的区域性或国际性争端解决机制时，坚持共商共建共享原则，依托我国现有司法、仲裁和调解机构，吸收、整合国内外法律服务资源，建立诉讼、调解、仲裁有效衔接的多元化纠纷解决机制，依法妥善化解“一带一路”经贸和投资争端，平等保护中外当事人合法权益，营造稳定、公平、透明的

① 参见《习近平法治思想概论》编写组编：《习近平法治思想概论》，高等教育出版社2021年版，第210页。

法治化营商环境。

二、统筹推进国内法治和涉外法治中的涉外法治内涵及要求

涉外法治主要包括相关法律的国内实施和国内法的域外适用两个方面。相关法律的国内实施包括国际法、我国涉外法律和外国法在我国领域内的实施。国内法的域外适用是指将我国的国内法适用于我国领域之外的人、物和行为。应以内外结合视角理解统筹推进国内法治和涉外法治视角中的涉外法治内涵。

(一)涉外法治内涵的新时代解读

1. 内在视角:以习近平法治思想为指引,以国家利益本位与人类命运共同体构建为方向

在中央全面依法治国工作会议上,习近平总书记强调指出,"坚持统筹推进国内法治和涉外法治……要加快涉外法治工作战略布局,协调推进国内治理和国际治理,更好维护国家主权、安全、发展利益"①。"要正确处理国内法治和涉外法治的关系,更好地运用国内规则和国际规则两个规则体系维护我国的合法利益,为中国的繁荣富强、持续稳定发展构

① 习近平:《习近平谈治国理政》(第4卷),外文出版社2022年版,第296页。

建一个良好的外部环境。”①

推进涉外法治，先是要坚决维护我国国家的主权、安全和发展利益，“提高捍卫国家主权、安全、发展利益的战略能力”②。这是中国的立身之本，是对外交往的底线和红线。中国的强国之路，必须坚决维护国家利益，将国家利益作为对外政策的制定依据，保证中国的国家安全。

人类命运共同体不仅涉及国际层面，也涉及国内法治与涉外法治之间的互动。人类命运共同体理念的提出，是对冷战思维和零和博弈思维的回应。以法治方式推动构建人类命运共同体理念，可以在国际规则层面有效确立人类命运共同体理念的长效性、制度性和规范性，切实解决当前全球治理的困难和挑战。将人类命运共同体理念转化为全球治理的强大动力，是推动全球治理变革的“中国建议”。③

习近平总书记指出，“当今世界，各国相互依存、休戚与共。我们要秉持和平、发展、公平、正义、民主、自由的人类共同价值，构建以合作共赢为核心的新型国际关系，打造人类命运共同体”。④ 从中国涉外法治的价值体系来看，人类命运共同体在国际法治领域提出了很多具体指向。

2. 外在视角：以反对对抗、促进竞争、合作共赢为目标全方位推进涉外法治建设

习近平总书记指出，要致力于推进合作共治的共同开放，不应该任

① 参见《习近平法治思想概论》编写组编：《习近平法治思想概论》，高等教育出版社2021年版，第209页。

② 《中共中央关于制定国民经济和社会发展第十四个五年规划和二〇三五年远景目标的建议》，载《人民日报》2020年11月4日，第1版。

③ 参见马康：《如何充分认识“坚持统筹推进国内法治和涉外法治”》，载《党课参考》2021年第1期。

④ 参见《习近平法治思想概论》编写组编：《习近平法治思想概论》，高等教育出版社2021年版，第215页。

由单边主义、保护主义破坏国际秩序和国际规则，而要以建设性姿态改革全球经济治理体系，推动建设开放型世界经济。① 我国加强涉外法治工作，着眼维护以国际法为基础的国际秩序，力促国际合作。我们主张国家不分大小、强弱、贫富，一律平等，尊重各国人民自主选择社会制度和发展道路的权利，反对干涉别国内政，维护以联合国宪章宗旨和原则为核心的国际秩序和国际体系，推动各国共同捍卫多边主义，反对霸权主义和强权政治，共同建设相互尊重、公平正义、合作共赢的新型国际关系，推动构建人类命运共同体。

(二)加强涉外法治建设的要求

1. 加强涉外法治法律法规体系建设

良法是善治的前提。改革开放以来，我国法治建设已取得长足发展。但是，当前涉外法律规范体系仍不够健全，规章制度存在一定的不足，相关规则内容较模糊，可操作性需要进一步增强。比如，国内法治与涉外法治的相关规范并不完全统一，对外经济等领域相关规范并未完全以法律法规的方式得到确立。这就要求必须适应对外开放的需求，进一步建立和完善涉外法律法规体系。习近平总书记指出，“要加快推进我国法域外适用的法律体系建设，为我国涉外执法、司法活动提供法律依据”。②

要加快形成系统完备的涉外法律法规体系，提升涉外执法司法效能，加快涉外立法工作战略布局，构建积极、开放的进取型涉外法治体系，研究制定涉外法治基本法，系统解决涉外法治制度供给不足的问题，夯实维护国家主权、安全和发展利益的“法治之体”。

---

① 参见《习近平在第三届中国国际进口博览会开幕式上发表主旨演讲》，载《人民日报》2020 年 11 月 5 日，第 1 版。

② 习近平：《论坚持全面依法治国》，中央文献出版社 2020 年版，第 257 页。

要针对国际法与国内法的关系、国家主权豁免、国内法域外适用、阻断外国法不当域外适用、国际紧急状况应对、对外援助、外国代理人监管制度、国际执法及司法合作等重大涉外法律问题作出系统性和基础性规定,搭建我国涉外法律体系的"四梁八柱"。

积极推进涉外领域立法。继续完善公开透明的涉外法律体系,强化知识产权保护,维护外资企业合法权益,持续打造市场化、法治化、国际化营商环境。例如,健全外商投资国家安全审查、反垄断审查、国家技术安全清单管理、不可靠实体清单等制度,提高应对境外安全风险能力和反制能力。"健全涉外经贸法律规则,完善市场准入和监管、产权保护、信用体系等方面的法律制度。"①2023 年 6 月 28 日第十四届全国人民代表大会常务委员会第三次会议通过《对外关系法》,该法的制定意义重大,它是贯彻落实习近平外交思想、加强党对对外工作集中统一领导、提高涉外工作法治化水平、完善涉外法治体系的重要举措,既有利于加强对外交往、深化对外开放,也有利于维护国家主权、安全和发展利益。《对外关系法》共 6 章、45 条,既包括对外关系的指导思想、基本原则等纲领性、概括性的规定,又包括对外关系的职权、发展,对外关系的目标和任务,对外关系的法律制度以及发展对外关系的能力建设和保障等具体规定。自 2023 年 1 月 1 日起施行的《最高人民法院关于涉外民商事案件管辖若干问题的规定》以依法保护中外当事人合法权益,便利当事人诉讼,进一步提升涉外民商事审判质效为目的。《网络安全法》《数据安全法》《个人信息保护法》等一系列法律法规相继出台,进一步规范了数据信息的跨境流动,对国家信息安全起到了一定的保障作用。

---

① 《习近平法治思想概论》编写组编:《习近平法治思想概论》,高等教育出版社 2021 年版,第 211 页。

2. 妥善解决国际条约在国内法中的地位和效力

国际条约是一国与他国签署的或参加的具有国际法约束力的协定，是一国处理涉外关系有力的不可或缺的工具，也是促进共同价值的载体。加快推进相关国际条约的批准工作，准确、妥当适用对我国生效的国际条约，积极参加和引领国际规则制定和改革，提高中国影响国际法规则形成和完善的话语权和影响力，推进全球治理体系改革、促进全球法治，打造维护国家主权、安全和发展利益与推进构建人类命运共同体的“法律之翼”。在双循环新发展格局中，贯通国内国际两个市场，充分利用国内国际两类资源，需要进一步加快法治化、市场化、国际化营商环境的建设。2023 年 3 月 8 日，中国正式加入《海牙国际认证公约》。2023 年 11 月上旬，《海牙国际认证公约》在中国生效实施。正式加入《海牙国际认证公约》有助于简化公文书跨国流转程序、便利国际经贸和人员往来，是我国扩大涉外文书流转领域制度型开放的重要举措，有利于大幅降低文书跨国流转的时间和经济成本，进一步优化营商环境。“一带一路”建设是扩大对外开放的重大战略举措和经济外交的顶层设计。在国际法方面，“一带一路”国际经贸规则体系初步形成，涵盖的内容日渐丰富，具有“一带一路”特色的商事争端预防与解决体系日趋完善。近年来，中国已与 152 个国家和 32 个国际组织签署了 200 多份共建“一带一路”合作文件，覆盖我国 83% 的建交国。① 这些协议包含大量的贸易、投资规则，反映了我国的国际规则建构能力在不断提升，②并有力地推动了全球经济治理体系改革完善。2020 年 11 月，中国与 15 个亚太国家正式签署了《区域全面经济伙伴关系协定》（Regional Comprehensive

① 截至 2023 年 8 月，我国已与 152 个国家、32 个国际组织签署共建“一带一路”合作文件，载中国政府网，http://www.gov.cn/lianbo/bumen/202308/content_6899977.htm。

② 参见刘敬东：《“一带一路”法治化体系构建的再思考》，载《环球法律评论》2021 年第 3 期。

Economic Partnership, RCEP),该协定既包括货物贸易、服务贸易、投资等市场准入规则,也包括贸易便利化、知识产权、电子商务、竞争政策、政府采购等规则。该协定的签署方大多为“一带一路”共建国家,通过不断完善“一带一路”规则体系,在国际贸易领域增添更多高标准的国际法内涵。

3. 加快中国法域外适用的法律体系建设

铸就维护国家主权、安全与发展利益的“法律之矛”。在制定新的法律条款或修改既有法律条款的过程中,应以维护我国权益为着眼点,科学厘定我国法域外效力的边界,充分考虑外国的合理关切以及与国际法规则的兼容性,并在此基础上明确我国法域外适用的条件、方式、范围及其法律后果,并通过具有可操作性的制度和规则设计确保其落地实施。适当的国内法域外适用对于反击外国不合理的“长臂管辖”,维护中国主权、安全和发展利益是必不可少的。因此,党的十九届四中全会指出,当前和今后立法的一个重要任务就是“加强重要领域立法,加快我国法域外适用的法律体系建设,以良法保障善治”①。然而,要使国内法的域外适用得到保障,除通过立法为国内法域外适用提供法律依据,确立特定领域的域外管辖权外,更关键的是,依赖行政机关和司法机关对于法律的有效实施,确保行政机关和司法机关有充分的能力和资源行使域外管辖权,而不致使国内法域外适用的规定被束之高阁、流于形式。

4. 形成立法、执法、司法合力推进涉外法治的整体机制

立法是基础,执法是抓手,司法是保障。2021 年,时任全国人大常委会委员长栗战书在报告中提出,未来一年的立法工作要加快推进涉外领域立法,围绕反制裁、反干涉、反制“长臂管辖”等,充实应对挑战、防

① 中共中央党史和文献研究院编:《十九大以来重要文献选编(中)》,中央文献出版社 2021 年版,第 278 页。

范风险的法律“工具箱”，推动形成系统完备的涉外法律法规体系。[①]

涉外执法司法事关国家主权、安全和发展利益。需要健全涉外执法司法工作机制。在国家层面建立跨部门的工作机制，推动党中央部署的重点任务落实。鼓励地方特别是涉外执法司法工作任务比较重的地方，探索建立协同高效、灵活机动的协调机制，最大限度地整合资源、发挥优势。考察国外有益经验，不断创新和完善国际商事纠纷多元化解机制。完善涉外执法司法标准和程序。建立明确具体的涉外行政执法程序规则和工作指引。提高涉外执法司法的规范性。确保中外当事人诉讼地位和诉讼权利平等、法律适用和法律保护平等。完善“涉外因素”识别标准，进一步明确和细化相关案件涉外因素连结点。细化涉外司法解释，规范司法流程，完善涉外司法案例指导制度，统一法律适用标准。

三、加强涉外法治建设的司法应对

（一）司法应对的现状审视

1. 总体现状分析

人民法院涉外司法工作伴随我国改革开放进程而发展，为我国改革开放提供了有力的司法服务和保障。涉外司法覆盖民商事、海事、知识产权、刑事等各审判领域，在服务统筹国内国际两个大局、统筹推进国内

---

① 参见栗战书：《全国人民代表大会常务委员会工作报告》，2021 年 3 月 8 日，第十三届全国人民代表大会第四次会议。

法治和涉外法治等方面发挥着重要作用。

一是坚决维护国家主权和安全。依法严惩危害国家安全犯罪。积极运用司法手段,有效应对挑战、防范风险。二是服务保障高水平对外开放。完善涉“一带一路”案件法律适用规则。围绕自由贸易试验区、自由贸易港建设,出台多部司法服务意见。三是营造市场化、法治化、国际化营商环境。出台《最高人民法院关于适用〈中华人民共和国外商投资法〉若干问题的解释》,严格适用准入前国民待遇和负面清单制度。恪守条约义务,尊重国际惯例,准确适用准据法,保护平等竞争。四是积极参与国际规则制定。例如,发布涉新冠疫情涉外商事海事案件审理指导意见,被联合国贸法会收录至法规判例法系统。五是完善涉外审判机制。健全国际商事纠纷解决机制,设立第一、第二国际商事法庭。建立“一站式”国际商事纠纷多元化解决平台,推动诉讼与调解、仲裁有机衔接。六是深化国际司法协助与交流合作。平均每年办理国际司法协助案件4000余件,合作范围覆盖全球130多个国家。① 积极讲好中国法治故事,促进司法交流互鉴。

涉外司法工作当前还面临一些问题和挑战,如涉外司法能力不足,应对风险挑战的能力和手段不足,涉外审判人才缺乏,对新情况新问题有效应对不够,对一些重大、前沿性的国际法问题研究还有待加强等。②

一是要进一步提升涉外司法质效。坚定不移贯彻对外开放的基本国策,坚持依法平等保护中外当事人合法权益,促进贸易和投资自由化便利化,服务畅通国内国际双循环。恪守条约义务,尊重国际惯例,准确

---

① 参见《国新办举行司法审判服务保障全面建成小康社会新闻发布会》,载国新网,http://www.scio.gov.cn/xwfb/gwyxwbgsxwfbh/wqfbh_2284/2021n_2711/2021n09y23r/twzb_3994/202208/t20220808_314221.htm。

② 参见周强:《切实提高涉外执法司法质效 服务更高水平对外开放——全国政协“提高涉外执法司法质效”双周协商座谈会发言摘登(一)》,载《人民政协报》2021年11月2日,第3版。

适用准据法，保护平等竞争。完善服务自由贸易试验区、自由贸易港、共建“一带一路”高质量发展司法政策，服务扩大高水平对外开放。完善涉外审判机制，加快推进国际商事法庭实质化运行，健全“一站式”国际商事纠纷多元化解决机制，努力建设国际商事争端解决新高地。完善海事审判体系，加快建设国际海事司法中心，服务海洋强国建设。

二是要深化国际司法交流合作。加强国际刑事司法合作，共同打击跨国暴恐、毒品、网络、腐败等犯罪。加强涉外司法信息共享，建立健全司法衔接联动机制。通过举办上海合作组织成员国最高法院院长会议、数字经济法治论坛、金砖国家大法官论坛、中国—东盟大法官论坛等重要国际会议，讲好中国法治故事，促进司法交流互鉴。

三是要加快涉外法治人才培养储备。加强涉外法治人才培养布局，完善涉外法治人才培养机制，深化与国际组织的合作，健全人才引进、选派、使用、管理机制。加强涉外法治人才使用，鼓励优秀法治人才走出去，参与国际法律事务。加强法学院校教师、科研人员与实务部门的人员交流，使教学、科研与司法实践更好地有机结合，培养出既有专业理论知识，又有较强实务能力的高端涉外法律人才。①

2. 涉外法治的现存问题

（1）我国涉外民商事纠纷司法管辖权制度尚存在短板

涉外民事诉讼管辖，是指一国法院对具有涉外因素的民事案件的审判权限。涉外民事诉讼管辖的确定，直接关系到维护国家主权的问题，因此，各国都对管辖权极为关注。同时，由于各国所强调的管辖联系因素不同，就形成了不同的涉外民事诉讼管辖权的确定原则。

根据《最高人民法院关于适用〈中华人民共和国民事诉讼法〉的解

① 参见周强：《在习近平法治思想指引下　奋力推进新时代司法为民公正司法》，载《人民法院报》2022 年 2 月 17 日，第 1 版。

释》第520条的规定:“有下列情形之一,人民法院可以认定为涉外民事案件:(一)当事人一方或者双方是外国人、无国籍人、外国企业或者组织的;(二)当事人一方或者双方的经常居所地在中华人民共和国领域外的;(三)标的物在中华人民共和国领域外的;(四)产生、变更或者消灭民事关系的法律事实发生在中华人民共和国领域外的;(五)可以认定为涉外民事案件的其他情形。”在司法实践中,从民事法律关系的主体、客体(案件系争的标的物)、内容(产生、变更、消灭民事法律关系的法律事实)三方面明确了涉外民事案件的管辖范围。2020年12月23日修正的《最高人民法院关于涉外民商事案件诉讼管辖若干问题的规定》明确将部分涉外民商事案件的一审管辖权集中到国务院批准设立的经济技术开发区人民法院,省会、自治区首府、直辖市所在地的中级人民法院,经济特区、计划单列市中级人民法院,最高人民法院指定的其他中级人民法院和高级人民法院,取消绝大多数基层人民法院和中级人民法院受理第一审涉外民商事案件的权限。据此规定,涉外民商事案件的审理层级高于一般民商事案件。

但随着新形势发展,中外当事人对高效便利解决涉外民商事纠纷的要求日趋迫切,加之我国基层人民法院审判人员素质不断提升,结合持续推进的四级法院审级职能定位改革,改革现有涉外民商事案件管辖机制迫在眉睫。自2023年1月1日起施行的《最高人民法院关于涉外民商事案件管辖若干问题的规定》明确了涉外民商事纠纷的级别管辖。第1条规定,由基层人民法院管辖第一审涉外民商事案件,法律、司法解释另有规定的除外;第2条规定,中级人民法院审理第一审重大涉外民商事案件;第3条规定,高级人民法院管辖诉讼标的额人民币50亿元以上(包含本数)或者其他在本辖区有重大影响的第一审涉外民商事案件。重新调整后的涉外民商事案件管辖,基本由基层人民法院受理第一审案件,以利于审理更加便民,持续提升审判质效。

但就目前关于涉外民商事案件的管辖法律规定来看，还存在专属管辖规定较窄、协议管辖较保守、保护性管辖权规定薄弱、管辖权规定与实体法域外适用条款缺乏衔接、缺乏平行诉讼协调机制等问题。

《最高人民法院关于适用〈中华人民共和国民事诉讼法〉的解释》① 第 529 条第 1 款规定，涉外合同或者其他财产权益纠纷的当事人，可以书面协议选择被告住所地、合同履行地、合同签订地、原告住所地、标的物所在地、侵权行为地等与争议有实际联系地点的外国法院管辖。我国《民事诉讼法》（根据 2023 年 9 月 1 日第十四届全国人民代表大会常务委员会第五次会议《关于修改〈中华人民共和国民事诉讼法〉的决定》第五次修正）第 276 条进一步扩展了涉外民事纠纷的管辖连结点，该条规定，“因涉外民事纠纷，对在中华人民共和国领域内没有住所的被告提起除身份关系以外的诉讼，如果合同签订地、合同履行地、诉讼标的物所在地、可供扣押财产所在地、侵权行为地、代表机构住所地位于中华人民共和国领域内的，可以由合同签订地、合同履行地、诉讼标的物所在地、可供扣押财产所在地、侵权行为地、代表机构住所地人民法院管辖。除前款规定外，涉外民事纠纷与中华人民共和国存在其他适当联系的，可以由人民法院管辖”。相较《最高人民法院关于适用〈中华人民共和国民事诉讼法〉的解释》（2022 修正）第 529 条，该条增加了可供扣押财产所在地以及代表机构住所地，连结点解释为与我国存在其他适当联系。根据第 280 条的规定，当事人之间的同一纠纷，一方当事人向外国法院起诉，另一方当事人向我国法院起诉，或者一方当事人既向外国法院起诉，又向我国法院起诉，我国法院依照本法有管辖权的，可以受理。当事人订立排他性管辖协议选择外国法院管辖且不违反本法对专属管辖的规

① 鉴于《民事诉讼法》第五次修正涉及该部分内容，尚需根据官方对《最高人民法院关于适用〈中华人民共和国民事诉讼法〉的解释》相应部分进行调整，故本书仍按照目前该司法解释的内容进行阐述。

定，不涉及中华人民共和国主权、安全或者社会公共利益的，我国法院可以裁定不予受理；已经受理的，裁定驳回起诉。根据上述内容，属于中华人民共和国法院专属管辖的案件，涉及我国主权、安全及公共利益的，当事人虽订立排他性协议选择外国法院管辖，但我国法院仍可受理。

《最高人民法院关于适用〈中华人民共和国民事诉讼法〉的解释》第529条第2款规定："根据民事诉讼法第三十四条和第二百七十三条规定，属于中华人民共和国法院专属管辖的案件，当事人不得协议选择外国法院管辖，但协议选择仲裁的除外。"根据上述规定，在涉外民商事案件中，当事人协议诉讼管辖必须受限于我国民事诉讼法规定的专属管辖，但协议仲裁不受该条款约束。

《民事诉讼法》第34条规定的我国法院专属管辖的涉外民事案件包括，"(一)因不动产纠纷提起的诉讼，由不动产所在地人民法院管辖；(二)因港口作业中发生纠纷提起的诉讼，由港口所在地人民法院管辖；(三)因继承遗产纠纷提起的诉讼，由被继承人死亡时住所地或者主要遗产所在地人民法院管辖"。第279条规定："下列民事案件，由人民法院专属管辖：(一)因在中华人民共和国领域内设立的法人或者其他组织的设立、解散、清算，以及该法人或者其他组织作出的决议的效力等纠纷提起的诉讼；(二)因与在中华人民共和国领域内审查授予的知识产权的有效性有关的纠纷提起的诉讼；(三)因在中华人民共和国领域内履行中外合资经营企业合同、中外合作经营企业合同、中外合作勘探开发自然资源合同发生纠纷提起的诉讼。"上述内容进一步拓展了涉外民事纠纷专属管辖的范围，但实践中，涉外合同或其他财产权益中属于专属管辖范畴之外的纠纷范围非常广泛，尤其是经济金融交易的涉外纠纷方面，涉及诸多新型交易形式，如当事人协议管辖仅受限于上述专属管辖，无疑不利于我国司法对涉外民商事纠纷管辖的拓展。

在国际法一般理论中，管辖权分为属地管辖权、属人管辖权、保护性管辖权和普遍性管辖权。保护性管辖权属于国际刑事法律范畴，其所针对的是具有涉外因素的犯罪行为。外国人实施的犯罪行为位于外国境内，而犯罪结果或犯罪对象则侵害管辖国的国家或国民的利益。一国国内的刑事法律规定保护性管辖权，有利于保护内国的利益免受来自外国犯罪行为的侵害。但保护性管辖权法律制度在国内立法中比较原则化，并没有规定相应的具体措施。[①] 薛捍勤在2006年于日内瓦召开的国际法委员会第五十八届会议做有关国家行使域外管辖权的专题报告，提到"当国家主张域外管辖权时，是在没有国际法有关规则的情况下试图以本国立法、司法或执行措施而管辖在境外影响其利益的人、财产或行为。在国内法的专门领域内，主要是刑法和商法，由于境外的人、财产或行为更可能影响其利益，所以一国行使域外管辖权具有更普遍的倾向"[②]。虽然保护性管辖源于国际刑事范畴，但在国际商事交易中，若纠纷牵涉刑事犯罪，其也可以切实维护一国经济贸易主权与利益。因此，保护性管辖权作为一国域外管辖权的组成部分，也应从法律角度，将其予以具体化和制度化。

此外，在平行诉讼方面，《最高人民法院关于适用〈中华人民共和国民事诉讼法〉的解释》第531条规定："中华人民共和国法院和外国法院都有管辖权的案件，一方当事人向外国法院起诉，而另一方当事人向中华人民共和国法院起诉的，人民法院可予受理。判决后，外国法院申请或者当事人请求人民法院承认和执行外国法院对本案作出的判决、裁定的，不予准许；但双方共同缔结或者参加的国际条约另有规定的除外。外国法院判决、裁定已经被人民法院承认，当事人就同一争议向人民法

---

① 参见俞世峰：《保护性管辖权的国际法问题研究》，华东政法大学2012年博士学位论文，"摘要"。

② 俞世峰：《保护性管辖权的国际法问题研究》，华东政法大学2012年博士学位论文，"摘要"。

院起诉的,人民法院不予受理。”结合现行《民事诉讼法》第280条的内容,一旦发生国际平行诉讼情况,我国法院和外国法院对“当事人之间的同一纠纷”都享有管辖权,只要我国法院判决在先,就可拒绝受理外国法院申请或当事人关于承认和执行外国法院裁判的申请,如果外国法院作出判决在先,且该裁判已经我国法院承认,则对同一纠纷,我国法院不再行使管辖权。但是关于具体的协调机制,目前还未有法律予以明确,例如,如何解释“同一纠纷”,不予承认外国法院裁决的后续协调,国内判决在国外执行的程序机制等方面,还有待细化。

应当通过确立积极管辖制度、健全“不方便法院”和禁诉令制度,完善我国管辖权体系。① 应注意我国诉讼体制的特点,我国法院的管辖权应严格按照民事诉讼法规定确立,最高人民法院应在司法解释中作出特别规定,如证券、期货交易民事诉讼案件,由受影响市场所在地法院管辖。②

(2)我国法域外适用规则与路径尚需调整拓宽

法律适用条款,是指合同中约定的应当依据什么法律来解释合同或解决争议的条款,在国际商务合同中通常以“适用法律”(applicable law)、“管辖法律”(governing law)、“准据法”(proper law)等方式表述。法律适用是统领整个合同和交易的指引性条款,是合同解释或争议解决的依据,对合同空白或未决事项提供有效补充,直接影响合同主体权利、义务和责任的认定。在处理涉外民事法律关系时,首先要解决的便是法律适用问题。关于法律适用条款的必要性及可能性问题,在现有涉外法律适用体系中尚未得到充分体现。

---

① 参见沈红雨:《我国法的域外适用法律体系构建与涉外民商事诉讼管辖权制度的改革——兼论不方便法院原则和禁诉令机制的构建》,载《中国应用法学》2020年第5期。

② 参见杜涛:《期货法的域外适用:中美最新案例比较与启示》,载《中国应用法学》2020年第5期。

涉外民事关系的法律适用，是指通过涉外民事关系法律适用法规定的法律适用规范（又称冲突规范、法律选择规范，有的国际公约称为“国际私法规范”），来援引、确定某一涉外民事关系应当适用的某一特定国家或地区的实体法或统一实体法，并将确定的法律应用于实际案件，从而规范涉外民事关系当事人之间的权利义务关系，解决其争议。[①] 在涉外民商事纠纷中，法院在受理之后要明确纠纷的适用法律，从一般意义上理解，法律适用条款共包括三方面内容：一是纠纷约定仲裁的，仲裁条款的法律适用；二是纠纷涉及的程序法律适用，如管辖、上诉程序等；三是纠纷涉及的实体法律适用，如纠纷各方的权利义务的性质、内容，合同条款的解释等。

《涉外民事关系法律适用法》第一章“一般规定”明确，我国目前关于涉外民商事关系的法律适用还是主要通过冲突规范来确定准据法，但在某些领域，也存在不经冲突法确定法律适用的情况；第 4 条规定，我国法律对涉外民事关系有强制性规定的，直接适用该强制性规定。《民法典》第 467 条第 2 款规定，在中华人民共和国境内履行的中外合资经营企业合同、中外合作经营企业合同、中外合作勘探开发自然资源合同，适用中华人民共和国法律。《最高人民法院关于适用〈中华人民共和国涉外民事关系法律适用法〉若干问题的解释（一）》第 8 条规定，涉及我国社会公共利益、直接适用我国法律的强制性规定的领域包括，劳动者权益保护，食品或公共卫生安全，环境安全，外汇管制等金融安全，反垄断、反倾销等；第 9 条规定，一方当事人故意制造涉外民事关系的连结点，规避中华人民共和国法律、行政法规的强制性规定的，人民法院应认定为不发生适用外国法律的效力。《涉外民事关系法律适用法》第 5 条规定，

① 参见姜蕾：《涉外民事关系法律适用研究》，载中国法院网，https://www.chinacourt.org/article/detail/2014/07/id/1334054.shtml。

外国法律的适用将损害中华人民共和国社会公共利益的,适用我国法律。上述规定均未经冲突规范而直接确定适用我国法律。

“不方便法院原则”源自2005年12月26日最高人民法院《第二次全国涉外商事海事审判工作会议纪要》,其第11条规定:“我国法院在审理涉外商事纠纷案件过程中,如发现案件存在不方便管辖的因素,可以根据‘不方便法院原则’裁定驳回原告的起诉。‘不方便法院原则’的适用应符合下列条件:(1)被告提出适用‘不方便法院原则’的请求,或者提出管辖异议而受诉法院认为可以考虑适用‘不方便法院原则’;(2)受理案件的我国法院对案件享有管辖权;(3)当事人之间不存在选择我国法院管辖的协议;(4)案件不属于我国法院专属管辖;(5)案件不涉及我国公民、法人或者其他组织的利益;(6)案件争议发生的主要事实不在我国境内且不适用我国法律,我国法院若受理案件在认定事实和适用法律方面存在重大困难;(7)外国法院对案件享有管辖权且审理该案件更加方便。”

通过比较法律适用条款的内在构成及“不方便法院原则”的内涵,法律适用条款与“不方便法院原则”息息相关,直接关系到我国法的域外适用及司法管辖权的行使。因此,完善法律适用条款的相关立法规定,衔接好法律适用条款与“不方便法院原则”法律条文规定实有必要。

关于仲裁条款的法律适用,《涉外民事关系法律适用法》第18条规定,当事人没有选择仲裁协议适用的法律的,适用仲裁机构所在地法律或者仲裁地法律。《最高人民法院关于适用〈中华人民共和国涉外民事关系法律适用法〉若干问题的解释(一)》第12条规定,当事人没有选择涉外仲裁协议适用的法律,也没有约定仲裁机构或者仲裁地,或者约定不明的,人民法院可以适用中华人民共和国法律认定该仲裁协议的效力。根据上述规定,涉外民商事纠纷中仲裁条款的法律适用可由当事人协议选择,若无选择,则适用仲裁机构所在地或仲裁地法律;若约定不明,则适用法院地法律。但是仲裁条款的法律适用区别于合同约定的争议准据法。《第二次全国涉外商事海事审判工作会议纪要》第58条规定,当事人在合同中约定的适用于解决合同争议的准据法,不能用来确定涉外仲裁条款的效力。

在涉外民商事诉讼程序法律适用方面,适用法院地法已成为共识,不需经冲突规范来确定准据法。《民事诉讼法》第4条规定,在我国领域内进行的民事诉讼适用我国法律。涉外民事诉讼自然也不例外。第四编"涉外民事诉讼程序的特别规定"第270条规定:"在中华人民共和国领域内进行涉外民事诉讼,适用本编规定。本编没有规定的,适用本法其他有关规定。"

在涉外民商事诉讼实体法律适用方面,《涉外民事关系法律适用法》第41条规定,当事人可以协议选择合同适用的法律。当事人没有选择的,适用履行义务最能体现该合同特征的一方当事人经常居所地法律或者其他与该合同有最密切联系的法律。同时,我国《海商法》《民用航空法》《票据法》均规定了我国参加或缔结的国际条约优先适用,除非我国有保留条款,若国际条约没有相关规定,也可适用国际惯例。在一些特殊领域,如《票据法》对涉外票据行为及记载内容的法律适用,《民用航空法》对民用航空器所有权、抵押权、优先权等的法律适用,以及《海商法》对船舶所有权、抵押权、共同海损理算、海事赔偿责任限制等的法律适用均有明确的法律适用规则。

目前,关于准据法的确定是否应经冲突规范指引存在较大分歧。国内法的域外适用既包括经冲突规范指引的域外适用,也包括不经冲突规范指引的域外适用,域外适用是否经冲突规范指引应视法律的性质而定,前者基于多边主义方法论,适用于私法,后者基于单边主义方法论,适用于公法。①

---

① 参见宋晓:《域外管辖的体系构造:立法管辖与司法管辖之界分》,载《法学研究》2021年第3期。

有学者则强调,法院审理私法关系案件仍应适用私法性质规则,应通过冲突规范选法。应明确我国《民法典》地域适用条款的"其他法律另有规定"系指冲突法规范,我国私法、社会法甚至行政法中的强制性规范,可作为《涉外民事关系法律适用法》第4条规定的强制性规范直接适用,也可在选定我国《民法典》作为准据法后通过前者间接适用。[①] 关于具体部门法的域外适用,实践中有多种模式,我国《证券法》规定,法院对涉外侵权行为仍需经冲突规范指引确定准据法。[②] 随着我国立法逐步构建我国法域外适用的规则体系,要区分好管辖条款与法律适用,以免造成立法体系的混乱。我国法院依据冲突规范确认的准据法如为外国证券法,也应以外国法查明方式适用,不应效仿美国,直接驳回起诉,以免混淆管辖与法律适用。[③]

(3)国家主权豁免司法程序有待加强完善

国家主权豁免(sovereign immunity of state),又称国家管辖豁免,是指国家的行为和财产不受(或免受)他国立法、司法及行政的管辖,但通常仅指不受他国的司法管辖,即非经一国同意,该国的国家行为和财产不得在外国法院被管辖,该国在外国的财产也不得被扣押或强制执行。[④] 主要包括:司法管辖豁免,指非经一国同意,另一国不得受理和审判以该国家和代表国家的高级官员为被告或者以该国家财产为诉讼标的的民事和刑事诉讼。诉讼程序豁免,指即使一国放弃管辖豁免,他国法院也不得对该国财产强制实施诉讼保全、强制该国官员出庭作证,或

① 参见肖永平、焦小丁:《从司法视角看中国法域外适用体系的构建》,载《中国应用法学》2020年第5期。

② 参见何侽:《新〈证券法〉的域外效力概论》,载《〈上海法学研究〉集刊》2020年第22卷。

③ 参见杜涛:《冲突法的中国模式?——21世纪冲突法的范式转型》,载《武大国际法评论》2012年第1期。

④ 参见马呈元主编:《国际法》(第3版),中国人民大学出版社2012年版。

采取其他诉讼强制措施。强制执行豁免,指即使一国放弃司法管辖豁免和诉讼程序豁免,另一国也不得对该国强制执行任何判决,不得对其国家财产进行强制执行,或者对该国官员实施刑罚或采取其他强制措施。

国家主权豁免已经成为一种国际惯例,一些国家也制定了相关法律对此加以规范。欧洲部分国家于 1972 年签订《欧洲国家豁免公约》(The European Convention on State Immunity),1976 年美国颁布《外国主权豁免法》(Foreign Sovereignty Immunities Act)。[①]

在 19 世纪末之前,大多数西方国家均采用绝对豁免原则,即无论国家从事的是公法行为还是私法行为,除非该国放弃,否则都给予豁免。但世界各国经济、贸易、文化联系与往来越来越紧密,以政府为主体与外国私人或公司之间的商业交易也逐渐增多,绝对豁免原则容易成为外国政府的"保护伞",用于规避外国政府或官员本应承担的法律责任,使私人或公司处于天然的不利地位。因此,一些国家逐渐倾向采用限制豁免原则以保护本国利益。限制豁免原则对政府管理行为(acta imperii)和商业性质行为(acta jure gestionis)予以区分,国家实施公共管理职权时,可以获得豁免;但从事商业行为或参与私法领域的活动时,则不享受豁免,需受外国法院的管辖。

进入 20 世纪,限制豁免原则逐渐成为主流。1918 年瑞士联邦法院在德雷菲斯案件中采用限制豁免;奥地利最高法院在 20 世纪 20 年代转向限制豁免;第一次世界大战之后,法国、希腊、爱尔兰高级法院以及埃及混合仲裁法庭都相继开展了有限豁免的实践;1963 年,德国法院在伊朗帝国索赔案中开始转向限制豁免立场;1978 年,英国颁布《国家豁免法》(State Immunity Act),列举了豁免的例外,规定从事商业行为或在英

① 参见《美国法典》第 28 章第 1605 条(28 U. S. C. 1605)。

国履行合同义务的外国国家须接受英国法院管辖。① 2004 年,联合国通过《联合国国家及其财产管辖豁免公约》,中国于 2005 年签署但仍未予以批准,该公约目前尚未生效。

2000 年至 2022 年 5 月,我国涉外国主权豁免案件共 71 件,尤其是 2019 年新冠疫情全球暴发以来,我国政府及相关部委涉疫赔偿诉讼增加,总计达 29 件。随着国家主权豁免案件的增多,深度理论研究的紧迫性越发凸显,我国尚未确立国家主权豁免例外原则。2007 年《最高人民法院关于人民法院受理涉及特权与豁免的民事案件有关问题的通知》发布,决定建立对人民法院受理的涉及特权与豁免的案件报告制度,规定凡以在中国享有特权与豁免的主体为被告、第三人向人民法院起诉的民事案件,人民法院应在决定受理之前,报请本辖区高级人民法院审查;高级人民法院同意受理的,应当将其审查意见报最高人民法院。在最高人民法院答复前,一律暂不受理。该通知明确了享有国家主权豁免的主体范围,但并未规定例外情形。

我国目前的国家主权豁免司法程序尚未健全,需进一步细化程序及实体法律规范,明确国家主权豁免的主体范围和例外情形,建立司法程序的层报制度、国家主权豁免案件的司法与外交协调机制,衔接好国内法规定与国际公约和国际惯例。

(4)《反外国制裁法》司法救济机制体系化尚待提升

目前,在世界范围内,欧盟制定了《抵制第三国立法域外适用效果及行动条例》(以下简称欧盟《阻断条例》),俄罗斯制定了《关于影响(反制)美国和其他国家不友好行为的措施的法律》,一些典型案例,如欧盟 Bank Melli Iran 诉 Telekom Deutschland 公司也引发了广泛关注。就我国的情况而言,相关立法体系尚未完善,对《反外国制裁法》的司法救济机

① 参见何志鹏:《主权豁免的中国立场》,载《政法论坛》2015 年第 3 期。

制还较为分散,尚未形成具有可操作性的体系化成果。我国亟须加快推进反制裁类法律的制度规则及其配套实施措施的完善,推动其早日落地实施,尽快实现其制度"实转"。

在程序问题方面,目前研究主要集中于诉讼主体的资格确定、管辖法院、层报制度等问题。我国应将索赔主体限于具有"中国国籍",从而避免发生类似第三国企业在欧盟法院起诉欧盟本土企业的情况,而被告应限于遵守禁令范围内制裁措施的境内外组织和个人。尽快确立豁免例外原则,①如外国政府机构或政府官员面临管辖豁免障碍,要尽快采取限制豁免主义。② 我国法院对阻断诉讼的管辖权具有强制性、排他性和专属性,③建议增加"损害结果发生地"管辖依据或在民商事管辖权规则中引入"适当联系"标准④。鉴于此类案件的外交和政治复杂性,建议各地区中级或高级人民法院为一审法院,且在立案、审理、裁判过程中都应层报最高人民法院。⑤

在实体问题方面,针对反外国制裁立法的不完善,首先要严格限制该类案件的提起,应明确将行政命令作为提起追偿诉讼的前置程序⑥。对于提起诉请的内容,建议参考欧盟《阻断条例》第6条可以追偿"因适用其附件中规定的法律或基于该法律的行动或由此产生的任何损害,包

---

① 参见漆彤:《欧盟〈阻断法〉的适用困境及其对我国的启示——以伊朗梅利银行诉德国电信案为例》,载《财经法学》2022年第1期。

② 参见杜涛、周美华:《应对美国单边经济制裁的域外经验与中国方案——从〈阻断办法〉到〈反外国制裁法〉》,载《武大国际法评论》2021年第4期。

③ 参见沈伟、邵辉:《论阻断诉讼的法律风险及其司法控制》,载《中国应用法学》2022年第2期。

④ 参见刘桂强:《阻断法的当代发展与价值选择》,载《中国应用法学》2022年第2期。

⑤ 参见叶研、张晓君:《从欧盟实践看中国阻断法体系的法律适用》,载《法律适用》2021年第10期。

⑥ 参见刘桂强:《阻断法的当代发展与价值选择》,载《中国应用法学》2022年第2期。

括法律费用”。[①] 应将歧视性限制措施认定为制裁,扩大反制裁法适用的范围。另外,鉴于针对密苏里案件,应作出针对性立法举措,在我国反外国制裁立法中明确,一国制裁法不能通过意思自治的方式影响国际商事合同的法律适用,应进一步明确国际经贸合同中关于反制裁条款的法律效力。

(5)涉外司法人才培养储备急需形成整体机制

大力培养涉外法治人才是开展涉外法治工作的重要支撑。涉外审判人才是做好涉外审判工作的基础,打造高素质的涉外审判队伍是高效完成涉外审判任务,应对境外司法挑战的必然要求。

目前,涉外审判人才选拔、长效培养机制还不够健全,与涉外审判工作发展需要不适应,高素质专业化涉外审判队伍建设成为紧迫任务。如何培养、使用涉外审判人才缺乏整体规划,人才梯队储备不足。涉外新类型和疑难复杂案件不断涌现,一些审判人员应对新情况、新问题的能力不足,复合型国际化涉外审判人才仍存在较大缺口。[②]

新发展格局下须整体规划涉外法治人才培养,需要从坚定政治立场、具有国际视野、通晓国际规则、参与国际事务、善于维护国家利益等方面点明涉外法治人才建设的目标。[③] 进一步明晰培养战略,完善培养机制,落实培养措施,全方位加快培养步伐。包括:加强涉外司法人才学科培养,在高校设立国际法一级学科来搭建涉外法治人才的成长平台;加强涉外司法人才的实操能力培养,建立实践导向的培养机制,既能胜

---

① 参见漆彤:《欧盟〈阻断法〉的适用困境及其对我国的启示——以伊朗梅利银行诉德国电信案为例》,载《财经法学》2022 年第 1 期。

② 周强:《最高人民法院关于人民法院涉外审判工作情况的报告》,载中国人大网 2022 年 10 月 29 日,http://www.npc.gov.cn/npc/c2/c30834/202302/t20230206_423444.html。

③ 参见周强:《在习近平法治思想指引下　奋力推进新时代司法为民公正司法》,载求是网,http://www.qstheory.cn/dukan/qs/2022-02/16/c_1128368020.htm。

任日常涉外司法审理工作,又能应对解决重大疑难问题;建立常态化、规范化、科学化的人才评估机制,建立涉外司法人才一以贯之的培养评估体系,发挥以评价促培养的实际作用;加快打造涉外司法职业共同体,打通人才流动壁垒,形成各领域人才互通、综合使用人才的畅通机制,为高水平对外开放提供智力支持。

(二)司法应对的总体要求

习近平总书记在中央全面依法治国工作会议上明确提出:要加快涉外法治工作战略布局①。面对新一轮对外开放,涉外法治工作必须加强战略布局,占据战略制高点,掌握主动权。一是工作应对机制要跟上;二是法治措施储备要跟上,特别是要加快推进我国法域外适用的法律体系建设,为我国涉外执法、司法活动提供法律依据;三是企业合规管理要跟上;四是专业人才培养要跟上。党的十九届四中全会决定强调,加强涉外法治工作,建立涉外工作法务制度,加强国际法研究和运用,提高涉外工作法治化水平。中央关于"十四五"规划和2035年远景目标建议中又明确提出要"加强涉外法治体系建设"。显然,涉外法治体系是包含立法、执法、司法、守法和用法五个方面的体系,涉外司法审判工作是涉外法治体系的重要组成部分,推进涉外司法审判工作就是强化涉外法治体系建设。②

从一般意义考量,司法具有原初功能和衍生功能。纠纷解决是司法的原初功能,又可细分为促进纠纷解决、缓和纠纷等功能。司法的衍生

① 《习近平在中央全面依法治国工作会议上强调　坚定不移走中国特色社会主义法治道路　为全面建设社会主义现代化国家提供有力法治保障》,载《人民日报》2020年11月18日,第1版。

② 参见黄进:《强化涉外司法审判工作　促进涉外法治体系建设》,载中国法院网,https://www.chinacourt.org/article/detail/2021/07/id/6171798.shtml。

功能则包括通过约束权力来实现对权利的保障、推进公共政策实施、进行规则创制等。[①] 通行观点认为,法院的基本职责是解决纠纷,但这并不是法院的唯一职责,法院的职责已经发展为主要通过行使监督权或直接分配正义来实现司法功能。[②]

全面理解习近平法治思想,深刻把握统筹国内法治与涉外法治精神内核,应以“司法服务”和“司法斗争”双重视角去构建我国涉外法治的司法应对机制,充分发挥司法的应有功能,推进司法的能动性。人民法院行使审判权不仅要追求法律效果,而且还要主动考量社情民意,主动融合社会效果和政治效果。在追求“三效合一”的过程中把握法治的底线,满足社会多元的司法需求,既要坚持正确的政治站位和维护国家安全发展战略利益,同时也需审慎考量国际形势的复杂变迁、双循环新发展战略的司法服务需求,完善涉外法治人才培养机制,以涉外金融法治为切入点,重点聚焦我国法域外适用、外国国家主权豁免、《反外国制裁法》适用三个重大司法问题,提出体系化的司法应对机制建议。

1. 坚持党的领导,坚定中国特色社会主义法治道路

做好涉外审判工作,不仅是人民法院履行审判职能的重要组成部分,也是人民法院作为政治机关的属性体现。

党的领导是党和国家的根本所在、命脉所在,是全国各族人民的利益所系、命运所系,是全面依法治国的题中应有之义。[③] 党的领导是我国涉外审判工作始终沿着正确方向前进的根本保证,是确保涉外审判工作正确政治方向的根本要求。涉外审判工作取得历史性发展,涉外法治

---

① 参见蒋红珍、李学尧:《论司法的原初与衍生功能》,载《法学论坛》2004 年第 2 期。

② 参见蒋惠岭:《司法改革的知与行》,法律出版社 2018 年版,第 282 ~ 290 页。

③ 参见周强:《坚持以人民为中心　努力让人民群众在每一个司法案件中感受到公平正义》,载《习近平法治思想研究与实践》专刊 2021 年第 2 期(《民主与法制》周刊 2021 年第 44 期)。

建设开创新的局面，充分体现了党的领导的政治优势和体制优势。在涉外审判工作中坚持党的领导，要将学习宣传贯彻党的二十大精神作为当前和今后一个时期的首要政治任务，深刻领悟“两个确立”的决定性意义，增强“四个意识”，坚定“四个自信”，做到“两个维护”，自觉站在党和国家工作全局的战略高度，在更高水平、更广领域、更深层次上谋划和推进涉外审判工作。认真贯彻《中国共产党政法工作条例》，牢牢坚持党对司法工作的绝对领导，坚定不移走中国特色社会主义法治道路，把党的领导贯穿涉外审判工作全过程各方面，不折不扣贯彻落实党中央决策部署，积极服务党和国家对外工作大局。贯彻落实全过程人民民主，更加自觉接受人大监督，及时报告工作情况，认真听取代表意见建议，不断加强和改进涉外审判工作。①

坚定中国特色社会主义法治道路，是涉外审判工作朝着专业化、国际化、现代化发展的路径保证。法治是人类政治文明的重要成果，②坚定中国特色社会主义法治道路，全面实现依法治国，要协调推进国内治理和国际治理。坚持统筹推进国内法治和涉外法治是党治国理政、统筹国内国际两个大局在法治领域的重要体现。国内法治与国际法治是相互联系、相互支持和协同发展的。国内法治是基础，为国际法治提供基本前提；国际法治是国内法治的拓展，为国内法治提供展示平台。③ 涉外法治是国内法治联系国际法治的交融地带，在建立以国内大循环为主体、国内国际双循环相互促进的新发展格局中，只有坚定中国特色社会

---

① 参见周强：《最高人民法院关于人民法院涉外审判工作情况的报告》，载中国法院网 2022 年 10 月 29 日，https://www.chinacourt.org/article/detail/2022/10/id/6983287.shtml。

② 参见王轶：《坚持统筹推进国内法治和涉外法治》，载《人民日报》2021 年 3 月 19 日，第 11 版。

③ 参见王轶：《坚持统筹推进国内法治和涉外法治》，载《人民日报》2021 年 3 月 19 日，第 11 版。

主义法治道路，才能在涉外审判中始终根植于中国法治实践，保证涉外司法的中国特色，充分发挥涉外审判功能，统筹运用国内法和国际法，创新审判机制，提高涉外审判水平，通过个案裁判，增强规则解释能力和影响能力，更好地维护国家主权、安全和发展利益。

2. 牢记"国之大者"，忠实履行宪法法律赋予的职责

《中共中央关于党的百年奋斗重大成就和历史经验的决议》明确提出，"方向决定道路，道路决定命运"。习近平总书记明确指出，"我们要坚持的中国特色社会主义法治道路，本质上是中国特色社会主义道路在法治领域的具体体现"①。在习近平法治思想指引下，坚持中国特色社会主义法治道路要心怀"国之大者"这一理念，要坚持以中国式现代化推进中华民族伟大复兴。

服务大局是涉外审判工作的职责使命，必须始终将涉外审判工作置于党和国家事业发展全局中谋划推进，积极服务新时期双循环国家战略实施和高水平对外开放。

忠实履行宪法法律赋予的职责是人民法院涉外审判职能的内涵边界。在涉外审判工作中，依法裁判是首要标准。法律规范是社会主体对纠纷解决进行合理预期的基础，司法裁判是将法律规范转换为社会主体行为指引的实践路径。只有准确适用法律、公正裁判、平等保护各方当事人合法权益，才能将法律权威落实为司法权威，将纸上规范转化为社会秩序。

在涉外审判工作中，纠纷涉及不同国家地区、不同法域规范、不同价值文化、不同市场惯例，要全面综合考量案件的涉外因素，平衡好失范的利益格局，恪守宪法法律赋予的职责，通过涉外案件审理，主动向国际社

---

① 《习近平：领导干部要做尊法学法守法用法的模范　带动全党全国共同全面推进依法治国》，载《人民日报》2015 年 2 月 3 日，第 1 版。

会提供行为规则,向世界传递中国声音,扩大中国法治影响力。

3. 坚持以人民为中心,努力让人民群众在每一个司法案件中感受到公平正义

习近平总书记指出,“江山就是人民、人民就是江山,打江山、守江山,守的是人民的心”①;强调“全面依法治国最广泛、最深厚的基础是人民,必须坚持为了人民、依靠人民”②。以人民为中心是涉外审判工作的根本立场,必须坚持人民至上,始终把实现好、维护好、发展好最广大人民根本利益作为出发点和落脚点。

坚持党的领导、人民当家作主、依法治国有机统一,是我国社会主义法治建设的基本经验,是中国式法治现代化新道路的制胜法宝。③ 党的领导是社会主义法治的最根本保证,是维护最广大人民根本利益的根本保证。人民是依法治国的主体和力量源泉。习近平总书记强调,“要把体现人民利益、反映人民愿望、维护人民权益、增进人民福祉落实到全面依法治国各领域全过程”④。

人民性是中国特色社会主义司法制度的本质属性,实现好、维护好、发展好最广大人民根本利益是我国司法工作的出发点和落脚点。⑤ 人民民主专政是我国的国体,人民代表大会制度是我国的政体,一切权利属于人民。人民在法治中的地位体现了我国的政体和国体,司法的人民

---

① 习近平:《在庆祝中国共产党成立100周年大会上的讲话》,载《求是》2021年第14期。

② 习近平:《坚定不移走中国特色社会主义法治道路 为全面建设社会主义现代化国家提供有力法治保障》,载《求是》2021年第5期。

③ 参见张文显:《论中国式法治现代化新道路》,载《中国法学》2022年第1期。

④ 习近平:《坚定不移走中国特色社会主义法治道路 为全面建设社会主义现代化国家提供有力法治保障》,载《求是》2021年第5期。

⑤ 参见周强:《坚持以人民为中心 努力让人民群众在每一个司法案件中感受到公平正义》,载《习近平法治思想研究与实践》专刊2021年第2期(《民主与法制》周刊2021年第44期)。

属性决定必须坚持司法为民。这是贯穿我国法治工作主要任务和基本原则的鲜明主线。法具有政治统治功能和社会治理功能，司法审判是法功能实现的重要组成部分。因此，涉外司法审判必须坚持以人民为中心、依靠人民、造福人民、保护人民，必须维护人民利益、反映人民愿望、增进人民福祉，做到法律效果、社会效果、政治效果“三效合一”。

4. 统筹发展与安全，以改革创新开拓涉外司法新作为

统筹发展与安全是新时期确保国民经济平稳运行的两个重要方面。发展是主题，安全是保障。2021 年中央经济工作会议强调，要促进经济运行保持在合理区间，继续做好“六稳”“六保”工作。统筹发展与安全，是经济稳健运行的关键点。创新是市场活力的源泉，加快构建新发展格局，加快实施新发展战略，离不开高水平的改革创新。而市场愈加创新，风险也可能愈加集聚。进入“十四五”时期，我国经济安全形势仍然十分严峻。单边主义、逆全球化思潮等导致大国博弈加剧，全球面临经济增长动力不足，国际经济形势愈加复杂；随着供给侧结构性改革的深入推进，国内经济结构、运营理念和服务竞争方式等与经济高质量发展要求之间仍存在差距；双循环发展战略的加快推进，双向开放步伐加快，不断迭代的科技创新对经济业态产生巨大影响，金融体系长期积累的风险隐患并未彻底消除，金融监管制度、风险化解体系存在短板。

新发展格局下，营造市场化、法治化、国际化营商环境是经济市场健康发展的必然要求。法治是规范社会秩序的底线，也是引领创新、防范风险的重要力量，因此，充分发挥法的功能，需要个案司法审判向社会传递规则信号，筑牢经济稳定运行的根基。一方面，鼓励创新，激发市场活力，通过典型案例为市场主体传递司法对专业交易规则的理解和态度，弥补立法与监管供给的不足，主动为市场创新发展提供司法保障；另一方面，积极参与社会经济综合治理，加强经济风险预警和司法处置，防范市场运行中可能发生的重大系统性风险。

涉外审判是司法审判服务保障双循环新发展战略,加快构建新发展格局的重要阵地。高水平开放是双向开放,必须统筹推进国内法治与涉外法治。涉外审判工作必须坚持统筹发展和安全;必须树立底线思维,增强斗争精神;善于运用法治手段应对挑战、防范风险;维护和践行真正的多边主义,服务推动构建人类命运共同体;必须坚持改革创新,改革创新是涉外审判工作发展的不竭动力,秉持改革创新精神,深入实施精品战略,完善涉外法律适用规则体系,加快推进涉外审判体系和审判能力现代化。

(三)司法应对的路径方向

新时期,涉外司法审判工作已从涉外民商事审判领域拓展到涉外刑事审判和涉外行政审判领域,加强涉外司法审判,必须坚持全方位推进,从完善涉外审判机制到补齐涉外司法短板,切实提升涉外司法质效。

1. 优化涉外审判工作的内外部机制

(1)完善涉外审判及服务机制

涉外审判工作面对诸多涉外因素——案件当事人、诉讼标的、法律适用等。据此,涉外审判必须紧扣涉外因素,对标国际一流水平,完善涉外案件审理规则。参考域外法院相关规则,制定涉外审判指南,规范涉外案件审理程序,进一步完善涉外案件的域外送达、证据远程认证、调查取证、远程庭审等程序,提高涉外案件审理水平。通过现代化的诉讼便民服务措施,提升案件当事人对中国式纠纷解决的体验,完善智能化的涉外审判服务机制,提高涉外审判的现代化水平。

大力推进涉外审判司法智能化建设,以科技助力诉讼程序高效便捷。深度融合人工智能、区块链、大数据等现代科学技术,进一步升级集"智审"、"智源"、"智管"平台和"智慧法庭"四位一体的涉外审判系统。鼓励中外当事人运用"智审传译系统",提高庭审实时翻译和互联网直播功能的使用频率,方便法官办案和中外当事人参加诉讼。及时更新智助立案系统、证券虚假陈述案件等民商事案件智能辅助办案系统、代表人诉讼电子平台等智能平台,运用“智能诉讼风险提示”“中小投资者保护智慧舱”等司法科技的最新成果,完善无纸化诉讼服务、电子化诉讼执行的系统集成,提供立案、调解、审判、执行“一站式”在线诉讼服务。

(2)建立涉及国家安全、主权、发展利益的重大涉外案件识别、层报机制并进行集中管辖

积极行使司法管辖权,是更好发挥涉外审判效能的重要抓手。2002年2月,为应对我国加入世界贸易组织(WTO)后涉外民商事审判面临的形势任务,《最高人民法院关于涉外民商事案件诉讼管辖若干问题的规定》(法释〔2002〕5号)(已被修改)出台,以司法解释的形式对涉外民商事案件的管辖权作出调整,将以往由各基层人民法院、中级人民法院分散管辖的涉外民商事案件集中由少数收案较多、审判力量较强的基层人民法院和中级人民法院管辖。考虑涉外民商事审判的实际需求,最高人民法院又于2004年出台《最高人民法院关于加强涉外商事案件诉讼管辖工作的通知》(法〔2004〕265号),于2017年出台《最高人民法院关于明确第一审涉外民商事案件级别管辖标准以及归口办理有关问题的通知》(法〔2017〕359号),适时调整涉外民商事案件集中管辖机制。涉外民商事案件集中管辖机制实施20余年来,形成了以“特定管辖法院、专门审判机构、专业审判人员”为特征的涉外民商事审判格局,培养造就了一支高素质、专业化的涉外审判队伍,涉外民商事案件的审判质量明显提高。[①] 自2023年1月1日起实施的《最高人民法院关于涉外民商事案件管辖若干问题的规定》将进一步优化涉外民商事案件管辖机制,发

---

① 参见《最高法民四庭负责人就〈最高人民法院关于涉外民商事案件管辖若干问题的规定〉答记者问》,载中国法院网,https://www.chinacourt.org/article/detail/2022/11/id/7017716.shtml。

挥涉外民商事审判"调结构""定职能"的作用,推动基层人民法院重在准确查明事实、实质化解纠纷;中级人民法院重在二审有效终审、精准定分止争;高级人民法院重在再审依法纠错、统一裁判尺度;最高人民法院监督指导全国涉外审判工作,确保法律正确统一适用。

涉外民商事纠纷案件的管辖应秉持以下原则:①对等原则[①],包括积极对等与消极对等内容,进行涉外民商事纠纷跨境管辖时既保持克制、谦让又充分保护我国国家主权、安全与发展利益。②限制适用原则,扩展涉外民商事纠纷管辖权,其法律本质是一国对私法领域纠纷的司法权扩展,但同时会影响涉外纠纷当事方的国家公法利益。因此以"适当联系"限制当事人选择管辖的连结点,确定案件管辖,不能无限扩大涉外民商事纠纷管辖权。③国际礼让原则,域外司法管辖权冲突的解决应综合考虑适用我国法律与国际法传统是否冲突,对国际社会各方面是否产生重大影响,充分尊重国际法及国际公共秩序与利益,尊重各国国家主权、安全与重大利益。④便利诉讼原则,这是我国民事诉讼法的一项基本原则。《民事诉讼法》第8条规定:"民事诉讼当事人有平等的诉讼权利。人民法院审理民事案件,应当保障和便利当事人行使诉讼权利,对当事人在适用法律上一律平等。"涉外民商事纠纷管辖也应以此为原则开展审理活动,保障和便利诉讼,提高审判效率。

以涉外民商事纠纷为例,以涉外纠纷管辖示范条款为抓手用足用好司法管辖权。针对涉外交易合同多约定争议由外国机构管辖的情况,积极推行涉外合同的"争议解决"示范条款,支持涉外交易主体选择我国法院管辖。让更多具有示范意义的跨境交易纠纷进入我国司法程序,提升我国对国际交易规则的解释权和话语权。针对涉"一带一路"倡议、

① 《民事诉讼法》第5条第2款的规定,外国法院对中华人民共和国公民、法人和其他组织的民事诉讼权利加以限制的,中华人民共和国人民法院对该国公民、企业和组织的民事诉讼权利,实行对等原则。

沪深港通、沪伦通和境外红筹企业境内上市等情形下可能出现的跨境诉讼,鼓励当事人协议选择中国法院管辖。加强对离岸人民币交易、海外融资交易等跨境金融纠纷的司法管辖权,为市场双向开放提供有力的法治保障。

合理科学布局涉外案件的层级管辖,积极推进涉外案件的跨域集中管辖。《最高人民法院关于涉外民商事案件管辖若干问题的规定》第1条至第3条明确,基层人民法院管辖第一审涉外民商事案件;中级人民法院管辖第一审重大涉外民商事案件,重大性标准——争议标的额大,案情复杂或一方当事人人数众多,在本辖区有重大影响;高级人民法院管辖争议标的额在人民币50亿元以上(包含本数)或者其他在本辖区内有重大影响的第一审涉外民商事案件。涉外案件的管辖基本下沉到基层及中级人民法院审理,可便利当事人诉讼,但同时对基层人民法院的涉外审判机制及质效提出了更高要求。该规定第4条第1款明确了涉外民商事案件的集中管辖原则,“高级人民法院根据本辖区的实际情况,认为确有必要的,经报最高人民法院批准,可以指定一个或数个基层人民法院、中级人民法院分别对本规定第一条、第二条规定的第一审涉外民商事案件实行跨区域集中管辖”。根据上述规定,高级人民法院有权根据本辖区情况,报请最高人民法院批准,适时调整涉外民商事案件的集中管辖。这样,一方面,有利于集中优势审判资源,高质量审理涉外纠纷;另一方面,有利于推进区域适法统一,稳定纠纷当事人的裁判预期。当然,具体确定集中管辖法院的标准,还需要进一步细化,例如案件类型,诉讼标的额,集中审理涉外案件的法院的审判力量配备、配套机制要求等都需要进一步以规则形式予以明确。

完善重大涉外案件识别机制与全面贯彻涉外民商事案件集中管辖相辅相成。做好集中管辖,首要前提是在立案、审判、执行等工作中正确把握涉外民商事案件的标准。识别涉外民商事案件、识别重大性,一是要从法律关系主体,标的物以及产生、变更或消灭民事关系的法律事实三个方面是否具有涉外因素进行考察,只要其中之一具有涉外因素,即为涉外民商事案件。二是重大影响的判断涉及多方价值因素的考量。从法律适用、社会影响、国际影响方面划定标准,从法律规则示范、社会敏感度、国际敏感度、市场影响面、市场规则影响度、系统性风险影响度等方面加以综合衡量,细化重大性标准。可参考《最高人民法院关于进一步完善"四类案件"监督管理工作机制的指导意见》中所称的"重大、疑难、复杂、敏感"案件标准。另外,对于涉外民商事案件管辖权异议、申请承认与执行外国仲裁裁决或法院民商事判决的案件,应当集中由涉外民商事审判庭(团队)统一审查,避免分散审查。从源头把控涉外民商事案件识别标准统一,为后续案件审理做好基础工作。

调整涉外民商事案件管辖权,还涉及案件层报机制的相应调整。建立涉外民商事纠纷案件集中管辖权调整的层报制度。《最高人民法院关于涉外民商事案件管辖若干问题的规定》是以管辖权下沉为原则,集中管辖为例外。这是理解如何处理前期报批问题和后续可能的报批问题的重要出发点。首先,该规定生效后,所有的中级人民法院、基层人民法院都具有了相应的第一审涉外民商事案件的管辖权。因此,此前尚未取得涉外管辖权的中级人民法院和基层人民法院在该规定生效后,自动获得了对这类案件的管辖权,无须通过专门程序再撤销已经发布的批文。其次,该规定第 4 条涉及的层报制度是在放开涉外管辖权背景下,将跨区域集中管辖作为例外情形,由高级人民法院根据实际情况、因地制宜决定是否呈报最高人民法院批准。因此,如果高级人民法院拟在部分基层人民法院和中级人民法院继续实行跨区域集中管辖,应当重新履行报批手续。由于地方国际商事法庭所在的中级人民法院所实施的集中管辖范围已经报最高人民法院批准,其无须再履行报批手续。[①] 最后,可参照仲裁司法审查案件、承认与执行外国法院判决案件的相关规定建立涉外民商事纠纷审理请示报告制度。受诉法院拟受理重大涉外民商事纠纷案件、拟就案件重大程序事项作出处理、拟就案件作出示范裁判等,应当逐级向最高人民法院请示,待最高人民法院复核或答复后,方可作出处理。[②]

(3)完善外国法查明机制及专家支持机制,适用好国际条约及国际惯例,加强规则输出与规则衔接

完善外国法查明机制,高效查明、全面精准适用外国法,是展现涉外审判专业性的重要方面。审理涉外民商事纠纷,如何准确适用域外法尤其是国际规则及国际惯例,成为亟待解决的问题。积极参考相关域外经验,设立专业化外国法查明中心,积极拓展外国法的查明途径,着力打造外国法查明平台,提升适用外国法的精准程度,提升涉外民商事纠纷审理的专业化水平。同时,进一步完善域外法查明的国际司法协作机制,与域外国家机关、机构、专业组织等进行国际协作,规范查明机制、提高查明质量。进一步重视发挥"由中外法律专家提供"这一查明外国法途径的作用,加强与国内外法学科研机构的联系,开辟挑选中外法律专家的渠道。要有重点地结合主要投资贸易国家、地区开展查明外国法的基础性、前瞻性工作,逐步推动将外国法查明工作纳入统一平台体系中实施,并进一步发挥服务、保障作用。[③] 在查明和适用外国法的过程中,还应充分考虑外国法,特别是判例制定过程中的政策背景,结合我国的实

---

① 参见《最高法民四庭负责人就〈最高人民法院关于涉外民商事案件管辖若干问题的规定〉答记者问》,载中国法院网 2022 年 11 月 15 日,https://www.chinacourt.org/article/detail/2022/11/id/7017716.shtml。

② 参见《最高人民法院关于仲裁司法审查案件报核问题的有关规定》。

③ 参见《最高人民法院关于全面推进涉外商事海事审判精品战略为构建开放型经济体制和建设海洋强国提供有力司法保障的意见》(法〔2015〕205 号)。

践情况,因地制宜地进行裁判。

建立专家支持工作机制,提升涉外审判专业水准,是做好理解、适用相关外国法、国际规则惯例的重要辅助。涉外民商事纠纷的专业程度较高,需利用专业知识准确理解复杂的交易结构,解释其所涉及的域外法律与国际规则惯例,厘清交易所涉法律关系性质。通过邀请精通法律、具有丰富国际交易实务经验和较高国际声誉的专家组建专家咨询委员会,为涉外民商事案件所涉及的国际条约、国际规则惯例、域外法律的查明和适用等专门性法律问题及业务焦点问题提供咨询意见,加强对案件审理的专业知识支持。2018 年,最高人民法院成立国际商事专家委员会。该委员会由最高人民法院聘请的中外专家组成,专家委员接受国际商事法庭的委托为当事人解决国际商事纠纷提供调解等服务,为人民法院审理国际商事纠纷案件所涉专门性法律问题提供咨询意见,为最高人民法院制定相关司法解释及司法政策提供意见和建议。

涉外审判除要做好规则的衔接外,更重要的是加强规则输出,通过涉外民商事纠纷案件的审理表明中国司法对相关交易规则的态度,是司法话语权最直接的表现形式。通过妥善审理具有规则创设意义、影响国际市场走向的案件,适用当事人约定的法律、国际条约、国际规则依法审理涉外民商事案件,作出有影响力、高质量的裁判,为市场主体提供稳定的裁判预期。通过涉外民商事类案裁判指南,总结审判规律,统一裁判标准,构建"具有中国特色的涉外民商事审判案例"体系,积极发挥涉外案例的示范功能,为规范市场秩序与市场主体行为指明方向。

(4)完善涉外民商事纠纷多元化解机制,满足当事人多元需求

目前,国际民商事纠纷的解决主要通过诉讼、仲裁、调解、协商四大途径。为当事人提供多元化的国际民商事纠纷解决机制,已成为优化全球营商环境、推动全球治理法治化发展的关键。

通过诉讼解决涉外民商事争端仍是主要途径,司法审判涉及一国司

法主权,一方面,受限于不同国家实体法及程序法法律规定的差异,存在成本高、时限长、执行难的问题;另一方面,受诸多不稳定因素的影响和制约,不排除有国家会以司法审判之名行贸易保护之实,例如,美国等国家通过"长臂管辖"不断扩展本国司法管辖权,对外国法人和公民进行诉讼管辖,并要求他国配合司法制裁。因此,涉外民商事纠纷当事人对诉讼外的非诉解决机制在客观上产生了较大需求。非诉解决机制中的国际仲裁、商事调解是国际经济贸易中较为常见的纠纷解决方式。当事各方共同选任仲裁员进行仲裁,或单独通过协商、调解的方式实现和解,往往能够起到及时化解矛盾、平衡突发事件造成的损失、避免不利国际影响的作用。

随着双循环发展战略的稳步推进,双向开放走向深入,更多形式的人民币离岸交易、跨境结算和海外融资服务等跨境创新业务日益涌现,相关涉外民商事纠纷在主体范围、法律适用、财产执行等方面越来越多地呈现跨境化特点,需要我国的涉外民商事纠纷解决机制更加深度地与国际接轨。多元纠纷化解机制是司法、调解、仲裁的有机融合,是诉讼程序与非诉讼程序的贯通联合,从理论到实践已得到世界各国的认可。推进和完善涉外民商事纠纷多元化解决机制,依托专业调解和仲裁力量,尊重国际惯例和行业规则,妥善解决争议,有助于拓宽市场主体诉求表达渠道,提高纠纷化解效率。涉外审判应积极参与经济市场综合治理,努力推动建设融合调解、仲裁、诉讼为一体的国际民商事纠纷解决的线上线下综合平台,创建纠纷多元化解新机制。

2018 年 6 月 27 日颁布的《最高人民法院关于设立国际商事法庭若干问题的规定》(已被修改)第 11 条规定:"最高人民法院组建国际商事专家委员会,并选定符合条件的国际商事调解机构、国际商事仲裁机构与国际商事法庭共同构建调解、仲裁、诉讼有机衔接的纠纷解决平台,形成'一站式'国际商事纠纷解决机制。国际商事法庭支持当事人通过调解、仲裁、诉讼有机衔接的纠纷解决平台,选择其认为适宜的方式解决国际商事纠纷。"建立诉讼与仲裁、调解有机衔接的"一站式"国际商事纠纷多元化解机制,是中国国际商事法庭建设中的一大亮点和特色。"一站式"纠纷解决机制先后引入10家国际商事仲裁机构和2家国际商事调解机构,首次实现和境外仲裁机构的机制衔接。

对诉至国际商事法庭的国际商事纠纷案件,当事人可以根据《最高人民法院关于涉外民商事案件管辖若干问题的规定》以及《最高人民法院国际商事法庭程序规则(试行)》的规定,协议选择纳入机制的调解机构调解。经调解机构主持调解,当事人达成调解协议的,国际商事法庭可以依照法律规定制发调解书;当事人要求发给判决书的,可以依协议的内容制作判决书送达当事人。对纳入机制的仲裁机构所受理的国际商事纠纷案件,当事人可以依据该规定以及该规则,在申请仲裁前或者仲裁程序开始后,向国际商事法庭申请证据、财产或者行为保全;在仲裁裁决作出后,可以向国际商事法庭申请撤销或者执行仲裁裁决。

根据"智慧法院"建设总体布局,继续加强"一站式"国际商事纠纷多元化解决机制的信息化建设,优化纠纷解决平台的在线功能,切实推进调解、仲裁、诉讼的有机衔接,公正高效便利地解决国际商事纠纷。创建全领域涉外民商事纠纷多元化解机制。通过设立诉调对接中心,与各专业、行业调解组织签订合作协议,创建覆盖国际经济贸易各行业的诉调对接机制。创新"全链条"金融纠纷化解模式。连通"示范判决 + 专业调解 + 司法确认"程序,"全链条""一站式"化解证券群体性纠纷。通过适用证券示范判决机制,选取具有代表性的案件作为示范案件,先行审理、先行判决。其他案件作为平行案件,以示范判决的事实认定和法律适用为标准,引导当事人进行调解,提高矛盾化解效率。保护中小投资者合法权益,促进资本市场的健康发展。

2. 推进重点领域的司法应对机制

(1)加快构建我国法域外适用规则的制度和路径

进一步完善我国法域外适用的司法规则体系。首先,应准确界定司法管辖和法律适用,通过优化涉外司法管辖基础,强化我国法律适用。从我国司法实践来看,适用法院地法(lex fori)往往成为大多数涉外案件中的兜底性准据法,因此完善我国涉外司法管辖权体系是提升我国法域外适用的前提。其次,应提高我国当事人对法律选择条款的重视程度,大力推动当事人合意选择我国法作为准据法,同时准确理解我国法域外直接适用和间接适用条件,进一步建立体系化的我国法域外适用制度规则体系。最后,应完善我国法域外适用的司法科技配套机制,充分发挥我国法院利用司法科技优化涉外诉讼程序、实现线上立案审理等便利诉讼、降低成本的积极作用,更好地提升我国司法的国际吸引力与竞争力。

(2)完善外国国家豁免相关司法程序

进一步深入研究外国主权豁免的具体司法程序。一是比较法样本需进一步拓宽。学界研究主要集中在《联合国国家及其财产管辖豁免公约》与美国《外国主权豁免法》,对于其他国家立法例研究较少,横向性全面比较研究有待加强。二是立足我国司法程序的研究比较欠缺。除我国相关主体作为被告在海外应诉外,还要深入研究我国司法程序中的国家豁免案件,尤其是管辖法院、送达程序、法律适用、举证责任等问题。三是主权豁免性问题的研究有待加强。如对等原则在绝对豁免或限制豁免原则下的适用情形、程序和条件,对国家财产使用目的的判断标准,财产调查程序、财产冻结和执行等问题的研究尚不多见。

(3)构建《反外国制裁法》的司法救济机制

从程序和实体两个方面,具体设计法院审理涉反外国制裁法案件的司法流程。完善《反外国制裁法》第 12 条和《阻断外国法律与措施不当域外适用办法》(以下简称《阻断办法》)第 9 条所构建的我国反外国制裁的民事损害赔偿制度。主要应关注以下两方面问题：一是要正确区分涉外交关系的涉外案件与普通涉外民商事案件，并针对前者建立集中管辖、立案审理执行层报机制等特殊审理程序，构建法院与相关外事主管部门的会商机制，通过发挥法院的审判职能，形成对外法治斗争的合力。二是系统研究涉外国制裁法的相关实体问题，比较考察域外司法实践，对歧视性限制措施、损失赔偿范围、制裁除外条款效力、诉讼救济、涉制裁国际商事仲裁效力等问题形成裁判规则。

(4)加强涉外司法人才培养储备

完善涉外司法人才培养战略机制。加强涉外司法人才培养与储备，应主要从以下方面着手：一是明确涉外司法人才培养目标，注重培养政治素养、涉外司法专业能力和司法实战经验。二是完善涉外司法人才培养机制，拓展培养渠道，突出实践导向，促使高校涉外法律教学、研究与司法实践更好地结合。三是完善涉外司法人才的使用管理机制，提升跨领域涉外法治人才使用效率，加强涉外司法人才国际交流。

实施人才强基计划，加强高素质专业化涉外审判队伍建设。立足长远、加强统筹，健全涉外审判人才引进、培养、选拔、使用、管理机制。建立新类型、疑难复杂涉外案件研讨机制和平台，提升涉外审判队伍整体的能力水平。培养和储备一批既有大局观念又有国际视野，既通晓国内法律又熟悉国际法规则、善于处理涉外法律事务的优秀涉外审判人才。①

在高校中加强问题导向，鼓励学生多多参与模拟法庭实践和法律职业教育。在师资中引入涉外律师等优秀实务人才，形成不同机构联合培养的“并生量子”模式。同时，采取“自主培养＋国际借鉴”的方式，选取

① 参见周强：《最高人民法院关于人民法院涉外审判工作情况的报告》，载中国法院网，https://www.chinacourt.org/article/detail/2022/10/id/6983287.shtml。

优秀人才到高水平的国外大学留学、访学或到外国法律机构实习实训。

3. 深化国际司法交流与合作

没有改革开放就没有涉外司法审判，即使有，也是封闭的、保守的、独立的。要改革开放，就得兼容并蓄，对不合理的“长臂管辖”要阻断、反制，对必要的司法合作协助则要推动、促成。①

（1）加强国际司法合作

坚持合作共赢，开创国际司法交流合作新局面。完善国际司法协助工作机制，提高信息化水平，不断提升国际司法协助质效。拓宽国际司法交流渠道，健全案例交换分享机制、法律适用交流机制、法官培养合作机制等，增进司法互信。拓展与有关国家及 WTO、联合国国际贸易法委员会、国际法院等国际组织合作的广度和深度，积极参与全球治理体系改革和建设，推动构建更加公正合理的国际秩序。②

（2）加强涉外司法信息共享

加强涉外司法信息共享，对内建立健全司法衔接联动机制。统筹建立多层次、跨部门的涉外执法司法协同机制，整合涉外法治工作资源，促进涉外执法部门之间、执法与司法部门之间的密切配合、衔接联动与信息共享，形成工作合力，提高整体效能。对外拓展信息交流渠道，丰富信息交流形式。建立长效信息共享机制，注重信息交流的点面结合。通过举办上海合作组织成员国最高法院院长会议、数字经济法治论坛、金砖国家大法官论坛、中国—东盟大法官论坛等重要国际会议，不断夯实涉外司法交流，讲好中国法治故事。

---

① 参见黄进：《强化涉外司法审判工作，促进涉外法治体系建设》，载中国法院网 2021 年 7 月 28 日，https://www.chinacourt.org/article/detail/2021/07/id/6171798.shtml。

② 参见周强：《最高人民法院关于人民法院涉外审判工作情况的报告》，载中国法院网 2022 年 10 月 29 日，https://www.chinacourt.org/article/detail/2022/10/id/6983287.shtml。

小　　结

在统筹推进国内法治和涉外法治进程中，人民法院加强涉外法治建设，履行好涉外司法审判职能，必须深入贯彻落实习近平新时代中国特色社会主义思想和习近平法治思想，必须牢牢把握涉外法治建设的司法要求，必须坚定党的领导，站稳人民立场，统筹发展与安全，由内而外完善推进涉外司法审判机制建设，提升涉外司法审判水平，既要基于全盘考虑，也要从具体机制、措施入手，稳步落实、有序推进。

第二章

我国法域外适用规则制度设计和具体路径

前 言

我国法的域外适用,并不以立法上规定域外效力条款为终点,需要在司法上进行程序的具体展开。具体而言,需要考虑我国法院管辖权的确立,需要考虑我国法进行域外适用所面临的程序对抗和机构配合,也需要考虑司法科技应用对于审理效率的提升等诸多问题。构建我国法域外适用规则制度,在管辖权确立方面:应当关注涉外管辖的特殊性,区分管辖权的国际分配和国内分配两个层次,关注司法管辖的国际法依据、实体法域外效力与民事管辖规则的承接、实际联系原则在现阶段的适用调整,也需要关注“不方便法院原则”和禁诉令对管辖权的调整和保护。在法律适用方面:应当准确理解我国法域外直接适用和间接适用条件,在直接适用方面,充分考虑证券法、期货和衍生品法、侵权法等域外适用所面临的国内外限制,加以因应;在间接适用方面,应当意识到在域外仲裁裁决、法律判决的承认与执行中,公共政策的考量实际构成我国法的域外适用,但不能等同于直接适用而不加限制;应提高我国当事人对法律选择条款的重视程度,大力推动当事人合意选择我国法作为准据法,提升我国在国际金融交易标准文本制定中的话语权。

一、涉外司法管辖体系优化

（一）法定管辖范围的适度扩大

1. 司法管辖的国际法依据

不同于国内案件中司法管辖权的行使纯然由国内法制约，涉外案件中一国司法管辖权的行使，除需要国内法上的依据外，也可能因为平行诉讼和管辖冲突的发生而受到国际法层面的评价。例如，美国法院在跨境反垄断诉讼、证券欺诈诉讼、反海外腐败诉讼、次级制裁衍生诉讼等诉讼中“长臂管辖”他国法人或自然人，干涉他国政府监管事务，引发各国对于美国违反国际法的强烈批评。但该批评往往蕴含管辖权的多种维度，产生概念混淆和移花接木。因此，有必要分析国际法对于不同管辖权的制约有何差异以及司法的域外管辖与国际法的关系。

（1）管辖权的分类及不同管辖权所受国际法的制约

管辖权根据一国政府行使权力形式的不同，可以区分为规制管辖权（政府制定适用于个人、财产和行为的法律的权力）、裁判管辖权（政府通过居中裁判的形式对个人或者事项适用法律的权力）、执行管辖权（政府运用强制力保障对于法律的服从的权力）。这一区分不完全对应立法机关、司法机关和行政机关的机构区分。实际上，司法机关和行政机关经授权也可以制定一般规则，行使规制管辖权。行政机关在行政裁决中也在行使裁判管辖权。司法机关进行司法执行时，就是在行使执行管辖权。但为了防止问题复杂化,本书将上述区分化约为立法管辖权、司法管辖权和行政管辖权。

国际法上对于管辖权行使的规范主要体现在立法管辖权方面。根据国际习惯法,立法管辖权要求行使国与对象之间具有真实联系,根据真实联系的不同,区分为属地管辖权、属人管辖权、保护性管辖权。在此之外,还存在普遍性管辖权。以上被称为国际法上的管辖权原则。由于国际习惯法上存在属地管辖权以外的管辖依据,一国立法管辖权行使范围即使超出了本国领土的地理范围,即所谓立法管辖权的域外行使,也并非必然没有国际法的依据。即使是属地管辖权,随着经济全球化和现代科技的发展,其行使范围也超出了地理意义上的属地概念。比如,根据一国环保政策,对于外国商品或者服务设置包含境外行为规制在内的市场准入门槛的立法实践,很难说是违背了属地管辖原则。而一国超出自身领土的地理范围行使立法管辖权,很可能与他国的属地管辖权或者依据其他原则确立的管辖权发生冲突,但这种冲突往往是隐性的,直至司法或者行政管辖权行使的阶段才转化为真实冲突。① 而一国立法、司法或者行政机关在解释本国法律时,并不用尽国际法上的管辖原则,而是缩小本国法律的适用范围以尊重外国立法管辖权的行使,其被称为(立法管辖权行使上的)国际礼让,并不具有国际法的性质。国际习惯法上,还并未形成不同管辖原则的效力位阶差异。②

对于司法管辖权本身,国际法除主权豁免、外交豁免外,实际缺乏明确的约束规范。在涉及公法关系的涉外案件中,一国法院只可能适用本国的公法,司法管辖权作为立法管辖权的延伸,间接受到国际法的约束。

---

① 参见霍政欣:《我国法域外适用体系之构建——以统筹推进国内法治和涉外法治为视域》,载《中国法律评论》2022 年第 1 期。

② 参见曹亚伟:《国内法域外适用的冲突及应对——基于国际造法的国家本位解释》,载《河北法学》2020 年第 12 期。

而在涉及私法关系的涉外案件中,一国法院根据冲突规范指引所得的准据法可能为外国法。在这种情形下,该国对该私法案件行使了司法管辖权,却没有行使立法管辖权,上文所述国际习惯法上的管辖原则并不约束司法管辖权的确立。

在全球化尚不发达时期,国际法上对于司法管辖权行使的明确约束尚付阙如,一国对于涉外案件司法管辖权的确立基本依据国内法,但并不至于因为平行诉讼引发激烈的国际摩擦。如司法管辖权的行使介入了他国的管辖事务,所作出的判决不会得到他国的承认与执行,也并不直接干扰他国行使司法管辖权。但是,随着全球化的深入发展,一国的企业或者自然人往往在他国有着重要的财产、市场或者商业机会,一国法院的判决可能无须经过他国法院的承认与执行,就可以对企业或者自然人产生效力。而且,随着公法、私法界限的日益模糊,国际上普遍出现了依据反垄断法、证券法等兼具公法和私法性质的法律提起民商事诉讼的现象。一国依据国内法对于此类涉外诉讼确立司法管辖权后,无论适用本国法还是适用他国法,实质都干预了他国监管机关的权力行使。由于各国司法管辖间的摩擦激烈增加,对分配和管理各国司法管辖权的国际法规则的实际需求也与日俱增。这方面的努力主要体现在各国就达成国际司法管辖权分配和管理的共识进行谈判,但难度很大;因此,目前主要在欧盟形成了区域性的国际司法管辖秩序。至于司法管辖层面的国际礼让,仍不属于国际法的内容,其相较立法管辖层面的国际礼让与国际法的联系更弱,属于在国内法上有权行使而不行使。

至于行政管辖权,由于其与司法管辖权之间不如与立法管辖权那般密切,本书简要论之。国际习惯法上,行政管辖权的行使限制在本国领土范围内,非经他国允许,不得延伸进入他国领土。

(2)司法的域外管辖与国际法的关系

经过上述梳理可以发现,国际习惯法和国际条约尚缺乏对于司法管辖权的明确约束，司法域外管辖活动之所以引发违反国际法的争议，主要是因为管辖法院径直适用本国法作为裁判依据。以美国为例，美国法院在跨境反垄断、证券欺诈等纠纷中直接适用美国相关法律。由于调整此类纠纷的法律兼具公法和私法的性质，如经济法，且私主体提起的侵权诉讼相当于私人执法机制，发挥着实现该类法律所追求的公共利益和监管政策的功能，因此在反垄断、证券欺诈案件中私法诉讼渗透着公法监管的要素，并不同于国家在一般私主体诉讼中无直接利益的情形。不同国家监管政策中的目的设置、利益衡量、价值取向都存在巨大差异，针对他国企业或者个人的私人诉讼执法活动必然会干预他国监管政策的独立运行。因此，此类司法域外管辖活动的正当性必然受制于其对于诉讼系争的标的或者行为有无立法管辖权。

一国法院对于前述涉及公法监管领域的私人诉讼行使司法管辖权，是否可以通过多边冲突规范选择准据法，以回避立法管辖权层面的国际法争议？实际上，一国法院在本国经济法所调整的法律关系中定分止争时首先是作为国家的代理人，那么对于法院来说，外国经济法与本国经济法就不可能处于平等的地位，根据双边冲突规范选择适用外国经济法忽略了对国家政策的考量，完全是当事人的利益所推动的，与法院作为国家代理人的角色相冲突。① 而且如果多边冲突规范指引的经济法所体现的政策目标与法院地的政策目标存在巨大差异，那么要求法院地投入大量的司法资源去实现其不认同的政策目标是难以令人认可的。因此，在经济法案件中，一国法院适用本国经济法，在本国法律体系中才具有正当性。

在经济法所调整的私人诉讼中，司法管辖权如同公法案件中那样成

① See Jurgen Basedow, *Conflicts of Economic Regulation*, 42 The American Journal of Comparative Law 440 (1994).

为立法管辖权的延伸,从而间接受到国际法的制约。然而这并不意味着在司法程序上,司法管辖权的确立与适用法律的确定必须不加区分,因此需要将上述的"延伸"同对司法管辖权与立法管辖权的混淆区分开来。其中的关键在于,设计经济法的域外适用条款与民事诉讼法的管辖权条款之间的衔接,一方面要实现经济法案件中域外管辖符合国际法,另一方面要维持司法管辖与法律适用的基本程序区分。

2. 经济法域外适用条款下的司法管辖权问题

目前,我国有相当数量的经济法规定了域外适用条款,包括《反垄断法》《证券法》《期货和衍生品法》等。该类域外适用条款规定的是相对应的法律适用于域外的条件,文义上并不直接涉及司法管辖的问题。以《证券法》为例,其第2条第4款规定,"在中华人民共和国境外的证券发行和交易活动,扰乱中华人民共和国境内市场秩序,损害境内投资者合法权益的,依照本法有关规定处理并追究法律责任"。但是,最高人民法院就该条款作出司法解释,规定了涉外证券纠纷的司法管辖问题,可见该域外适用条款同时也包含了司法管辖的内容。那么,如何理解此类条款中域外适用因素与涉外管辖因素之间的关系?

很多关于《证券法》在域外发行交易证券相关纠纷中的运用的讨论,都主要参考莫里森诉国澳银行案(以下简称莫里森案)之前的司法实践。而美国在莫里森案之前的司法实践中存在前述司法管辖权与立法管辖权的混淆。这种混淆可能会影响对以《证券法》第2条第4款为代表的该类条款的理解。

(1)域外司法中司法管辖权与立法管辖权的混淆

在莫里森案之前,引导美国涉外证券欺诈案件诉讼审理思路的是美国联邦第二巡回法院(以下简称第二巡回法院),其在舒恩鲍姆诉福斯特布鲁克案(Schoenbaum v. Firstbrook,以下简称舒恩鲍姆案)和里斯科数据处理设备公司诉马克斯韦尔案(Leasco Data Processing Equip. Corp.

v. Maxwell,以下简称里斯科案)这两个标志性判例中论述美国联邦法院事务管辖权的有无时实际是在讨论美国证券法能否域外适用。这个思路并不局限于证券欺诈诉讼。美国联邦最高法院在 1993 年的哈特福德火灾保险公司诉加利福尼亚州案(Hartford Fire Ins. Co. v. California)中就以美国联邦法院的事务管辖权的框架来论述美国反垄断法的域外适用问题,斯卡利亚大法官作出反对意见并对此提出批评。

以第二巡回法院在证券欺诈诉讼中的混淆为例。在舒恩鲍姆案和里斯科案中,第二巡回法院对于事务管辖权和法律域外适用的结合,并不是用前者取代后者,而是通过对于美国《证券交易法》第 27 条管辖权条款的解释。该条款规定,地区法院对于“任何请求承担本章节或者据本章节制定的规则和条例所规定的责任或者义务的诉讼”享有排他的标的管辖权。第二巡回法院的理解是,只有诉讼所请求承担的责任是美国《证券交易法》及其监管规则、条例所规定的,地区法院对此才具有事务管辖权。那么,在跨境证券诉讼中,原告诉请被告承担的责任是不是美国《证券交易法》及其监管规则、条例所规定的,就涉及法律的域外适用问题。只有美国《证券交易法》具有域外适用效力,跨境证券诉讼中原告要求被告承担美国《证券交易法》项下的责任才不超出联邦法院的事务管辖权。基于域外适用与事务管辖权的这一联系,第二巡回法院对于行为标准和效果标准的探讨始终都是围绕国会的规制管辖权范围以及猜测国会是否愿意行使规制管辖权进行的,在认定存在域外适用效力后才落脚到法院具有事务管辖权。

也就是说,美国司法管辖权的确立条件与法律适用的条件是完全同一的,管辖权的确立作为一项司法程序事项,其实质被法律适用问题“鸠占鹊巢”。如此,一方面架空了司法管辖的规范内容,另一方面使美国法院通过行使对于司法管辖的自由裁量权实现了美国法适用范围的扩张,产生了违反国际法或者不利于国际礼让的问题。直到莫里森案,斯卡利亚大法官区分法院事务管辖权和立法管辖权的观点最终占据上风，成为先例：事务管辖权的确立系直接依据美国证券法的管辖权条款，而系争案件是否满足美国证券法的域外适用条件则属于实体问题，与司法管辖权这一程序事项无关。

(2)我国法域外适用连结点与司法管辖连结点的阶梯构造

与我国《证券法》第2条第4款域外适用条款相呼应，2021年出台的《最高人民法院关于北京金融法院案件管辖的规定》第2条与2021年修正的《最高人民法院关于上海金融法院案件管辖的规定》第2条以及2022年的《最高人民法院关于成渝金融法院案件管辖的规定》第2条规定了三家金融法院管辖在我国境外上市的境内公司及境外公司损害境内投资者合法权益的证券、期货纠纷，以及境外其他金融产品和金融服务的提供者损害境内投资者合法权益的金融纠纷。[①] 根据最高人民法院民事审判第二庭负责人的介绍，上述规定的法律依据就是《证券法》的域外适用条款。[②] 前两家金融法院的管辖规定出台时，《期货和衍生品法》尚未出台。最高人民法院民事审判第二庭负责人对此介绍指出，"修订中的《期货法(草案)》及《商业银行法(草案)》也规定了类似的我

---

① 《最高人民法院关于北京金融法院案件管辖的规定》第2条规定："下列金融纠纷案件，由北京金融法院管辖：(一)境内投资者以发生在中华人民共和国境外的证券发行、交易活动或者期货交易活动损害其合法权益为由向北京金融法院提起的诉讼；(二)境内个人或者机构以中华人民共和国境外金融机构销售的金融产品或者提供的金融服务损害其合法权益为由向北京金融法院提起的诉讼。"《最高人民法院关于上海金融法院案件管辖的规定》第2条规定："下列金融纠纷案件，由上海金融法院管辖：(一)境内投资者以发生在中华人民共和国境外的证券发行、交易活动或者期货交易活动损害其合法权益为由向上海金融法院提起的诉讼；(二)境内个人或者机构以中华人民共和国境外金融机构销售的金融产品或者提供的金融服务损害其合法权益为由向上海金融法院提起的诉讼。"

② 参见《最高人民法院民二庭负责人就〈最高人民法院关于北京金融法院案件管辖的规定〉答记者问》，载最高人民法院官网2021年3月16日，http://www.court.gov.cn/zixun-xiangqing-290971.html。

国法域外适用条款”①。考虑三家金融法院管辖规定的涉外跨域集中管辖规则也包括期货纠纷和其他金融产品、金融服务纠纷，其管辖规定也从实施后的《期货和衍生品法》获得法律依据。

但值得注意的是，无论是《证券法》第2条第4款，还是《期货和衍生品法》第2条第2款，所规定的域外适用连结点均有两项，为“扰乱中华人民共和国境内市场秩序”和“损害境内交易者合法权益”，但两家金融法院的管辖规定第2条所规定的涉外跨域集中管辖的连结点只有损害境内交易者合法权益。尽管其管辖规定的涉外管辖条款系依据《证券法》第2条第4款与《期货和衍生品法》第2条第2款，但该管辖规定的涉外管辖连结点与上述实体法规定的域外适用连结点存在一种阶梯性的构造，系争案件满足了管辖连结点不一定满足我国法域外适用连结点，从而有利于防止产生美国在莫里森案之前混淆两者的法律实践。

这种阶梯性构造是我国在《证券法》《期货和衍生品法》等经济法领域完善涉外法治的基础，但其还有待细化。一方面，“扰乱中华人民共和国境内市场秩序”这一适用连结点还比较模糊，不易为司法所掌握，需要进一步明确；另一方面，“损害境内交易者合法权益”作为管辖条件过于宽松，如果仅仅凭借“损害境内交易者合法权益”这一点成为连结点，则相当于中国法院可以管辖中国投资者购买的全世界任何国家上市公司的证券或者任何国家交易所交易的期货等。比如，美国微软或者谷歌公司构成证券欺诈，而中国境内投资者持有相关证券，则中国法院亦可行使管辖权。但这些公司主要经营实体并非位于中国，与中国各方面的联结关系非常弱。如果强行行使管辖权，则不仅会浪费司法资源，还会引

① 参见《最高人民法院民二庭负责人就〈最高人民法院关于北京金融法院案件管辖的规定〉答记者问》，载最高人民法院官网2021年3月16日，http://www.court.gov.cn/zixun-xiangqing-290971.html。

发国际冲突。因此,有必要对域外管辖条件施加进一步的限制。

但是,对于"扰乱中华人民共和国境内市场秩序"的进一步明确化,与对于域外管辖连结点的进一步限制,并非同一层面的作业。后者应当源于程序法领域,通过与民事诉讼法管辖规则体系的衔接来实现,而非通过明确何为扰乱境内市场秩序,来约束司法管辖权的确立。

"扰乱中华人民共和国境内市场秩序"实际正是经济法所调整法律关系中与监管相关的要素。正是由于扰乱了中国境内市场秩序,中国法院才必须适用中国经济法,以实现立法层面的监管目的。但如果判定系争案件不存在上述与监管相关的要素,属于纯粹私人间的法律关系,那么就没有适用中国经济法的必要,但也不等于否定了中国法院的管辖权。如果中国法院因为中国经济法无法适用就直接驳回诉请,那么司法管辖权与立法管辖权的区分并没有真正贯彻。在这种情形下,中国法院既然已经具有管辖权,在不涉及中国经济法域外适用的情形下,应当识别法律关系,运用多边冲突规范选择准据法以裁决诉讼。

但上述情况属于法律适用层面的问题。本书在此先讨论我国实体法包含的管辖条款与民事诉讼法管辖规则体系之间的衔接关系。

(3)经济法管辖条款与民事诉讼法管辖体系的衔接

上述的衔接需要考虑涉外案件中管辖权分配的两个不同层次,即国际管辖权分配与国内管辖权分配两个层面。前者涉及依据规则是否由中国法院管辖,后者涉及依据规则是具体哪家或者哪几家中国法院有权管辖。上述区分已经体现在我国《民事诉讼法》涉外民事诉讼程序的特别规定的部分条款中,如第 279 条关于涉外民事诉讼专属管辖的规定,就仅规定了国际管辖权分配层面的规则。但这一区分并未贯彻整个涉外民事诉讼程序特别规定部分,如第 276 条第 1 款就仍然杂糅国际国内两个不同层次。

实际上,三家金融法院的管辖规定第2条,同样杂糅了国际国内两个分配层次。但通过概念区分,可以认为目前我国在国内管辖权分配层面的衔接基本完成。其管辖规定第2条本身确定的就是跨域集中管辖制度,可能发生管辖冲突的法院只有三家金融法院。从该条款的表述来看,具体哪家金融法院取得管辖权,完全取决于投资者起诉时的选择,似乎无须任何具体管辖连结点(如最密切联系地,即设立相关通道的国内金融基础设施所在地)。比如,投资者通过上海证券交易所进行的沪港通、沪伦通证券交易和上海清算所的跨境债券交易,由此产生权益受损提起纠纷,并据此向北京金融法院或成渝金融法院提起诉讼,该法院也有权管辖。关于三家金融法院之间的管辖冲突,目前明确的是,依据《民事诉讼法》第36条和第38条第2款处理:当事人同时向三家金融法院起诉的,案件由最先立案的法院管辖;如三家金融法院发生管辖争议,可以就个案报请共同上级人民法院即最高人民法院指定管辖。① 而如果不同投资者就境外同一证券、期货类侵权行为分别向三家金融法院提起民事诉讼,且三家金融法院分别立案受理,该系列案件是否应当就原告选择分属三家金融法院管辖,抑或是应当由其中一家管辖,相应的规则仍不明确。但是,由于存在最高人民法院统一协调机制,上述内部争议实务中并不难解决。

难点在于国际管辖权分配层面实体法管辖条款与民事诉讼法管辖体系应当如何衔接。这种衔接的必要性在于,如果仅考虑经济法规定的连结点,而诉讼不满足经济法域外适用的条件,法院转而按照一般涉外民商事案件的程序进行审判,其先前确立的司法管辖权在民事诉讼法上仍然是有依据的。比如,证券纠纷和期货纠纷属于侵权纠纷或者合同纠

---

① 参见《完善案件管辖范围 充分发挥金融司法职能——最高法民二庭负责人就修改〈最高人民法院关于上海金融法院案件管辖的规定〉答记者问》,载最高人民法院官网2021年4月22日,http://www.court.gov.cn/zixun-xiangqing-297961.html。

纷，中国法院对于涉外侵权纠纷或者合同纠纷仍然有可能取得管辖连结点。但需要指出的是，这并不是要求进行两次确立管辖权的程序，而是要求法院审理涉外经济法案件时，同时根据经济法和民事诉讼法来确定管辖权，以防止管辖过度。

从现行《民事诉讼法》的规定来看，实现国际管辖权分配层面的衔接，关键在于该法第 276 条第 2 款的规定，即“除前款规定外，涉外民事纠纷与中华人民共和国存在其他适当联系的，可以由人民法院管辖”。从立法精神上理解，“适当联系”应当是介于美国式的“最低限度联系”与传统理解的“实质联系”之间。对于“适当联系”的认定，可以借鉴跨境破产中确定管辖法院的方法，即认定债务人的“主要利益中心”(center of main interest，COMI)，作为确立中国法院管辖权的依据。联合国《跨界破产示范法》和欧盟《跨界破产规章(第 1346/2000 号)》均采纳了该法律概念，并以此为基础构建跨界破产案件的国际管辖与合作规则。根据相关规则与判例，认定 COMI 所在地时应参考的实体因素包括债务人总部所在地、债务人的实际管理者所在地、债务人的主要财产所在地、债务人的大多数债权人所在地等，上述因素在判定债务人 COMI 时可以单独或合并考虑。“适当联系”的认定可以结合具体纠纷的性质，提炼多个实体因素进行综合认定。

总之，通过《民事诉讼法》的规定来限制《证券法》《期货和衍生品法》等确立的管辖连结点，有利于防止司法管辖权过度行使，有利于司法层面的国际礼让。

参考案例1

国际鞋业公司诉华盛顿州案(International Shoe Company v. State of Washington)①

案例概要

该案确立了美国法院属人管辖权的"最低限度联系"标准。

基本案情

国际鞋业公司(International Shoe Company)是一家特拉华州公司,主要营业地点在密苏里州圣路易斯市。该公司在华盛顿州不拥有任何土地,偶尔租赁场地用于展示样品。国际鞋业公司雇用了几名华盛顿州居民作为推销员,向潜在客户展示样品,但仅允许推销员展示一双鞋中的一只,以避免将整双鞋运到华盛顿州。推销员无权签订合同,相应的订单都转交圣路易斯市的办事处受理。华盛顿州试图根据国际鞋业公司推销员在该州的活动向国际鞋业公司征收失业补偿税。国际鞋业公司对此提出异议,认为自己不受该州的管辖。

① See International Shoe Company v. State of Washington, 326 U. S. 310 (1945).

裁判结果

华盛顿州行政法庭受理该案，作出有利于州政府的裁决，认定国际鞋业公司在华盛顿州开展业务，因此应遵守该州的失业补偿法律。国际鞋业公司向华盛顿州最高法院提出上诉，最高法院维持了行政法庭的裁决。该公司随后向美国联邦最高法院提起上诉，最高法院作出了有利于华盛顿州的裁决。

法院观点

美国联邦最高法院认为，为了让被告服从一项对人判决(judgement in personam)，如果被告没有在法院辖区出现，正当程序原则只要求其与法院辖区存在某种最低限度的联系，以满足诉讼不违反公平对待和实质正义的传统观念。由于公司人格是一种法律拟制，公司的“存在”只能以其授权代理人以公司名义开展的活动来体现。(1)如果公司在某个州的活动不仅是持续的和系统的，而且还引起了被起诉的责任，即使没有同意被起诉或授权代理人接受诉讼文书的送达，公司在该州的“存在”也不应受怀疑。(2)如果公司代理人偶然出现在某州，甚至代表公司在该州进行单一或孤立的活动，都不足以使公司因与在该州的活动无关的诉因而被起诉，否则就不符合正当程序原则的要求。(3)如果公司在某个州持续开展某种活动，一些情形下是不足以支持公司在该州因与该活动无关的诉讼受诉，但如果公司在一个州内的持续经营活动是如此之多，其性质是如此之强，以至于有理由就完全不同于这些活动的交易产生的诉因对其提起诉讼。(4)虽然公司代理人在某个州实施的某些单一或偶尔的行为足以使公司承担义务或责任,但根据行为的性质以及实施情况,可能会也可能不会使公司在该州承担诉讼责任。该案属于第一种情形。

评 析

美国联邦最高法院试图在该案中重新型塑对人管辖权的审查规则,以适应美国州际旅游和州际商务突飞猛进的现实,因而采取了具有灵活性但模糊的"最低限度联系"标准。该案虽然不是涉外民商事案件,但"最低限度联系"标准被美国法院适用于涉外民商事案件。在后续发展中,该标准被美国州法院和美国联邦法院宽泛解读,造成了很大的不确定性和不可预见性。但该案中,美国联邦最高法院通过公司在某地活动的频率、性质与诉讼是否由公司活动引发这两个变量的组合来衡量基于"联系"建立的管辖权是否适当,此种思路值得借鉴。

参考案例2

中兴通讯股份有限公司、康文森无线许可有限公司专利权归属、侵权纠纷案①

① 参见最高人民法院民事裁定书,(2019)最高法知民辖终157号。

案例概要

该案首次在我国司法实践层面提出了“适当联系”的管辖原则，进而为立法所接受，构成我国《民事诉讼法》第276条第2款的规定。

基本案情

中兴通讯股份有限公司（以下简称中兴公司）向广东省深圳市中级人民法院提起诉讼，请求针对康文森无线许可有限公司（以下简称康文森公司）的中国标准必要专利，确定符合公平、合理、无歧视原则的许可条件。康文森公司提出管辖权异议，请求驳回中兴公司的起诉，其主要理由是：康文森公司在中兴公司提起该案诉讼前，已经在英国高等法院提起了相关诉讼，中兴公司在后提起的该案诉讼与在英国提起的相关诉讼的诉讼请求重叠，且英国诉讼已取得显著进展，有关纠纷宜由英国法院管辖。

裁判结果

深圳市中级人民法院驳回康文森公司的管辖权异议。康文森公司提出上诉，最高人民法院裁定驳回上诉，维持原裁定。

法院观点

最高人民法院认为，康文森公司系外国企业，且其在中国境内没有住所和代表机构。针对在中国境内没有住所和代表机构的被告提起的涉外民事纠纷案件，中国法院是否具有管辖权，取决于该纠纷与中国是否存在"适当联系"。关于标准必要专利许可纠纷这一特殊纠纷是否与中国存在"适当联系"的判断，可以考虑许可标的所在地、专利实施地、合同签订地、合同履行地等是否在中国境内。只要前述地点之一在中国境内，则应认为该案件与中国存在"适当联系"，中国法院对该案件具有管辖权。

评　析

在国际上，我国法院在标准必要专利诉讼中基于"适当联系原则"确立管辖权，目前还不为域外法院所接受。但考虑专利领域日益成为国家间竞争的重要领域，域外法院排斥中国法院对标准必要专利相应纠纷的话语权并不奇怪。但"适当联系原则"在其他诉讼中如何适用还有待进一步观察和研究。

（二）完善协议管辖制度

我国法院对于涉外民商事案件的管辖，除依据法定管辖外，还可能根据当事人的管辖协议。不同于国内案件中的协议管辖仅涉及诉讼便利的问题，涉外案件中的协议管辖关涉准据法的确定，对于案件实体审理至关重要。随着国际上在准据法选择方面的普遍“归家”倾向，管辖协议双方更有动机去选择对己方有利的管辖法院，而违反对己方不利的管辖协议。涉外管辖协议双方的上述意图能否实现，关键在于对涉外管辖协议效力的认定。而不同国家的法律对于涉外管辖协议效力的规范并不相同，因此涉外管辖协议效力认定本身的准据法对当事人意图的实现有重大的影响。同时，国际上普遍承认合同中管辖协议效力相对于合同整体效力的独立性，该种独立性除对受理法院的审理制造一些疑难外，也为当事人在涉外案件中施展诉讼策略提供了机会。

1. 涉外管辖协议效力独立性与相关的诉讼策略及司法应对

管辖协议条款的一个重要特点体现为效力的独立性，即合同整体的效力问题与其管辖协议条款的效力问题应当区别处理。对于合同整体上无效的抗辩并不必然动摇管辖协议条款的效力，合同的到期、解除同样不会终止管辖协议条款的效力。根据管辖协议条款，当事人选择的管辖法院有权审理当事人就合同的效力、解释、履行和违约等方面产生的纠纷。因此，当事人如质疑管辖协议条款的有效性，应当具体针对管辖协议条款的效力提出抗辩。英国和欧盟方面的司法实践支持管辖协议条款效力的独立性。同样地，我国《民法典》第 507 条规定，“合同不生效、无效、被撤销或者终止的，不影响合同中有关解决争议方法的条款的效力”。

但值得注意的是，各国就效力独立性的立场在合同整体被抗辩没有成立的情形下存在分歧。英国方面的案例认为，在上述情况下，即使管辖协议条款的效力没有被特别抗辩，也应当认为管辖协议条款的效力与合同实体条款的效力同样受到了影响。① 而我国《民法典》第 507 条虽然未明文规定合同不成立情况下争议解决条款的效力问题，但是根据

① See Fiona Trust v. Privalov, ［2007］ UKHL 40.

《中华人民共和国民法典合同编理解与适用(一)》一书中的观点,此种情形下争议解决条款的效力具有独立性,虽然当事人没有就合同的主要条款达成合意,仍然存在发生缔约过失责任纠纷的可能性,但该纠纷属于有关合同的纠纷,只要当事人之间就争议解决条款达成一致意见,那么该条款就已经成立并产生效力,不会因为主合同没有成立而不发生拘束力。① 上述两种观点中,前者强调,当事人具体抗辩管辖协议条款没有成立,实际上就是在无视该条款潜在的拘束力而要求履行该条款,与尊重当事人意思自治的初衷并无关联。而后者则具有实践中的优越性,可以避免当事人通过调整案由、诉请等诉讼策略规避管辖协议条款的约束。

但在实践中,跨境纠纷的当事人仍可以针对管辖协议的独立性,采取要求审查管辖协议效力的诉讼策略,先发制人地挑选更有利于己方的法院地,或者至少拖延纠纷的解决进展。这一诉讼策略引出了两个问题:一是什么法院对于审查管辖协议的效力具有管辖权?二是管辖协议的准据法是什么?

针对第一个问题,不考虑平行诉讼对于诉讼确定性的影响,可以认为管辖协议作为分配国际间法院管辖权的当事人合意,受此影响的各法院当然有权审查管辖协议对于自身管辖权行使的影响。然而正如下文将会论及,全球各主要法域对于管辖协议准据法的确认并不一致,极有可能出现相互冲突的裁定。在国际民商事诉讼管辖权分配和管理的公法体系已初具规模的欧盟,为了避免平行诉讼,一度实施严格的"先系属法院"原则,如果非协议选择法院先于协议选择法院受理诉讼,则协议选择法院应当中止诉讼程序,等待"先系属法院"裁定其自身是否具有管

① 参见最高人民法院民法典贯彻实施工作领导小组主编:《中华人民共和国民法典合同编理解与适用》(一),人民法院出版社 2020 年版,第 333 页。

辖权。当事人借此选择审理效率较低的意大利或者比利时等作为先系属法院,发起所谓的“鱼雷诉讼”,以实现拖延协议选择法院诉讼的目的。为避免严格的“先系属法院”原则对当事人合意的损害,以及“鱼雷诉讼”引发的程序拖延,欧盟《布鲁塞尔Ⅰ条例(修正案)》第31条第2款确立了“先系属法院”原则的例外,即如果排他性管辖协议所选择的某一成员国法院受理了案件,则其他成员国的法院应当中止程序,直至协议选择法院裁决其并无管辖权。这实际是将审查管辖协议效力的管辖权分配给了协议选择法院。虽然《布鲁塞尔Ⅰ条例(修正案)》在诸多方面借鉴了《海牙法院选择公约》的相关规定,在审查管辖协议效力的管辖权分配问题上,也被认为借鉴了《海牙法院选择公约》的做法①,但实际上该公约并没有就此调整国际上司法管辖权的分配。

《海牙法院选择公约》第6条第1款规定了被选择法院以外的缔约方法院应当中止或者驳回排他性选择法院协议所适用的诉讼的5种例外情形,其中前两种便涉及管辖协议依据某种准据法无效的情形。根据解释报告,该公约并没有禁止法院根据其国内法行使管辖权,没有创设以该公约为基础的管辖权,也没有要求受理案件的法院必须行使其根据国内法享有的管辖权,该公约是通过确定准据法,确保受理法院与协议选择法院就管辖协议的效力作出一致的裁决。②

目前,我国并没有参与类似《布鲁塞尔Ⅰ条例》的国际司法管辖权分配和管理机制。即使中国法院并非排他性管辖协议的选择法院,其审查该管辖协议效力的管辖权也不受影响。由此,关键问题在于管辖协议的准据法为何。

---

① 参见黄志慧:《欧盟协议管辖制度实施之保障研究》,载《现代法学》2017年第6期。

② See Trevor Hartley & Masato Dogauchi, *Convention of* 30 *June* 2005 *on Choice of Court Agreements. Explanatory Report*, Intersentia Uitgevers NV, 2013, p. 61.

2. 涉外管辖协议的准据法

关于涉外管辖协议准据法的确定,在前提方面就存在一个基本分歧,就是管辖协议究竟是一国私法意义上为当事人设定了权利义务的契约,还是一国法院认定其是否具有或应当行使管辖权的考量因素,抑或是构成所谓的"诉讼契约";反映在协议效力的层面,就是管辖协议的效力认定究竟是实体问题还是程序事项。

从总体来看,诸多法院倾向将管辖协议有无效力认定为程序性问题,应当适用法院地法,但也存在如下法律实践,即将管辖条款的效力认定视为实体问题,而根据管辖协议所选法院地的法律选择规则确定准据法。①

国际上主要法域在此问题上的观点分别如下:②首先,美国方面。美国晚近才承认管辖协议的效力,但不承认管辖协议能够赋予或者剥夺法院的管辖权,司法实践往往并不直接讨论管辖协议效力认定的准据法问题,该问题一般是转化为联邦法院异籍管辖权的行使问题或者限制当事人选择法院的强制性规定问题,但司法路径上仍属于程序主义,适用法院地法。

其次,英国普通法。英国普通法将管辖协议视作为协议双方设置了可执行的权利义务的私法契约,原告负有在排他性协议选择法院起诉的义务,英国法院应申请对于管辖协议项下的违约方可以发出禁诉令或者中止在英国法院的诉讼或者判决违约方承担损害赔偿责任。因此,管辖协议作为实体法律关系的内容,除非当事人特别约定,其准据法与合同其他部分准据法通常一致。

---

① See Alex Mills, *Party Autonomy in Private International Law*, Cambridge University Press, 2018, p. 103.

② See Alex Mills, *Party Autonomy in Private International Law*, Cambridge University Press, 2018, p. 104 – 108.

再次,欧盟方面。《罗马 I 条例》的适用范围并不包括管辖协议,反映了成员方对于管辖协议效力认定的程序性抑或是实体性有激烈分歧,导致欧盟成员国内部管辖协议的法律选择规则不同于合同整体的法律选择规则。欧洲正义法院认为,管辖条款服务于程序性的目的,受《布鲁塞尔公约》(后由《布鲁塞尔 I 条例》取代)的条文规范,后者意图构建国际上管辖权的统一规则。但可能由于意识到构建欧盟范围内统一的管辖规则面临巨大的法律和政治挑战,《布鲁塞尔 I 条例(修正案)》第 25 条第 1 款和序言第 20 项转而确立一项复杂的法律选择规则,即管辖协议实体效力的认定应当依据被选择法院地的法律,包括被选择法院地的冲突规范,这显然是将程序主义抑或是实体主义路径的选择权交给了各成员国,从而减小合同其他内容与管辖条款的准据法不一致的风险。

最后,国际公约层面。《海牙法院选择公约》第 6 条规定:“被选择法院以外的缔约国法院应当中止或者放弃排他性选择法院协议所适用的诉讼程序,除非:(一)根据被选择法院所在地国家的法律,该协议是无效的;(二)根据受理案件的法院所在地国家的法律,一方当事人缺乏缔结该协议的能力……”根据解释报告,该条第 1 项规定的“法院所在地国家的法律”同样包括法律选择规则,与《布鲁塞尔 I 条例(修正案)》采用了相同立场,即由被选择法院所在缔约国的国内法确定准据法。[①] 该条第 1 项规定的法律选择规则仅适用于管辖协议的实体方面,并不涉及管辖协议的形式要件,形式要件已经由《海牙法院选择公约》第 3 条进行了规范,没有给缔约方国内法留有规范的空间。[②] 但与欧盟规范不同的

① See Trevor Hartley & Masato Dogauchi, *Convention of* 30 *June* 2005 *on Choice of Court Agreements. Explanatory Report*, Intersentia Uitgevers NV, 2013, p. 55.

② See Trevor Hartley & Masato Dogauchi, *Convention of* 30 *June* 2005 *on Choice of Court Agreements. Explanatory Report*, Intersentia Uitgevers NV, 2013, p. 55.

是，该条第2项单独抽出作为影响协议实体效力的事由之一的当事人能力，规定了双重准据法，即当事人能力同时适用协议选择法院地法和受理案件法院地法。① 该条第2项应当也采用了反致的立场，准据法包含了准据法所在国的法律选择规则。目前看来，该公约的立场与我国法律实践存在较大差异。

我国《涉外民事关系法律适用法》第9条并不承认反致。而对于管辖协议的准据法问题，我国法律并没有作出明确规定。但在司法实践中，最高人民法院在公报案例聚丰公司案②中认为，“最高人民法院《关于审理涉外民事或商事合同纠纷案件法律适用若干问题的规定》第1条规定：‘涉外民事或商事合同应适用的法律，是指有关国家或地区的实体法，不包括冲突法和程序法。’根据上述法律规定，协议选择适用法律与协议选择管辖法院是两个截然不同的法律行为，应当根据相关法律规定分别判断其效力。对于协议选择管辖法院条款的效力，应当依据法院地法进行判断；原审法院有关协议管辖条款必须符合选择的准据法所属国有关法律规定的裁定理由有误”。

但是，该最高人民法院公报案例的判旨与《最高人民法院关于内地与香港特别行政区法院相互认可和执行当事人协议管辖的民商事案件判决的安排》(法释〔2008〕9号，已失效)有所抵牾。该安排第9条规定：“对申请认可和执行的判决，原审判决中的债务人提供证据证明有下列情形之一的，受理申请的法院经审查核实，应当裁定不予认可和执行：(一)根据当事人协议选择的原审法院地的法律，管辖协议属于无效。

---

① See Trevor Hartley & Masato Dogauchi, *Convention of 30 June 2005 on Choice of Court Agreements. Explanatory Report*, Intersentia Uitgevers NV, 2013, p. 61.

② 参见山东聚丰网络有限公司与韩国 MGAME 公司、第三人天津风云网络技术有限公司网络游戏代理与许可合同纠纷管辖权异议二审案，最高人民法院(2009)民三终字第4号民事裁定书。

但选择法院已经判定该管辖协议为有效的除外……”这被认为是从间接审查管辖权的角度认定的，协议选择法院的效力应由被选择法院地法决定。[①] 可以注意到，该安排第9条的规定与《海牙法院选择公约》第9条所规定的可拒绝承认或者执行的第一种情形基本一致，即依据被选择法院国法律有关协议无效，除非该被选择法院已经认定该协议是有效的。根据解释报告，这一承认与执行之例外的规范目的就在于确保管辖协议效力的认定应当以被选择法院地法律为准据法。[②]

然而，用于取代2008年《最高人民法院关于内地与香港特别行政区法院相互认可和执行当事人协议管辖的民商事案件判决的安排》（已失效）的《最高人民法院关于内地与香港特别行政区法院相互认可和执行民商事案件判决的安排》取消了上述规定。根据其第11条规定，对协议管辖情形下原审法院管辖权的认定均应依据“实际联系原则”，实际是采取提供区际实体规范而非冲突规范。

总体来说，在我国，管辖协议属于程序事项，其效力认定应当适用受理案件法院地法。该立场具有简单明确和可操作性强的优点，但给予了当事人通过挑选法院来否定管辖协议效力的机会，易于架空意思自治、破坏当事人正当预期。[③]

3. 涉外管辖协议效力的认定

涉外管辖协议包含三方面因素：涉外管辖协议应具有特定形式性；涉外管辖协议是双方之间的合意；涉外管辖协议意图调整国际法院管辖权的分配。上述因素均影响协议的效力。其中，涉外管辖协议与国内管

---

① 参见杜焕芳：《涉外民事诉讼协议管辖条款之检视——兼评最高人民法院（2009）民三终字第4号裁定书》，载《法学论坛》2014年第4期。

② See Trevor Hartley & Masato Dogauchi, *Convention of* 30 *June* 2005 *on Choice of Court Agreements. Explanatory Report*, Intersentia Uitgevers NV, 2013, p. 69.

③ 参见甘勇：《涉外协议管辖：问题与完善》，载《国际法研究》2014年第4期。

辖协议的主要区别在于第三点。但是,涉外管辖协议与国内管辖协议在合意效力的认定上也应当存在一定的差异。至于管辖协议的形式要件,包括书面要式性、法院选择的确定性、争议纠纷的特定性,对于国内管辖协议和涉外管辖协议的要求是相同的。本书主要论述涉外管辖协议与国内管辖协议在效力认定上的差异性,因此仅讨论当事人合意因素和管辖权分配因素,以下分点论述。

(1)涉外管辖协议作为双方合意的效力

应当认为管辖协议是双方当事人之间达成的合意,虽然其合意指向法院管辖权的分配,但对其效力的评价不仅涉及评价其对于法院管辖权的影响,也涉及对于协议双方合意的评价,因此不仅涉及程序法上的评价,也涉及运用实体法进行的评价。除了考虑协议双方的意思表示是否受到欺诈、胁迫等因素的影响,也需要考虑双方谈判能力差异所引发的实质不公平。涉外管辖协议选择外国法院所带来的诉讼成本远远超过国内管辖协议选择外国法院所带来的诉讼成本,因此"弱者保护"问题在涉外管辖协议中必须得到着重考虑。

国际上,各主要法域对于涉外管辖协议中的"弱者保护"都存在相应的规制。美国《第二次冲突法重述》第 80 条规定,管辖协议除非不公平或者不合理,一般应当得到承认和执行,其评论部分则说明构成不公平或者不合理的情形包括管辖协议是基于当事人不平等、谈判力量不适当的结果。[①] 欧洲方面,《布鲁塞尔条例Ⅰ(修正案)》序言第 18 ~ 19 项强调,在有关保险合同、消费者合同和雇佣合同中,弱势当事人应当受到相较一般规则更加有利的管辖权规则保护,此类合同的当事人就选择管辖法院仅享有有限的意思自治。该修正案序言第 15、19、23 项在倾向投保人(或者被保险人、受益人)、消费者、雇员的法定管辖基础上,就协议

① See Restatement (Second) of Conflict of Laws (1971), § 80 and its comments.

管辖继续作出有利于上述弱势方的倾向性限制，不允许上述3类合同的当事人在争议发生前订立管辖协议，允许管辖协议约定弱势方可以选择法定管辖范围以外的法院进行起诉。

我国司法实践近来也强化了涉外协议管辖中“弱者保护”的立场。北京互联网法院在(2020)京0491民初10912号高某某诉亚马逊卓越有限公司案中便作出裁定，认为涉外“B2C”网络零售交易条款规定了管辖协议的，消费者要么“一揽子”同意经营者事先拟定的合同条款，要么放弃交易，无法对该管辖协议进行自由磋商，因此，该管辖协议属于格式条款。协议管辖制度的现实基础是双方当事人的平等地位，而“B2C”网络零售交易双方信息资源和交涉能力并不对等，法院应当根据实质公平原则认定此类管辖协议的效力。如管辖协议排除中国法院的管辖，不合理地限制了中国消费者寻求救济的主要权利和加重了维权成本，且排除该管辖协议不会不合理地加重经营者的成本，则应当认定该管辖协议无效。

这一观点获得2021年公布施行的《全国法院涉外商事海事审判工作座谈会会议纪要》的支持。该会议纪要第3条特别对跨境消费者网购合同管辖协议的效力认定问题作出了明确，规定消费者可以根据我国《民法典》第496条、第497条关于格式条款的规定主张管辖协议不成为合同的内容或者无效。与此相比，我国此前关于格式管辖协议效力的规定，体现为《最高人民法院关于适用〈中华人民共和国民事诉讼法〉的解释》第31条这一特别规定，其不区分是否涉外，一概规定经营者未尽合理提示消费者义务的，格式管辖条款无效，根据我国部分司法实践的理解，仅关注提示义务是否满足的形式化要求，而未及于管辖协议的实质公平性,与实体法的规定存在巨大差异。①

可见,目前我国司法实践至少是明确了在部分涉外情形下,应当运用实体法对管辖协议的效力进行评价,除了跨境消费者网购合同中的格式管辖条款外,《全国法院涉外商事海事审判工作座谈会会议纪要》第2条也允许当事人以显失公平为由主张涉及消费者、劳动者权益的涉外非对称管辖协议无效。此种对于实质公平、弱者保护的关注,与《海牙法院选择公约》第6条第3项规则的精神是一致的,其允许非协议选择的受理案件法院地国在承认管辖协议有效将导致明显的不公正或者将明显违背该国的公共政策时继续诉讼。

(2)涉外管辖协议就国际法院管辖权分配进行调整的效力

国际上,关于涉外管辖协议对于各国间管辖权分配的效力,存在两种不同的立场:一是承认涉外管辖协议的合法性,但不认可管辖协议具有授予或者排除法院管辖权的效力,法院对于自身管辖权的行使具有较大的自由裁量权,管辖协议作为法院进行"不方便法院"认定的考虑因素。二是认可涉外管辖协议对于法院管辖权具有授予或者排除的效力,但该效力受到一定的限制。我国承认涉外案件中当事人意思自治对于我国法定管辖权进行排除的效力,但涉外管辖协议对国际管辖权分配的调整必须符合"实际联系原则"。"实际联系原则"属于"不容剥夺原则"(否认管辖协议排除法院管辖权的效果)在大陆法系国家的残留影响,在积极承认协议管辖效力的同时,防止当事人协议管辖对于本国法院管辖权的不当侵蚀。② 被选择法院和未被选择法院基于扩大或至少维护本国司法管辖权,对待协议管辖的态度有所差异。若被选择法院意图

① 参见陈杭平:《民事诉讼管辖精义:原理与实务》,法律出版社2022年版,第100~112页。

② 参见王吉文:《我国涉外协议管辖制度限制条件的正当性探讨》,载《武大国际法评论》2011年第2期。

扩大自身管辖权，往往会给予当事人协议管辖更为宽松的条件，并不要求所谓的实际联系；若未被选择法院意图扩大管辖权，则会对协议管辖设定更为严格的条件，对案件与选择法院之间的实际联系尤为看重。① 因此，对涉外协议管辖采取“内外有别”的态度，仍然有实践的必要。

上述“内外有别”的态度目前正式的制度体现仅有《海事诉讼特别程序法》第 8 条，虽然以往司法实务口径有所强调，如 2004 年最高人民法院《涉外商事海事审判实务问题解答》第 6 条②，但一直未有一般制度上的落实。直至 2022 年 12 月 30 日，全国人大常委会发布了《民事诉讼法(修正草案)征求意见》，该草案拟增加的第 277 条③允许选择中国法院的管辖协议豁免“实际联系原则”的要求。2023 年修正的《民事诉讼法》第 277 条规定，涉外民事纠纷的当事人书面协议选择人民法院管辖的，可以由人民法院管辖。虽未明文规定选择中国法院的管辖协议豁免“实际联系原则”的要求，但考虑立法材料，应当认为，《民事诉讼法》第 277 条作为选择中国法院的协议管辖的特别规则实际上未要求具有“实际联系”。

至于选择外国法院的管辖协议，根据过往的司法实践和当前的立法动态，显然需要满足“实际联系”的要求。关于何为“实际联系”，一直存在争议。我国司法实践中一度认可准据法的协议选择可以构成“实际联

---

① 参见刘元元：《我国涉外协议管辖中“实际联系原则”之反思——以中国国际商事法庭的建设为视角》，载黄进、肖永平、刘仁山主编：《中国国际私法与比较法年刊》(2020 · 第二十六卷)，法律出版社 2021 年版。

② 该条内容为，“对于发生在我国境外的商事纠纷，除涉及不动产物权的纠纷外，当事人书面协议选择到我国法院进行诉讼的，我国法院就取得对该案的管辖权”。

③ 该条内容为，“与争议有实际联系的地点不在中华人民共和国领域内，当事人书面协议选择中华人民共和国人民法院管辖的，可以由中华人民共和国人民法院管辖，依据本法或中华人民共和国其他法律关于级别管辖、专门管辖的规定确定具体的管辖法院”。

系”，但其后又否定法律选择标准，采用实际客观联系标准，而“实际联系”的客观性则需要达到与《民事诉讼法》第35条所列举的被告住所地、合同履行地、合同签订地、原告住所地、标的物所在地同等客观的程度。①

《民事诉讼法》第35条是统一适用于国内国际民事诉讼的协议管辖规则，而第276条②就与中国有“实际联系”的地点的列举增加了可供扣押财产所在地、代表机构住所地、侵权行为地，还设置了“与中华人民共和国存在其他适当联系”这一兜底性规定。那么，能否认为因上述管辖连结点属于客观的“实际联系”而可以适用于对选择外国法院管辖协议的效力审查？从2023年修正的《民事诉讼法》同时增加选择中国法院的协议管辖连结点和允许选择中国法院的管辖协议突破“实际联系原则”来看，《民事诉讼法》第276条规定的连结点应当是第35条确定的“实际联系原则”的内容而非例外。基于防止对于当事人意思自治的过分干预和构成单方面扩大管辖权损害司法国际礼让两方面考虑，应当认为选择外国法院的协议管辖存在《民事诉讼法》第276条规定的情形时，应当获得效力认可。那么，法律选择标准可以参考《民事诉讼法》第276条第2条“其他适当联系”获得“复活”的可能。承认法律选择标准对于优化我国在国际民商事诉讼管辖权竞争的地位是有利的。

法律选择标准可以构成我国法院在国际民商事案件管辖竞争中加

① 参见刘贵祥、沈红雨、黄西武：《涉外商事海事审判若干疑难问题研究》，载《法律适用》2013年第4期。

② 该条内容为，“因涉外民事纠纷，对在中华人民共和国领域内没有住所的被告提起除身份关系以外的诉讼，如果合同签订地、合同履行地、诉讼标的物所在地、可供扣押财产所在地、侵权行为地、代表机构住所地位于中华人民共和国领域内的，可以由合同签订地、合同履行地、诉讼标的物所在地、可供扣押财产所在地、侵权行为地、代表机构住所地人民法院管辖。除前款规定外，涉外民事纠纷与中华人民共和国存在其他适当联系的，可以由人民法院管辖”。

强吸引力的有效抓手。实践中常见的情形是,双方当事人选择了一国的法院进行管辖,被选择法院往往倾向选择导向适用本国实体法的法律适用规则,即便是在当事人意思自治的民商事领域,当事人也更多地偏向选择一国法院后选择该国法律作为案件的准据法。准据法的选择虽然与选择管辖法院属于不同的诉讼行为,但两者之间存在紧密联系,当事人显然更期待被选择法院适用其更加熟悉的法律规则,以获得更有权威、更高水平的审判。特别是在诉讼案件与被选择法院完全没有客观连结点的情况下,当事人所期待的并非诉讼成本的经济、判决执行的便利,而是被选择法院的公正裁判,而适用法院地法可以避免当事人对外国法查明阶段的怀疑,以强化审判权威。

比如,选择我国国际商事法庭作为管辖法院。相较单纯对当事人在案件与中国法庭没有"实际客观联系"的情况下选择国际商事法庭持开放的态度,将当事人选择中国法作为准据法认定为中国法院与案件的"实际联系",更加有利于强化协议选择国际商事法庭管辖的当事人的程序预期。而且引导当事人在国际商事谈判中确定争议解决条款时选择中国法院和中国法,不仅有利于强化国际商事法庭在缺乏"客观联系"的情况下根据管辖协议行使管辖权的法律依据,而且有利于推动外国法院在平行诉讼发生时认定己方构成"不方便法院",避免国际管辖摩擦。如果能够认定存在"实际联系",则协调国际上的民事诉讼管辖权显然要优于认定不存在"实际联系"而又行使协议管辖权。

但是,考虑保护中国法院管辖权的需求,有必要对"实际联系原则"进行更加灵活的解释,对选择中国法院和选择外国法院的管辖协议作略有差异的尺度把握。对外国法的选择是否构成案件与该外国法院的"实际联系",可以采取相对严格的审查标准。我国司法实践此前支持法律选择标准的理由是,在合同纠纷中,有关合同的争议都必须根据准据法来解决,因此准据法与处理合同争议具有更为紧密和实际的联系。这种联系很容易搭建,导致我国法律对于协议管辖的限制落空,但除完全否定法律选择标准外,也可以提高对准据法与案件之间联系的要求,即要求当事人证明准据法的选择关系案涉交易能否成立、当事人的缔约目的能否实现。比如,ISDA 主协议备选的准据法为英国法和美国纽约州法,其规定及制度安排在上述两个准据法下都能得到支持,而如净额结算和信用支持安排等内容在别的法律下可能得不到支持。[①] 故案涉交易离开了选定的准据法很有可能无法进行。如当事人根据《2018 年 ISDA 法院选择和法律适用指引》(2018 ISDA Choice of Court and Governing Law Guide)提供的示范条款,选择英国法院或者纽约州法院及位于纽约市曼哈顿区的联邦地区法院排他性管辖,应当认为案件与上述选择的法院具有实际联系。我国法院认可此类案件由被选择的外国法院管辖,不仅仅是对当事人在管辖事务上意思自治的尊重,也是对当事人就合同本身意思自治的尊重。

参考案例1

不来梅号与萨帕塔离岸公司案(The Bremen v. Zapata Off-Shore Co.)[②]

① 参见赵英敏:《金融衍生产品:法律与实务》,中国法制出版社 2020 年版,第 138 页。

② See The Bremen v. Zapata Off-Shore Co., 407 U.S.1 (1972).

案例概要

该案标志美国法院对于协议管辖条款,特别是国际商事合同中协议管辖条款的司法路径的关键性转变,由对维护本国法院管辖权的公共政策考量转向强调当事人意思自治和契约自由。

基本案情

原告萨帕塔离岸公司(Zapata Off-Shore Co.,以下简称萨帕塔公司)为美国公司,总部位于休斯敦。被告下威悉河(Unterweser)公司为德国公司,"不来梅"号(the Bremen)为下威悉河公司名下远洋拖船。萨帕塔公司为在亚得里亚海进行石油钻探,需要将其钻井平台从美国路易斯安那州拖送至意大利,遂进行拖船招标。下威悉河公司中标,应萨帕塔公司要求提供合同文本。下威悉河公司向萨帕塔公司提交的合同包含管辖协议条款"任何争议必须由伦敦高等法院处理",萨帕塔公司对上述条款未作修改。1967年11月,萨帕塔公司与下威悉河公司签订合同。1968年1月5日,下威悉河公司的"不来梅"号拖船开始拖运萨帕塔公司的钻井平台前往意大利。1月9日,船队在墨西哥湾中部国际水域遭遇风暴,钻井平台严重受损,"不来梅"号根据萨帕塔公司的指示,将受损的钻井平台拖到最近的避难港佛罗里达州坦帕市。其后,萨帕塔公司无视管辖协议,在美国佛罗里达州坦帕市向联邦地区法院提起海事诉讼。

裁判结果

下威悉河公司援引案涉排他性管辖条款提出管辖异议，但地区法院以该条款排除美国法院管辖权、违反公共政策为由，否定其效力。下威悉河公司上诉至美国联邦第五巡回法院，上诉法院维持地区法院裁决，并认可地区法院为该案适当管辖法院。其后，下威悉河公司上诉至美国联邦最高法院。美国联邦最高法院推翻了下级法院的裁定，认可管辖条款的效力。

法院观点

美国联邦最高法院认为，协议管辖条款表面看来是有效的，应当予以履行，除非异议方能够证明在特定情况下履行该条款是不合理的、不正义的，或者存在欺诈、不正当影响、压倒性磋商地位等影响条款效力的因素。协议管辖条款对国际贸易和商业至关重要，能够促进争议解决的有序性和可预测性。如果坚持一种狭隘的观念，认为所有争端都必须根据美国法律在美国法庭上解决，那么美国工商业的扩张将很难得到鼓励。

评 析

该案中，美国法院对"司法沙文主义"的摒弃是值得认可的。在涉外民商事案件中,法院不宜轻易否定当事人之间达成的管辖协议。

参考案例2

蒂尔曼公司诉联合利华供应链公司案(Tilman SA v. Unilever Supply Chain Company AG)[①]

案例概要

该案涉及跨国商业贸易,商事合同引致合同一方当事人拟定、通过电子方式记录的一般条款和条件,其中包含的管辖条款的效力应当如何认定。网购合同会涉及相同形式的管辖条款,但该案中欧洲正义法院区分了商事合同和涉消费者保护的情形。

基本案情

原告蒂尔曼公司(Tilman SA)注册地位于比利时。被告联合利华供应链公司(Unilever Supply Chain Company AG,以下简称联合利华)注册地位于瑞士。蒂尔曼公司与联合利华于2010年11月22日签订合同,约定蒂尔曼公司受托按固定价格包装茶包。双方于2011年1月6日签订第二份合同,修改了商定的价格。该合同另约定,除非另有约定,该合同受联合利华货物采购的一般条款和条件约束。该一般条款和条件可

① See Tilman SA v. Unilever Supply Chain Company AG Case C – 358/21.

通过该合同中的超链接跳转至特定网站查看和下载，其中约定，合同各方“将不可撤销地服从英国法院的专属管辖权，以解决合同可能直接或间接产生的任何争议”。该网站并未设置方框勾选，供蒂尔曼公司表示接受联合利华的一般条款和条件。其后，双方就费用支付产生争议，蒂尔曼公司向比利时法院提起诉讼。

裁判结果

比利时一审法院裁定其对该案具有管辖权。联合利华提起上诉，认为管辖权不在比利时法院，而在英国法院。比利时列日上诉法院支持了联合利华的上诉，认为根据案涉合同一般条款和条件中的管辖条款，比利时法院无权审理因履行该合同而产生的争议。蒂尔曼公司就比利时最高上诉法院提出上诉，主张网站并未设置方框供其勾选表示同意，比利时列日上诉法院违反了 2007 年《卢加诺公约》第 23(1)条和第 23(2)条。因此，比利时最高上诉法院中止审理，并向欧洲正义法院询问如下问题：“如果书面合同以网站超链接的形式引致包含管辖条款在内的一般条款和条件，而前述网站可供查看、下载和打印一般条款和条件，但没有要求管辖条款所针对的当事人在该网站上打勾以接受一般条款和条件，那么该管辖条款是否符合 2007 年《卢加诺公约》第 23 条第 1 款(a)项和第 2 款的要求？”欧洲正义法院认定，该种情况满足条约的要求。

法院观点

2007年《卢加诺公约》[①]第23条第1项规定,"1. 如果当事人(其中一方或多方当事人的住所在受本公约约束的国家)约定,受本公约约束的国家的一个或多个法院,对解决与某一特定法律关系有关的已经产生或可能产生的任何争议拥有管辖权,则该法院或这些法院应拥有管辖权。除非当事人另有约定,否则这种管辖权应是排他性的。此类授予管辖权的协议应为:(a)书面形式或书面证据……"第2款规定,"任何提供协议持久记录的电子通信应等同于'书面'"。欧洲正义法院认为,根据2007年《卢加诺公约》第23条第1款和第2款,在下列情况下订立的管辖权条款是有效的:(1)它包含在合同的一般条款和条件中;(2)书面合同明确提及这些一般条款和条件;(3)合同中包含指向网站的超文本链接,在该网站上可以访问这些一般条款和条件;(4)该网站允许在签署合同前查看、下载和打印一般条款和条件;(5)即使没有正式要求条款所针对的一方通过在网站上打勾来接受该条款和条件,亦已足够。

---

① 《卢加诺公约》旨在将《布鲁塞尔公约》的规则扩展到欧洲自由贸易联盟(EFTA)国家,即欧盟国家以及瑞士、挪威和冰岛。《卢加诺公约》与《布鲁塞尔公约》及取代后者的《布鲁塞尔规定》在内容上非常相似,尤其是在管辖权规则和判决承认执行方面。《卢加诺公约》被设计为与《布鲁塞尔公约》平行的文件,后来也随着《布鲁塞尔规定》的更新而更新。欧洲法院对《布鲁塞尔公约》和《布鲁塞尔规定》的解释通常也被用于解释《卢加诺公约》的相应条款,反之亦然,以保持解释的一致性。

评析

该案中，蒂尔曼公司提出的抗辩实质是其并未真实同意一般条款和条件中的管辖条款。欧洲正义法院承认真正同意的重要性，并指出确保真正同意是《卢加诺公约》第23条的目的之一。但法院强调该案涉及商业企业之间的持续合同关系。商业交易中，商事主体在签署合同之前能够访问、保存和打印一般条款和条件就足以证明同意。法院优先考虑的是商业实践和当事人尽职调查的责任，而不是要求对合同中的每项条款都做出明确、主动同意。欧洲正义法院对于商事合同和消费者合同的区分值得借鉴，互联网条件下企业间进行缔约，证明同意的标准不应像消费者合同那么严格。

(三)国际上平行诉讼的应对

1. 健全"不方便法院原则"

"不方便法院原则"源自苏格兰的司法实践，历史上在作为管辖依据的可供扣押财产与争议无关时被用于驳回对非本国被告的起诉。[①]从"不方便法院原则"的历史渊源来讲，该原则体现了对于管辖权过度行使的关切。所谓"过度"，是指管辖权的行使尽管系依据一国的法律规则而具有法律效力，但行使管辖权的主权国家与当事人或争议之间缺乏重大联系，导致该国行使管辖权对于被告并不公平。[②]"不方便法院

---

① See Robert Braucher, *The Inconvenient Federal Forum*, 60 Harvard Law Review 908, 909 -911 (1947).

② See Kevin M. Clermont & John R. B. Palmer, *Exorbitant Jurisdiction*, 58 Maine Law Review 473, 474 (2006).

原则”主要被英美等普通法系国家所继承，相较大陆法系国家类型化的管辖权规则体系，普通法系国家司法管辖权的成立门槛更低、范围更大，“不方便法院原则”由此长期发挥着制约管辖权过度行使的功能。

但制约管辖权过度行使的目的可能基于不同的考量，既有出于对案件审理的实质正义的考虑，也有可能基于国际礼让，还有可能出于对案件审理的便利和减轻法院办案负担的考虑。英国就“不方便法院原则”的司法实践主要关注案件审理的实质正义，其在斯彼列得海洋运输公司诉堪休莱克斯公司案（Spiliada Maritime Corp. v. Cansulex Ltd.，以下简称斯彼列得案）①中所确立的标准包括下列两点：首先，是否存在其他适当法院或自然法院，即案件由该法院审理更符合全体当事人的利益和正义的目的；其次，案件是否存在一些情况，以至于法院基于正义的要求不应当中止诉讼。而美国通过吉尔伯特案和派珀案确立的“不方便法院原则”，其核心目的是确保司法便利②，不仅考虑当事人的便利，也考虑法院自身审理的便利，特别是与众不同地考虑了案件积压引发的司法困难这一因素。

至于国际礼让，虽然“不方便法院原则”往往被强调其之于国际礼让的意义，然而其司法实践往往产生与国际礼让南辕北辙的效果。英国“斯彼列得”标准在确立外国法院作为适当法院或者自然法院后的第二步，可能会基于对该国司法系统运行状况的负面评价，而拒绝中止在英国法院的诉讼。很难说这是符合国际礼让的。而美国法院在“不方便法院原则”的实践中则产生了强烈的保护主义倾向，不仅是对于外国原告的起诉未给予与本国原告起诉同等的尊重，而且在美国跨国企业因其海外关联公司的侵权行为而被起诉的案件中，往往认定自身为“不方便法

① See Spiliada Maritime Corp. v. Cansulex Led.，[1987] A. C. 460.

② See Piper Aircraft Co. v. Reyno, 454 U. S. 235, 249 (1981).

院”,要求外国被侵权人在侵权行为发生地法院起诉,无视外国原告在后者进行诉讼的困难。显然,本国法院排斥对于外国原告的保护,不是国际礼让的体现。而在理论上,“不方便法院原则”也被认为并非实现国际礼让的有效工具。①

“不方便法院原则”受到强烈批评最重要的一点,在于受案法院就是否存在更加适当法院或者是否中止审理或驳回起诉享有很大的自由裁量权,而且不同国家对于“不方便法院原则”的适用存在很大的差异,缺乏统一的理解。主要可以归纳为三个方面的差异:(1)“不方便法院原则”的适用与管辖权有无的关系,有些国家将其作为确立管辖权时的考虑因素,有些国家则在确立管辖权后,才适用“不方便法院原则”;(2)适用“不方便法院原则”需要考虑的因素,多数国家仅考虑当事人的利益,而美国则同时考虑私人和公共利益;(3)“不方便法院原则”考察的重点,以澳大利亚为代表的传统路径侧重本国法院是否明显不适当,对于被告构成无理缠诉或者压迫性诉讼,而新近路径则侧重外国法院是否构成更适当的法院。②

广泛的司法管辖权以及受案法院就是否中止诉讼享有的自由裁量权,使诉讼当事人对于案件的审理法院缺乏可预期性。因此,在以大陆法系国家为主要缔约方的《布鲁塞尔条约》及其后继的《布鲁塞尔条例Ⅰ(修正案)》禁止英国在该条约或该条例效力范围内的诉讼中运用“不方便法院原则”。也因为巨大的争议,“不方便法院原则”并未进入2005年《海牙法院选择公约》。但是,大陆法系国家存在近似于“不方便法院

① See Maggie Gardner, *Retiring Forum Non Conveniens*, 92 New York University Law Review 390 (2017).

② See Ronald A. Brand, *Forum Non Conveniens*, Max Planck Encyclopedias of International Law (Jan. 2019), https://opil. ouplaw. com/display/10. 1093/law: epil/9780199231690/law - 9780199231690 - e28? prd = MPIL.

原则”的制度，如日本的“特殊情况”理论、德国的“提起诉讼的合法利益”和“充分联系”要求、瑞典的“当案件与瑞典的联系非常微弱时，将背离管辖权的规则”等，以避免过度管辖。① 大陆法系连结点类型化的管辖权规则在个案情形下仍然存在过度管辖的可能。

在我国，“不方便法院原则”首先是通过《最高人民法院关于适用〈中华人民共和国民事诉讼法〉的解释》第530条②的形式获得规定，与普通法系国家多要素综合判断、任一要素都不起决定性作用的标准相比，体现为“六要件”缺一不可的刚性结构。其目的在于限制人民法院放弃管辖的自由裁量权，为法官裁量提供更加明确的指导。《民事诉讼法》第282条③整体上保留了刚性的结构，但对于《最高人民法院关于适用〈中华人民共和国民事诉讼法〉的解释》的“六要件”进行了优化。主要体现为：取消了对于案件不涉及中国“公民、法人或者其他组织的利益”的要求，考虑了当事人参加诉讼的不方便问题。换言之，强调了平等

① 参见吴一鸣：《两大法系中的不方便法院原则及在中国的合理借鉴》，载《西南政法大学学报》2008年第2期。

② 该内容为，“涉外民事案件同时符合下列情形的，人民法院可以裁定驳回原告的起诉，告知其向更方便的外国法院提起诉讼：(一)被告提出案件应由更方便外国法院管辖的请求，或者提出管辖异议；(二)当事人之间不存在选择中华人民共和国法院管辖的协议；(三)案件不属于中华人民共和国法院专属管辖；(四)案件不涉及中华人民共和国国家、公民、法人或者其他组织的利益；(五)案件争议的主要事实不是发生在中华人民共和国境内，且案件不适用中华人民共和国法律，人民法院审理案件在认定事实和适用法律方面存在重大困难；(六)外国法院对案件享有管辖权，且审理该案件更加方便”。

③ 该条内容为，“人民法院受理的涉外民事案件，被告提出管辖异议，且同时有下列情形的，可以裁定驳回起诉，告知原告向更为方便的外国法院提起诉讼：(一)案件争议的基本事实不是发生在中华人民共和国领域内，人民法院审理案件和当事人参加诉讼均明显不方便；(二)当事人之间不存在选择人民法院管辖的协议；(三)案件不属于人民法院专属管辖；(四)案件不涉及中华人民共和国主权、安全或者社会公共利益；(五)外国法院审理案件更为方便。裁定驳回起诉后，外国法院对纠纷拒绝行使管辖权，或者未采取必要措施审理案件，或者未在合理期限内审结，当事人又向人民法院起诉的，人民法院应当受理”。

保护当事人诉讼程序上的利益，而非倾向性地保护中国原告。此外，《民事诉讼法》第 282 条第 2 款也考虑了适用“不方便法院原则”的后续救济问题。但是，该条文义上仍主要强调审理的便利性而非适当性，今后的释法有必要强化对于适当性的考量。

(1) 利益衡量要件的优化

《最高人民法院关于适用〈中华人民共和国民事诉讼法〉的解释》第 530 条第 4 项要求“案件不涉及中华人民共和国国家、公民、法人或者其他组织的利益”。与之相比，《民事诉讼法》第 282 条第 1 款第 4 项仅要求“案件不涉及中华人民共和国主权、安全或者社会公共利益”。案件涉及中国主体的私人利益不再阻碍中国法院适用“不方便法院原则”。

可以说，《最高人民法院关于适用〈中华人民共和国民事诉讼法〉的解释》第 530 条第 4 项试图以一种非常粗糙的方式来实现对中国当事人的保护，但代价是会使我国“不方便法院原则”的适用只能局限于案件当事人均非中国内地（大陆）当事人的极有限情形，可以说几乎仅限于部分涉港澳台地区案件，使“不方便法院原则”成为休眠条款。从文义上来看，对于“不方便法院原则”适用构成阻断的甚至不限于案件当事人的利益，如果案件的处理涉及案外中国公民、法人或者其他组织的利益，也将不符合《最高人民法院关于适用〈中华人民共和国民事诉讼法〉的解释》第 530 条第 4 项的要求。第 4 项过于绝对，使人民法院常常仅基于案件涉及中国当事人的利益就拒绝适用“不方便法院原则”，法院分析说理的重点仅在于确保中国当事人的利益得到维护，而使对人民法院与域外法院的适当性或便利性之比较丧失实际意义，只要案件当事人或事实与中国内地（大陆）存在联系，人民法院在实践中多会认定其在审理案件上并不会遭遇重大困难。[①] 如(2016)津高民终45号天卓国际发展有限公司与盈发创建有限公司借款纠纷案。该案中,天津市高级人民法院认定一审法院作为盈发创建有限公司可供扣押财产所在地的法院,对该案具有管辖权,而案涉借款系用于盈发创建有限公司对案外人华北城盈发创建(天津)有限公司的投资,因此虽然该案当事人均为中国香港特别行政区企业,但由于涉及案外中国法人华北城盈发创建(天津)有限公司的利益,加之案件在认定事实和适用法律方面并不存在重大困难,不适用"不方便法院原则"。[②] 显然,如果仅因为涉外诉讼的标的影响案外中国民事主体的利益,便对我国法院管辖权行使不加约束,并不利于吸引境外投资者在我国投资、开展商业活动。

综上所述,《最高人民法院关于适用〈中华人民共和国民事诉讼法〉的解释》第530条第4项对私人利益的考量,关注的是中国当事人乃至案外人在涉外诉讼中的实体利益,采用"全有全无"的标准,干扰了人民法院对于"不方便法院原则"的适用问题进行有说服力的分析说理,也偏离了"不方便法院原则"原本对于原告和被告的诉讼利益和诉讼便利之间平衡的关注。《民事诉讼法》第282条将利益衡量的考量因素由是否涉及中国主体的利益调整为当事人参加诉讼是否存在明显不方便,平衡了中外当事人的利益保护,有利于"不方便法院原则"的真正适用。

有观点认为,《最高人民法院关于适用〈中华人民共和国民事诉讼法〉的解释》的上述条款排斥对涉及中国被告的案件拒绝管辖,不利于中国企业海外投资的保护。[③]《民事诉讼法》第282条第1款似乎有利

---

① 参见黄志慧:《人民法院适用不方便法院原则现状反思——从"六条件说"到"两阶段说"》,载《法商研究》2017年第6期。

② 参见杨泽宇:《不方便法院原则在涉外民事诉讼中适用的条件》,载《人民司法(案例)》2017年第35期。

③ 参见丁小巍、王吉文:《论不方便法院原则的价值转化和我国的因应》,载《政法学刊》2021年第3期。

于实现该种保护。但需要注意的是，拒绝管辖本国跨国企业被诉案件不符合“原告就被告”基本管辖规则，不符合国际礼让和正义观念，不利于提高我国在国际管辖竞争中的地位，实际上允许“不方便法院原则”充当跨国企业逃避责任的工具已经被荷兰、加拿大、英国等法域的实践抛弃。①

(2)进一步优化的方向：从便利性到适当性

《最高人民法院关于适用〈中华人民共和国民事诉讼法〉的解释》第530条第5项和第6项分别规定了人民法院审理案件的“不方便”和有管辖权外国法院审理的“更加方便”。有批评观点认为，如此容易使法院在裁量时简单以外国法院是否方便审理、本国法院是否不方便审理为判断导向。② 然而，受案法院往往没有意愿承认自身对于案件审理存在重大困难，即使承认也未必能够得到二审法院的认可，由此也不会进入对于外国法院审理是否更加方便的考察。“不方便法院原则”的适用往往并未涉及对于中外法院审理便利性的比较，而是转化为对于案件争议的主要事实发生地和案件准据法的确认。如果确认主要事实发生在中国，或者准据法为中国法，便没有“不方便法院原则”适用的余地。如果案件主要事实发生在中国，或者案件审理应当适用中国法，中国法院理应具有审理上的便利。但法院如基于案件审理便利与否来关注主要事实发生地，其所关注的应当是哪些事实对于纠纷发生具有主要的、客观的影响，以及这些事实发生地是否过于遥远、偏僻以至于不利于当事人举证和事实查明。然而在实践中，法院往往是从足以产生管辖连结点的

① See Philippa Webb, *Forum Non Conveniens*: *Recent Developments at the Intersection of Public and Private International Law*, in Chiara Giorgetti and Natalie Klein eds., Resolving Conflicts in the Law: Essays in Honour of Lea Brilmayer, Brill Nijhoff, 2018, p. 88 – 91.

② 参见沈红雨：《我国法的域外适用法律体系构建与涉外民商事诉讼管辖权制度的改革——兼论不方便法院原则和禁诉令机制的构建》，载《中国应用法学》2020年第5期。

事实这一角度来理解何为主要事实。① 如此,“不方便法院原则”的实际运用便成为对于管辖权成立的反复确认,并没有从便利性的角度来限制管辖权的过度行使。可以说,便利性比较尚且并未真正进入我国法院对于管辖权行使的裁量之中,遑论对于“更适当法院”的考量。这也体现了“不方便法院原则”与法定管辖权规则体系之间的摩擦。

《民事诉讼法》第282条第1款要求人民法院审理案件的“明显不方便”和有管辖权外国法院审理的“更为方便”,除对“不方便”的程度作出了进一步规定外,最主要的是强调了当事人参加诉讼是否存在明显不方便。当事人因素的引入有利于避免对于管辖连结点相关事实的同义反复,以便真正开展对于法院审理便利性的比较。

尽管《民事诉讼法》第282条第1款文义上强调的仍是便利性的比较,但适当性与便利性只是视角上的差别,并非要求法院将目光投向别处。英国的“不方便法院原则”更加关注管辖法院的适当性而非单纯的实务上的便利,尽管斯彼列得案判决认为“不方便法院”不是一个恰当的称谓,但“斯彼列得”标准所关注的自然法院的判定,仍然综合考虑诸如证人作证的可行性等影响诉讼便利或者成本的因素,以及适用于相关交易的法律、当事人住所或营业地等其他因素。其考虑的因素与美国“不方便法院原则”考量的因素具有相当的相似性,后者在私人利益因素方面主要考虑取证的便利性、证人强制作证的可能性和自愿作证的花费、现场勘查的可能性等证据开示问题。

以准据法为例。英国法院审理以英国法为准据法的案件当然具有

---

① 瑞典爱立信有限公司、爱立信(中国)有限公司滥用市场支配地位纠纷二审民事裁定书,(2019)最高法知民辖终32号。裁定在考察案件是否符合《最高人民法院关于适用〈中华人民共和国民事诉讼法〉的解释》第530条第5项时,论述称“争议的主要事实之一TCL方受到的损害结果地发生在中国境内”。这显然是从管辖连结点而非客观事实发展的角度来认定何为主要事实。

便利性。但这并不与英国法院属于更适当法院或者与案件具有最密切或者真实联系相冲突。在杜邦诉阿格纽案(Du Pont v. Agnew)①中,英国上诉法院认定英国是更适当法院,因为该案的准据法为英国法,该案所涉共保项下的保险金赔付条款不符合英国的公共政策,而英国上诉法院在认定英国的公共政策方面确实更加适当。在魅力海事诉基里亚库案(Charm Maritime v. Kyriakou)②中,英国法院拒绝被告中止诉讼的申请,虽然该案的当事人均为希腊主体,且纠纷发生在希腊,但该案所涉信托契据的准据法为英国法,而希腊法并不承认信托的概念,因此英国在该案中为更适当法院。

同样地,当事人取证问题属于诉讼便利性,但也同样影响诉讼的公平。如果受案法院对外国被告而言过于遥远,使被告举证困难而不利于诉讼,也难以认定该法院属于适当法院。但举证上的便利对于法院适当性的影响,随着科技的进步而逐渐减弱。在"不方便法院原则"趋向成熟的时期,信息技术尚不发达,外国证据的开示对于被告来说不仅仅是与便利相关的事项,域外取证的昂贵、不便同样也是关乎诉讼公平的重要问题。因此,英国、美国等国家的"不方便法院原则"非常关注举证问题。但是,随着远程通信、信息储存、国际交通等技术的发展,域外出庭、取证的可行性已经不再困扰诉讼的公平进行。《海牙国际认证公约》《海牙域外取证公约》等缔约方的增加也为域外证据开示提供了相当的便利。因此,域外取证问题对于更适当法院认定影响的比重应当降低,法院需要充分考虑现代科技和国际公约的作用。

总而言之,更适当法院的认定需要依靠受案法院的具体论证从实务的便利性中发掘出适当性。

---

① See Du Pont v. Agnew, [1987] 2 Lloyd's L. R. 585.

② See Charm Maritime v. Kyriakou, [1987] 1 Lloyd's L. R. 433.

参考案例1

斯彼列得海洋运输公司诉堪休莱克斯公司案(Spiliada Maritime Corp. v. Cansulex Ltd.)①

案例概要

该案确立了英国"不方便法院原则"适用的现行标准。尽管该案涉及的争议焦点为是否进行诉状的域外送达,但英国法院认为是否准许域外送达与是否依据"不方便法院原则"中止审理,实质上适用相同标准。

基本案情

该案中,原告斯彼列得海洋运输公司(Spiliada Maritime Corp.)为一家利比亚公司,是货船"斯彼列得"号的船主,船旗国为利比亚。原告的主要营业地位于希腊,在英国也有一定的营业活动。被告堪休莱克斯公司(Cansulex Ltd.)则是加拿大的硫黄出口商。案外人租赁"斯彼列得"号用于承运被告向印度出口的硫黄。其后,原告向英国高等法院起诉被告,称被告向"斯彼列得"号装运含水的硫黄导致船体腐蚀,要求损害赔偿。原告向法院申请对位于加拿大的被告进行诉状的域外送达,法院予以准许,但被告认为没有证据证明该案符合最高法院规则第11条第4

① See Spiliada Maritime Corp. v. Cansulex Ltd., [1987] A.C. 460 (H.L.).

款第2项规定的域外送达条件,要求法院撤销域外送达许可。

裁判结果

高等法院驳回了被告的申请。被告向上诉法院上诉,上诉法院裁决撤销送达许可。原告其后向上议院提起上诉,上议院撤销了上诉法院的裁决,维持送达许可和初审法院对该案的受理。

法院观点

英国法院在该案中总结了"不方便法院原则"的现代适用标准。(1)仅当法院确信存在其他具有管辖权的法院且该法院为审理诉讼的适当法院时,法院才可以基于"不方便法院原则"中止案件审理。(2)原则上,被告对此负有举证责任。(3)被告不仅需要举证证明英国并非该案的自然法院或适当法院,还需要证明存在较之英国法院显著更适当的可诉法院。(4)当与该案存在最真实、实质联系的"自然法院"不存在时,法院应当考虑如下关联要素:①证人能否到庭;②准据法;③当事人住所地或营业场所。(5)经初步审查存在构成显著更适当法院的其他可诉法院时,法院一般将中止审理,除非原告举证证明存在个案情况,使该案根据正义的理由不应中止审理。如果法院确信可诉的适当法院能够实现实质正义,原告因中止审理而丧失优势不足以阻碍法院裁决中止。

评 析

该案争点为域外送达问题，而有效送达是英国法院管辖权成立的条件，尽管该案中英国法院运用“不方便法院原则”解决域外送达问题，但根据英国一系列案例，其仍然清晰地区分了管辖权成立和管辖权行使两个问题，“不方便法院原则”涉及管辖权是否行使。该案连同此前的 The Abidin Daver 案①，将国际礼让确立为主要的考量因素，原告挑选法院的权利不再至关重要，因此被告不再负担证明原告的诉讼行为构成无理缠诉、压迫性诉讼或者滥用诉讼程序这一沉重的举证责任。

参考案例2

海湾石油公司与吉尔伯特案(Gulf Oil Corp. v. Gilbert)②

案例概要

该案中，美国联邦最高法院首次明确联邦地区法院有无权力基于“不方便法院原则”驳回起诉。

① See [1984] A. C. 679 (H. L.).

② See Gulf oil Corp v. Gilbert, 330 U. S. 501.

基本案情

原告吉尔伯特为弗吉尼亚州居民。被告海湾石油公司(Gulf Oil Corp.)注册地为宾夕法尼亚州,同时在弗吉尼亚州和纽约州开展业务。被告的疏忽导致原告在弗吉尼亚州的仓库及货物被大火烧毁。原告遂在纽约南区联邦地区法院起诉,要求被告赔偿相应损失。

裁判结果

纽约南区法院对于该案享有管辖权,但由于案件当事人均非纽约州居民,案涉事实都发生在弗吉尼亚州,大多数证人都居住在那里,认为该案在弗吉尼亚州审理更妥当,遂基于"不方便法院原则"驳回起诉。美国联邦第二巡回上诉法院推翻了南区法院的裁决,但美国联邦最高法院最终支持了一审法院的意见。

法院观点

美国联邦最高法院认为,"不方便法院原则"赋予受理起诉法院很大的个案裁量权,试图给定考量因素的组合和权重是困难的,但可以指出需要考量的因素有哪些。美国联邦最高法院梳理了私人利益和公共利益两方面的考量因素。(1)从诉讼当事人的角度来看,适用"不方便法院原则"的重要考虑因素是:获得证据来源的难易程度、是否有强制程序让不愿意出庭的证人出庭、愿意出庭作证的证人的出庭费用、适当的情况下查看现场的可能性，以及其他所有使案件审判更简易、迅速和低成本的实际问题。(2)有关公共利益的考虑因素包括：不宜把诉讼堆积在案满为患的法院、与诉讼无关的社区人士担任陪审员的负担、本地争议在本地获得判决的本地利益，以及不必要地引入法律冲突上的问题。

评析

该案奠定了美国法院“不方便法院原则”审查结合私人利益与公共利益的司法路径，区别于英国“不方便法院原则”审查单纯考量私人利益的司法路径。将公共利益纳入“不方便法院原则”审查，值得借鉴。但有必要注意的是，该案涉及美国国内诉讼，国际礼让并非其相关考量因素。

参考案例3

派珀飞机公司等与雷诺案(Piper Aircraft Co. v. Reyno)①

案例概要

该案在海湾石油公司与吉尔伯特案的基础上进一步明确了美国法院适用“不方便法院原则”的标准。

① See Piper Aircraft Co. v. Reyno, 454 U. S. 235 (1981).

基本案情

该案由苏格兰一起空难引发。原告雷诺为该起空难中苏格兰死者的遗产管理人。被告派珀飞机公司(Piper Aircraft Co.,以下简称派珀公司)为失事飞机的制造商,注册地在美国宾夕法尼亚州;被告哈特泽尔螺旋桨公司(Hartzell Propeller, Inc.,以下简称哈特泽尔公司)为飞机螺旋桨的制造商,注册地在美国俄亥俄州。雷诺在美国加利福尼亚州法院起诉派珀公司和哈特泽尔公司过失致人死亡。其后,该案移交加利福尼亚州联邦地区法院审理,最终移交宾夕法尼亚州中区联邦地区法院审理。派珀公司和哈特泽尔公司请求法院基于"不方便法院原则"驳回案件起诉。

裁判结果

苏格兰地区法院认为,苏格兰存在替代法院,遂支持了派珀公司和哈特泽尔公司的申请。美国第三巡回上诉法院推翻了这一判决,其理由为:如果替代法院的法律不如原告选择的法院的法律对原告有利,则自动禁止驳回诉讼。该案上诉至美国联邦最高法院,最高法院推翻了上诉法院的判决,认为地区法院并未滥用裁量权,支持驳回该案起诉。

法院观点

美国联邦最高法院认为,(1)原告不能仅仅通过证明替代诉讼地适用的实体法不如所选诉讼地的实体法对原告有利，就可以抗辩被告基于“不方便法院原则”提出的驳回起诉申请。实体法的不同在“不方便法院”审查中，通常不应被赋予决定性甚至实质性的权重。否则，将导致“不方便法院原则”毫无用处，而且会带来大量的实际问题，迫使法院对冲突法和比较法上的复杂问题作出裁决，并增加外国原告在美国法院起诉美国制造商的诉讼的案件数量。(2)当原告或实际利益方是外国主体时，有利于原告选择诉讼地的推定不能达到最大效力。当原告选择本国法院时，可以合理地假定法院选择是方便的；但当原告或实际利益方是外国主体时，该假定则不够合理，原告的选择不那么值得尊重。(3)“不方便法院原则”是否适用由一审法院合理裁量，只有在明显滥用裁量权的情况下才可推翻。

评 析

根据该案确立的标准，美国法院适用“不方便法院原则”，对本国原告和外国原告进行区别对待，实际上已经不符合普通法系法域适用“不方便法院原则”的主流。

2. 完善有限度的禁诉令制度

禁诉令是普通法司法辖区用于应对挑选法院和平行诉讼的一种手段，其针对对象往往是域外诉讼的发起者，而非域外司法机关。然而在效果上，禁诉令不可能不影响域外司法机关的权力行使，因此其应当是在罕见的情形下签发的。然而，在跨境标准必要专利诉讼中，禁诉令的签发变得频繁，引发不同司法辖区间禁诉令与反禁诉令的针锋相对。中国法院早期仅在海事案件中签发过禁诉令，而在跨境标准必要专利诉讼中一举成为全球签发禁诉令态度最为积极的司法辖区。本书接下来将论述中国法院签发禁诉令的几个案例，结合域外司法辖区对于中国禁诉令的回应，探讨中国禁诉令制度进一步完善需要注意的几点。

（1）我国司法中签发禁诉令的实践及域外回应

我国司法机关首次签发禁诉令的实践发生在（2019）最高法知民终732、733、734号诉讼中。该案系华为技术有限公司（以下简称华为公司）及其中国关联公司对康文森无线许可有限公司（以下简称康文森公司）确认不侵权及确认FRAND（公平、合理、非歧视原则，fair，reasonable and non-discriminatory）中国许可条件之诉的二审案件。作为对于华为公司方起诉的回应，康文森公司向德国杜塞尔多夫地区法院（以下简称杜塞尔多夫法院）提起侵权之诉，诉请禁止华为公司及其德国关联公司销售、使用、进口或拥有相关移动终端产品。中国诉讼方面，一审法院支持了华为公司方诉请，康文森公司向最高人民法院提起上诉。德国诉讼方面，杜塞尔多夫法院在最高人民法院二审过程中，作出判决支持了康文森公司的禁令请求。华为公司遂向最高人民法院申请行为保全，请求责令康文森公司在中国诉讼终审判决作出之前，不得申请执行杜塞尔多夫法院作出的停止侵权判决。最高人民法院裁定准许华为公司上述行为保全申请，如康文森公司拒不遵守行为保全裁定所确定的不作为义务，则按日计罚人民币100万元，其后驳回康文森公司的复议请求。

最高人民法院在华为公司与康文森公司案中明确了签发禁诉令需要综合考虑的各项因素及当事人违反禁诉令的法律后果，并为中国法院在此后的禁诉令签发实践中所遵循。最高人民法院在该案中签发的禁诉令系针对当事人对域外判决的执行申请，并未引发域外司法辖区直接的程序回应，而中国地方法院后续签发的禁诉令则基本系禁止当事人启动或者继续域外诉讼，引发了域外法院激烈的程序对抗。

其中，湖北省武汉市中级人民法院在（2020）鄂01知民初169号小米通讯技术有限公司、小米之家商业有限公司、北京小米移动软件有限公司(以下合并简称小米公司)与交互数字公司、交互数字控股有限公司(以下合并简称交互公司)的标准必要专利许可费全球费率诉讼中,签发了全球禁诉令,裁定交互公司立即撤回或者中止向印度德里高等法院(以下简称德里法院)申请的临时禁令和永久禁令,并且不得在该案审理期间就案涉标准必要专利在中国或者其他国家和地区的法院针对小米公司申请临时禁令和永久禁令、申请强制执行临时禁令和永久禁令、请求裁定标准必要专利许可费率或者许可费争议。拒绝执行禁诉令为按日计罚人民币100万元。

对此,交互公司向德里法院申请反禁诉令,要求小米公司及其关联公司在印度诉讼作出最终裁决前不得申请执行湖北省武汉市中级人民法院裁定的禁诉令。德里法院对此作出裁定①,签发了对小米公司的反禁诉令,责令小米公司方最终负担交互公司方在中国禁诉令下所受罚款。此外,交互公司又向德国慕尼黑第一地区法院(以下简称慕尼黑一区法院)申请反禁诉令,禁止小米公司申请执行湖北省武汉市中级人民法院作出的禁诉令或者采取其他旨在直接或间接限制交互公司在德国提起标准必要专利侵权之诉的司法或者行政措施。慕尼黑一区法院未经听证作出极为严厉的反禁诉令,责令小米公司受送达后24小时内撤回禁诉令申请或者采取其他适当程序手段抵消禁诉令对德国的影响,禁止继续禁诉令程序,除非以撤回申请或者抵消对德国影响为目的,禁止通过法院或者行政命令间接限制交互公司在德国的标准必要专利侵权之诉,如小米公司每违反一项禁令,则对其处以不超过25万欧元的罚款,或对公司授权代表处以不超过6个月的监禁。其后,慕尼黑一区法院驳回小米公司中止反禁诉令的申请。该法院在文书中指出,专利权所

① See I. A. No. 8772/2020 in CS(COMM) 295/2020.

有人不仅可就已经作出的禁诉令申请反禁诉令,甚至可申请反—反—反禁诉令以对抗旨在对抗反禁诉令的反—反禁诉令。① 可以说,小米公司与交互公司案是目前中外法院在禁诉令问题上最激烈的一次交锋。

除中国当事人向中国法院申请签发禁诉令外,在(2020)鄂01知民初743号三星电子株式会社(以下简称三星公司)及其中国关联公司与爱立信公司案中,首次有外国公司向中国法院申请签发禁诉令。湖北省武汉市中级人民法院裁定签发了全球禁诉令,同时也签发了中国法院第一份反—反禁诉令,要求爱立信公司及其关联公司不得向中国或其他国家和地区的法院请求反禁诉令,已经提起的该类请求须立即撤回或中止。对此,爱立信公司向美国得克萨斯州东区法院(以下简称得州东区法院)申请临时限制令,并受准许。② 该临时限制令禁止三星公司及其美国关联公司寻求和申请执行禁诉令(包括但不限于湖北省武汉市中级人民法院禁诉令),以阻碍爱立信公司及其关联公司推进得州东区法院已受理案件的审理或阻碍爱立信公司及其关联公司通过民事诉讼和行政措施维护其美国专利权。

由于临时限制令效力存续期间短,爱立信公司向得州东区法院申请反禁诉令,责令三星公司及其美国关联公司在美国诉讼作出最终判决之前:①不得在中国诉讼中采取任何行动干扰法院裁判爱立信公司或三星公司是否违反FRAND义务的管辖权,或者提起其他案由的诉讼;②不得在中国诉讼中采取任何行动剥夺爱立信公司或其关联公司向美国联邦法院、海关或行政机构主张其美国专利权的各项权利;③如果爱立信公司因禁诉令的执行而被罚款或承担其他惩罚措施,无论该执行是因三星公司请求还是湖北省武汉市中级人民法院依职权进行,三星公司及其

① See InterDigital v. Xiaomi, District Court (Landgericht) Munich I, judgment dated 25 February 2021, Case-No. 7 O 14276/20.

② See Ericsson Inc. v. Samsung Electronics Co., Ltd., Slip Copy, 2021 WL 89980.

美国关联公司均须承担连带或单独赔偿爱立信公司所受损失。

总体来说，禁诉令实践引发了各国司法管辖之间乒乓球式的拉锯战，德国法院宣称可能签发的反—反—反禁诉令被认为就是针对湖北省武汉市中级人民法院在三星公司与爱立信公司案中作出的反—反禁诉令展现立场①。同时也引发美国立法部门的政治回应。美国参议院托姆·蒂利斯(Thom Tillis)等在美国诉讼中出具法庭之友意见书，指责中国法院意图通过禁诉令制度垄断 FRAND 事务的审理。该参议员亦于 2022 年 3 月联合其他议员提交了《保卫美国法院法》法案，要求对试图通过主张外国反诉禁令来限制美国法院或国际贸易委员会的专利侵权诉讼的一方施加惩罚。② 从这一角度来讲，禁诉令的签发应当十分谨慎。

(2)签发禁诉令 5 项考量因素的评述

在华为公司与康文森公司中，最高人民法院明确了签发禁诉令需要综合考虑的 5 项因素：①被申请人申请执行域外法院判决对中国诉讼的审理和执行是否会产生实质影响；②采取行为保全措施是否确属必要；③不采取行为保全措施对申请人造成的损害是否超过采取行为保全措施对被申请人造成的损害；④采取行为保全措施是否损害公共利益；⑤采取行为保全措施是否符合国际礼让原则。

最高人民法院确立的第 1 项因素需要考虑中外诉讼当事人是否基本相同、审理对象是否存在重叠、被申请人的域外诉讼行为效果是否对中国诉讼造成干扰等。第 2 项因素着重审查不采取禁诉令是否会使申请人的合法权益受到难以弥补的损害或者造成中国诉讼裁决难以执行。

---

① See King Fung Tsang & Jyn-An Lee, *The Ping-Pong Olympics of Antisuit Injunction in FRAND Litigation*, 28 Michigan Technology Law Review 305, 363 (2022).

② See Jorge L. Contreras, *A Statutory Anti-Anti-Suit Injunction for U. S. Patent Cases?*, Patentlyo (Mar. 18, 2022), https://patentlyo. com/patent/2022/03/contreras-statutory-injunction. html.

总而言之,系审查外国诉讼对于中国诉讼的审理和执行与对于禁诉令申请人即中国诉讼发起方的影响。

其中,前者在华为公司与康文森公司案中,体现为中国诉讼与德国诉讼均需审理康文森公司是否符合 FRAND 原则,存在审理对象上的重叠,因此德国判决的执行会迫使华为公司接受康文森公司的报价,使中国在未决诉讼中可能作出与之相冲突的判决从而丧失推进和执行该判决的可能性。在小米公司与交互公司案中,外国诉讼对于中国诉讼的审理和执行影响的强度更大,由于中国诉讼裁判当事人之间存在 FRAND 全球许可费率争议,一旦中国法院作出生效裁决,则双方在印度法院进行的专利侵权之诉也可以得到解决,而印度专利侵权之诉可能会涉及 FRAND 印度许可费率的确定,与中国诉讼在审理对象上发生重叠,因此禁诉令被申请人的域外诉讼行为排斥了中国法院对于部分费率进行确定的管辖权,干扰了中国诉讼程序的进行,可能导致产生与中国在先诉讼的最终判决相冲突的印度判决。这一情形接近于美国法院审查是否签发禁诉令时需考量的一项标准,即美国诉讼对请求禁止的诉讼是否具有决定性的作用。① 但是,最高人民法院所秉持的审核标准似乎更宽松,“审理对象是否存在重叠”的标准不仅能涵盖小米公司与交互公司案这种中国诉讼对域外诉讼具有决定性作用的情形,也能涵盖华为公司与康文森公司案这种中国诉讼对域外诉讼不具有决定性作用的情形。

然而针对禁诉令签发反禁诉令的现有司法实践并不认可外国诉讼对本国诉讼的决定性作用可作为外国法院签发禁诉令的正当性依据,更加重视在外国诉讼的影响前保护本国司法管辖权。印度法院在回应中国法院就小米公司与交互公司案签发的禁诉令时虽承认中国诉讼对于

---

① See King Fung Tsang & Jyn-An Lee, *The Ping-Pong Olympics of Antisuit Injunction in FRAND Litigation*, 28 Michigan Technology Law Review 305, 347 - 351 (2022).

印度诉讼具有决定性作用,如果中国诉讼就 FRAND 全球许可费率作出裁判,印度的侵权之诉就没有继续进行的必要,但印度法院认为确定 FRAND 印度许可费率虽与中国诉讼的审理对象存在重叠,但其并非印度专利侵权之诉的必然组成部分,印度专利侵权之诉与中国全球许可费率确定之诉在诉因上完全不同,中国法院对于印度专利的侵权之诉并无管辖权,因此,审理对象重叠引发排斥中国法院管辖、产生相冲突判决的顾虑并非足以支持禁诉令签发的重大要素。

而就中国诉讼发起方受相对方域外诉讼行为的损害而言,最高人民法院在进一步解释中明确该损害既包括有形的物质损害,又包括商业机会、市场利益等无形损害;既包括经济利益损害,又包括诉讼利益损害;既包括在华利益损害,又包括域外利益损害。① 简言之,即相对方借助禁令威胁中国诉讼发起方在域外的商业机会和市场利益,迫使后者处于不利的商业谈判地位,使中国诉讼发起方在中国诉讼中无法最大限度地维护自身权益。相对中国较具体的审查标准而言,英美等国判例在禁诉令申请人所受不利影响这一点上的判断标准,是国外诉讼对禁诉令申请人是否构成滥诉或者压迫性诉讼,实际就是"不方便法院原则"的反向适用。美国法院在微软公司与摩托罗拉公司案中认为,禁诉令被申请人通过侵权救济禁令威胁申请人、迫使申请人退出外国市场,构成滥诉。② 在这一点上,中国和美国的审查标准具有一致性。但英国则在签署反禁诉令的实践中,强调"唯一法院"的判断标准,即专利所在国法院才有权判断本国专利的效力,因此在该国法院进行的专利侵权之诉并不构成滥诉,这点也构成了其他国家签发反禁诉令的重要依据。印度、德国法院回应中国签发的全球禁诉令时,均强调这一点。

---

① 参见《最高人民法院知识产权法庭裁判要旨(2020)摘要》,载最高人民法院官网 2021 年 2 月 16 日,https://www.court.gov.cn/fabu-xiangqing-288131.html。

② See Microsoft Corp. v. Motorola, Inc., 871 F. Supp. 2d 1089(W. D. Wash. 2012).

最高人民法院确立的第3项考虑因素系审查禁诉令对于被申请人利益的影响程度。中国法院强调禁诉令仅仅使被申请人获取专利侵权救济的程序迟延,并未实际损害专利权,其相比申请人在禁诉令申请未获准许的情况下所受损害较小。而印度、德国法院则认为诉讼救济是专利权人保护自身权利的唯一方法,禁诉令造成的程序迟延会使专利权人承受侵权损害而无法保护自身权利。

最高人民法院确立的第4项考虑因素要求审查禁诉令是否会损害公共利益,但并不清楚此处的公共利益是指本国的公共利益,还是指域外诉讼所在国的公共利益。如果是指代后者,那么第4项考虑因素应当是涉及国际礼让的考量。在苹果公司与高通公司案①中,美国法院便认为,苹果公司在外国诉讼中提出了包括反垄断和专利无效的诉讼请求,并且鉴于各国反垄断执法机构对高通公司已经进行了大量调查,如果美国法院将该案诉讼认定为私人合同纠纷而签发禁诉令,则会对国际礼让造成不可容忍的影响。本书认为,禁诉令本来就是针对当事人的域外诉讼行为,签发禁诉令理应考虑对于域外诉讼所在国公共政策的影响。

但是,德国、法国、印度在公共政策层面对禁诉令持有毫不妥协的立场。德国法院与印度法院认为,寻求诉讼救济是宪法权利,容忍禁诉令与宪法不相符。此外,德国法院与法国法院还认为,寻求诉讼救济属于人权的重要组成部分。显然,在德国、印度、法国的法院看来,外国法院签发的禁诉令违反了本国的公共政策。

最高人民法院确立的第5项考虑因素根据国际礼让原则进行审查,考虑案件受理时间先后、案件管辖适当与否、对域外法院审理和裁判的影响适度与否等。然而,对于反禁诉令的签发国来说,禁诉令的本质就

① See Apple Inc. v. Qualcomm Inc., No. 3:17 – cv – 00108 – GPC-MDD, 2017 U.S. Dist. LEXIS 145835 (S.D. Cal. Sept. 7, 2017).

是反国际礼让的，属于司法管辖权的域外行使，且禁诉令与受影响诉讼所在国的公共政策相悖，因此受影响诉讼所在法院考量维护本国公共政策的权重大于对域外国家签发禁诉令的国际礼让，从而签发反禁诉令。

（3）当前禁诉令签发实践的主要问题

虽然我国签发禁诉令的实践数量还相当有限，但我国法院在签发禁诉令时却存在两个突出问题：①片面强调我国法院管辖的必要性，对国际礼让的考量和论证不够充分；②对程序正当之于禁诉令正当性的证成缺乏足够关注，裁定的作出未经询问被申请人。上述两个方面都与我国签发禁诉令的实践依托行为保全程序的制度路径相关。

一个是国际礼让问题。《民事诉讼法》上行为保全的适用要件过于原则化，司法解释也未对一般案件作具体细化，而且行为保全并非涉外民事诉讼程序的特别制度，其立法目的并未考虑域外诉讼的应对，缺乏对国际礼让的考量。而最高人民法院提出签发禁诉令的五项考虑因素中虽包含对国际礼让的考量，但国际礼让与其他 4 项考虑因素是何关系并不明确，如果不能明确前 4 项因素与国际礼让之间的关系，衡量的结果显然容易以“四比一”支持签发禁诉令而告终。因此，我国今后签发禁诉令的实践可以参考空中客车工业集团诉帕特尔等案[①]判决，将是否满足国际礼让原则作为考量是否签发禁诉令的门槛条件，在此基础上再考虑其他因素。

另一个是程序问题。本书在此将主要论述当前签发禁诉令的实践路径可能引发的程序问题。程序上，保全制度侧重回应申请人对权益保护的紧迫需求，关注判决未来的可执行性，被申请人的程序参与在制度设计时的价值衡量上居于次要地位，具有强烈的申请人单方参与性，排斥被申请人对保全程序的参与，易于陷入程序滥用，司法实践中也普遍

---

① See Airbus Industrie G. I. E. v. Patel, [1998] 1 A. C. 119 (H. L.).

存在不经被申请人听证径直作出保全裁定的现象。保全的这种制度和实践倾向显然影响我国签发禁诉令的实践,难以保障禁诉令适用应秉持的适当限度,容易引发域外在正当程序方面的质疑。

《民事诉讼法》并未对保全程序中的审理问题作出规定。根据《民事诉讼法》第 103 条第 3 款、第 104 条第 2 款的规定,人民法院接受申请后,对情况紧急的,必须在 48 小时内作出裁定;裁定采取保全措施的,应当立即开始执行。如此短暂的时间窗口,显然不可能安排并组织双方谈话,该规定至少说明"情况紧急"时保全程序并不以组织双方言辞辩论为必要。《最高人民法院关于审查知识产权纠纷行为保全案件适用法律若干问题的规定》(以下简称《知识产权纠纷行为保全规定》)第 5 条第 1 款规定,人民法院裁定采取行为保全措施前,应当询问申请人和被申请人,但因情况紧急或者询问可能影响保全措施执行等情形除外。尽管该规定将事前询问被申请人作为行为保全的一般原则,但并未明确询问的形式是否是组织双方进行言辞辩论,而且无须询问被申请人不仅包含"情况紧急",还包含"询问可能影响保全措施执行"的情形。何为"情况紧急"并不清楚,而"询问可能影响保全措施执行"又极容易泛化。

在实践中,保全申请人为了确保保全的突袭效果,往往倾向进行诉前保全或者起诉时同步提出保全申请,而且为了防止被申请人逃避保全措施,还会向法院申请在保全完成前暂缓对被申请人送达起诉状、证据以及保全申请书。法院书面审核保全申请书、保全担保材料等后,即作出保全裁定。被保全人可能在保全完成后才知晓保全程序的存在。

尽管国际上承认保全或者临时禁令在特别紧急或存在充分理由的情况下可以舍弃言辞辩论,但此类特殊情形限于被申请人有能力或者倾向挫败保全的目的,或者即便指定较短的期间仍会致使保全措施迟误,或者通知被申请人将对申请人意味着不公正、被申请人因聆讯而可能遭受的损失可被弥补,或者这种损失风险远远小于不进行聆讯而可能给申请人造成的不公正风险。

而禁诉令一般不存在上述的特别紧急性。无论如何，禁诉令限制的都是被申请人在域外法院的诉讼权利，而域外诉讼都必然经历一定的程序过程、具有一定的持续时间，被申请人的域外诉讼行为并不会给申请人带来急迫的风险，域外诉讼暂时的继续或被申请人在禁诉令听证期间提起域外诉讼，也并不意味着禁诉令的目的就即刻落空。无论被申请人在禁诉令生效前还是生效后发起域外诉讼，禁诉令对于被申请人的限制、对域外诉讼的影响都是一致的，域外法院考虑如何对中国法院禁诉令作出程序回应时，恐怕并不受禁诉令作出的时间点的影响。

认为禁诉令的签发符合或可参照《知识产权纠纷行为保全规定》第5条第1款"情况紧急""询问可能影响保全措施执行"的免予询问情形的另一个理由，是被申请人收到禁诉令后可能向域外法院申请反禁诉令，禁止申请人向本国法院申请执行禁诉令。然而，这反而成为对国际司法对抗这一预言的自我实现，不利于禁诉令的程序正当性。

总而言之，在我国未来的禁诉令制度构建和司法实践中，应当重视对于被申请人的送达和听证，以言辞审理为原则，并设置专门的上诉机制。

参考案例

空中客车工业集团诉帕特尔等案（Airbus Industrie G. I. E. v. Patel）[①]

① See Airbus Industrie G. I. E. v. Patel, [1998] 1 A. C. 119 (H. L.).

案例概要

英国法院长期认可,根据国际礼让的要求,对域外诉讼签发禁诉令应当审慎,但此前并未提出国际礼让对于禁诉令的签发与否具有何种要求。该案中,英国法院首次提炼了如何在禁诉令程序中运用国际礼让原则。

基本案情

该案诉讼系由1990年2月14日在印度班加罗尔机场发生的一起严重空难引起的一系列诉讼之一。一架空中客车A–320飞机在着陆时坠毁,造成众多乘客死伤。乘客中有两个英籍印度裔家庭,其中4人死亡,其余4人受伤,其后2名婴儿出生,该6名英国受害者为该案的上诉人。经印度方面调查,飞机失事的原因是飞行员失误,而机场方面也没有妥善应对事故。6名英国受害者在印度法院向失事飞机所属的印度航空公司和主管班加罗尔机场的印度斯坦航空有限责任公司提起诉讼。英国受害者与印度斯坦航空有限责任公司达成和解,但与机场方面的诉讼进展甚微。与此同时,英国受害者还在美国得克萨斯州法院提起诉讼,起诉了大批与失事飞机或其运营存在关联的主体,其中包括设计方暨制造商空中客车工业集团(Airbus Industrie G. I. E.,以下简称空中客车),受害者向其主张产品致害责任。由于空中客车在得克萨斯州存在过营业活动,满足最低限度的联系标准,且当时得克萨斯州并不适用“不方便法院原则”,空中客车遂以自身系政府控股超50%的企业为由,主张管辖豁免,但该主张被驳回。由于得克萨斯州对产品责任适用严格责任,并适用惩罚性赔偿制度,空中客车很可能会被判赔远高于其他法域所支持的赔偿金额,且得克萨斯州存在风险代理制度,使费用高昂的得克萨斯诉讼能够进行。针对得克萨斯诉讼,空中客车在印度班加罗尔法院对英国受害者等提起诉讼,班加罗尔法院判决英国受害者无权在印度/班加罗尔以外的任何法院对空中客车提起诉讼,并签发禁诉令限制其在其他任何法院向空中客车主张损害赔偿。但由于英国受害者不在印度管辖范围内,印度禁诉令无法执行。空中客车遂在英国高等法院提起诉讼,请求英国法院执行印度班加罗尔法院的判决,并基于英国受害者在得克萨斯州的诉讼行为违反正义、构成无理缠诉或者压迫性诉讼,签发禁诉令禁止英国受害者继续得克萨斯诉讼。

裁判结果

英国高等法院拒绝签发禁诉令,但上诉法院支持了空中客车的禁诉令申请。英国受害者遂向上议院提起上诉,上议院支持了其上诉请求,撤销了上诉法院签发的禁诉令。

法院观点

上议院认为,该案主要的争议焦点在于:域外诉讼程序与英国司法辖区之间不存在除英国当事人住所地以外的相关联系,但英国法院对于英国当事人具有属人管辖权故其能够受到禁诉令的有效约束,那么英国法院应否就该诉讼程序向英国当事人签发禁诉令?上议院根据“替代诉讼地案件”(alternative forum cases,存在两个相关司法辖区)和“单一诉讼地案件”(single forum cases,域外法院对相关争议单独享有管辖权)的区分，区别了国际礼让的适用途径。在“替代诉讼地案件”中，英国法院签发禁诉令的前提之一是英国法院是否是审理相关纠纷的自然法院。而在“单一诉讼地案件”中，对国际礼让的考量无法通过审查英国法院是否属于自然法院的途径予以进行，应当考察域外诉讼是否与英国辖区之间存在充分的联系，比如相关交易与英国辖区的联系程度、禁诉令是否系基于保护英国辖区政策的要求。只有在充分考虑国际礼让的前提下，英国法院才应根据正义的目的以禁诉令的形式进行干预。该案中，英国辖区对争议纠纷并无利益和关联，英国法院为维护印度法院的管辖权而间接干预美国法院的管辖权并不符合国际礼让原则。

评析

禁诉令的源起是一种衡平法上的救济途径，英国法院传统路径在“替代诉讼地案件”中关注禁诉令被申请人的诉讼行为是否构成无理缠诉或压迫性诉讼，在“单一诉讼地案件”中关注被申请人的诉讼行为是否构成缺乏良知，总之就是关注个案情形是否满足了衡平救济的要求。该案在确立英国禁诉令现代签发标准的航空航天公司案①的基础上，明确了禁诉令这一衡平救济应当如何满足国际礼让的要求。

① See Société Nationale Industrielle Aérospatiale v. Lee Kui Jak, [1987] UKPC 12, [1987] A. C. 871. 该案确立了签发禁诉令的“两步法”：第一步，审查国内法院是否为自然法院；第二步，审查基于正义的目的是否应当签发禁诉令。

二、我国法的直接和间接域外适用

(一)实体法域外适用

1. 证券法的域外适用

证券法的域外适用,是一个较特殊的领域。因为证券法既有国家管理证券市场的利益,也有私人购买证券受损而主张赔偿,属于公、私法混杂在一起的领域。而且由于证券市场的国际性,经常会遇到证券法域外适用的法律争议。

(1)中国证券法域外适用的思考

我国证券法的域外适用涉及司法管辖问题,前文已述。但中国证券法的域外适用还存在更为复杂的问题。《证券法》第 2 条第 4 款缺乏行为标准、影响标准或者是交易标准,导致实务中产生了模糊性。这方面,瑞幸咖啡造假引发的证券侵权案件就是一个充分阐释争议的例子。瑞幸咖啡案件源自证券虚假陈述。2020 年 1 月 31 日,浑水对瑞幸咖啡公布了一份足有 89 页的做空报告,引发众多关注。2020 年 4 月 2 日晚间,瑞幸咖啡发布公告,称公司首席运营官刘某及其部分下属在 2019 年第二季度到第四季度参与伪造交易相关的销售额约为 22 亿元。[①] 该时间距我国 2019 年修订的《证券法》生效不过 1 个月零 2 天。公告发布后,

---

① 参见《瑞幸咖啡承认财务造假:2020 年瑞幸咖啡事件证据及时间线梳理》,载锐观网,https://www.reportrc.com/article/20200414/6194.html。

瑞幸咖啡股价大跌，投资者在美国相关法院提起证券集体诉讼。与此同时，中国证券监督管理委员会(以下简称中国证监会)也发表声明，中国证监会将按照国际证券监管合作的有关安排，依法对相关情况进行核查，坚决打击证券欺诈行为，切实保护投资者权益。此后不久，亦有中国投资者欲将瑞幸咖啡的相关中国实体起诉至北京金融法院与上海金融法院，要求以中国证券法追究瑞幸咖啡责任以使投资者获得赔偿，由此引发了我国证券法域外适用的实务问题。一旦到了实务阶段，就会发现域外适用仍存在重重障碍。

瑞幸咖啡注册地在开曼群岛(以下简称开曼瑞幸)，是一家离岸公司。开曼瑞幸经境外监管机构注册发行证券，在美国发行的是美国存托凭证①，在美国纳斯达克股票市场上市，国际投资者可以购买。由于离岸发行的特殊性，开曼瑞幸仅仅是个空壳公司，下设有子公司及孙公司数十家，分布于英属维尔京群岛、中国，其主要经营实体在中国福建厦门。

按照我国《证券法》的域外效力条款，瑞幸咖啡属于境外发行的证券，似乎只要“损害境内投资者合法权益”，中国法院就可以管辖、适用中国证券法，但实际上还需要考虑下列因素与问题。

侵权主体的问题，即谁是侵权行为人？中国投资者可能基于节省成本的原因，不愿意启动涉外诉讼、送达程序，故并未起诉开曼瑞幸，而是挑选了开曼瑞幸在中国境内的几家子公司作为被告。这样一来，就会产生实体上的问题，只有上市公司即开曼瑞幸的财务报表发布，才构成证券侵权，因为投资者对财务报表产生信赖关系。如果子公司、孙公司单独造假或者配合造假，能否构成证券法上的虚假陈述侵权，则存在较大

① 参见《瑞幸咖啡成功登陆纳斯达克市场 开盘价 25 美元》，载新浪财经网，https://finance.sina.com.cn/roll/2019-05-17/doc-ihvhiqax9461665.shtml。

争议。因此,如果不把开曼瑞幸作为被告,则实体上中国投资者诉请能否得到支持存在疑问。

中国投资者的证券投资是否为“合法权益”?在我国目前的外汇监管体系中,只有经批准的合格的境内投资基金(QDII)才能投资于美国证券市场。外汇管理条例以及个人换汇制度规定,个人不能换取外汇进行资本项目投资,如投资国外的证券市场、买房等。如果投资者并非基于合法渠道,而是通过诸如在我国香港特别行政区开户并换汇绕道投资,就可能违反监管规定。被告可能会提出不构成“合法权益”的抗辩,而司法则需要认定是否属于合法权益,对此争议亦不小。比如,有观点认为,外汇规定仅为管理性规定,不影响投资者的民事权益。也有观点认为,这属于强监管规定,应认定此类绕道投资行为非法。又如,中国人民银行明令禁止比特币交易,故司法实务中经常认定相关交易非法。

如何解决法律适用与平行诉讼难题?开曼瑞幸在美国发行证券,监管机关为美国证监会(United States Securities and Exchange Commission, SEC),司法管辖机关为美国司法部,财务造假行为适用美国法律并无太大争议。如果中国法院审理相关案件,则会引发法律适用问题,即适用美国证券法还是中国证券法?如果适用中国证券法直接认定在美国证券市场上的虚假陈述,是否合适?与此同时,针对瑞幸咖啡造假,美国投资者已经有五六家律所发动了不同的集团诉讼。由于多家律所参与,美国纽约南区法院已经于2020年6月12日作出裁定选定领头原告(lead plaintiff)和代理的律所,将上述多起诉讼合并为一起诉讼。在美国集团诉讼中,被告不仅是开曼瑞幸,还包括10余名高级管理人员,以及多家证券中介机构(如承销商)。这起集团诉讼已经认定了合格索赔投资者的购买证券的时间为2019年5月17日至2020年4月1日①。在美国集团诉讼已经启动且已经确定了实施日、揭露日的情况下,如果中国法院认定不一致,则该如何处理?判决结果要不要考虑跟美国判决结果进行衔接?否则,投资者可能获得的结果有所不同。此外,美国证券集团诉讼为采用“默示加入,明示退出”的方式,即中国投资者有权在其中获得赔偿,在中国提起同样的诉讼需要以明示退出美国集团诉讼为前提。

中美证监会行政执法程序的合作因素。针对瑞幸咖啡造假,美国证监会已经起诉至美国纽约南区法院,要求给予民事制裁(此程序类似中国证监会的行政处罚),2020年12月16日,开曼瑞幸同意支付1.8亿美元,与美国证监会达成和解。对此,美国证监会发出了公告②,专门提及投资者的集体诉讼的赔偿额优先于美国证监会的和解款,即民事赔偿优先于行政处罚,而且和解款的支付要由中国有关监管部门批准(因涉及使用中国境内的资金支付和解款,故产生了监管批准问题)。此外,美国证监会还专门在公告中感谢中国证监会的配合、支持,由此可见,两国在开曼瑞幸造假一事上已存在较为密切的合作。在这种情况下,如果中国法院的民事司法程序启动,会不会产生冲突而在一定程度上抵消两国证券监管机构的合作努力?

我国《证券法》域外适用与域外破产程序的协调衔接。在证券虚假陈述案件发生后,上市公司管理层会受到质疑,股票、债券价格会下跌,很容易引发其他司法程序,如破产程序。在瑞幸咖啡的案件中,开曼瑞幸随后就进入开曼群岛的临时清盘程序(provisional liquidation),并指定

---

① 参见相关集团诉讼网站的资料,https://www.ktmc.com/new-cases/luckin-coffee-inc-securities-litigation?utm_source=PR&utm_medium=link&utm_campaign=luckin_coffee#overview,最后访问日期:2021年10月21日。

② See *Luckin Coffee Agrees to Pay $180 Million Penalty to Settle Accounting Fraud Charges*, SEC Press Release, https://www.sec.gov/news/press-release/2020-319.

破产管理人①。破产管理人又同时启动了美国破产法第十五章的程序，寻求美国法院对于开曼破产程序的认可。通过司法合作，美国法院给予了开曼破产程序协助，承认了开曼法院指定的破产管理人，并且暂停了美国的其他所有诉讼包括证券虚假陈述案件。在这种情况下，如果中国法院不承认其他国家的破产程序，继续适用中国证券法并判决瑞幸咖啡承担责任，是否会引起冲突而影响相关后续的破产重整程序？

由此可见，证券法的域外管辖与适用并非简单的问题，其适用会引发不同国家的司法、执法等不同法律程序的冲突，并需要协调这些法律程序。如果仅仅凭借“损害境内投资者合法权益”这一点为连结点，则显得域外适用的范围无边无界，相当于中国法院可以管辖中国投资者购买的全世界任何国家上市公司的证券。比如，美国微软或者谷歌公司构成证券欺诈，而中国境内投资者持有相关证券，则中国法院亦可行使管辖权。但这些公司与瑞幸咖啡有所不同，其主要经营实体并非位于中国，与中国各方面的联结关系非常弱。如果强行行使管辖权，则不仅浪费司法资源，还会引发国际冲突。因此，本书认为，出于司法、执法经济以及遵守国际礼让原则的考量，在具体实施证券法域外管辖和适用过程中应当设置相应的限制条件。对此，可以针对境外证券发行和交易行为，设定中国自己的“行为标准”和“影响标准”，符合这些标准的，才可行使司法管辖权。至于证券监管部门行政执法的管辖权，因为程序性要求没有司法那么严格，也不要求符合特定的连结点，则可以相对宽泛。

(2)美国证券法域外适用的立法与实务

美国证券法域外适用具有代表性的是莫里森诉澳大利亚国民银行

---

① See *Luckin Coffee Announces the Appointment of "Light-Touch" Joint Provisional Liquidators in the Cayman Islands*, Nasdaq News (Jul. 15, 2020), https://www.nasdaq.com/press-release/luckin-coffee-announces-the-appointment-of-light-touch-joint-provisional-liquidators.

有限公司案(Morrison v. National Australia Bank Ltd.)与《多德—弗兰克法案》。

参考案例

莫里森诉澳大利亚国民银行有限公司案(Morrison v. National Australia Bank Ltd.,以下简称莫里森案)

案例概要

莫里森案是美国最高法院首次对证券欺诈案件中美国法的域外适用问题作出判决。莫里森案系由澳大利亚投资者向美国法院起诉澳大利亚国民银行有限公司(以下简称国澳银行)从事证券虚假陈述、要求损害赔偿的案件。案涉证券系国澳银行在澳大利亚证券交易所有限公司和美国以外其他的证券交易所上市交易的普通股,该股票并未在美国任何一家交易所进行交易。但国澳银行以该股票为基础在纽约证券交易所发行了美国存托凭证,后者代表了获得特定数量国澳银行普通股的权利。

基本案情

国澳银行在1998年2月收购了美国佛罗里达州一家名为家畔公司的抵押贷款管理公司。其后,国澳银行从1998~2001年在年报和其他公开文件上都在宣传该管理公司业务的成功,国澳银行和家畔公司的高级管理人员亦在公开文件上作出了相同陈述。但在 2001 年 7 月 5 日和 9 月 3 日,国澳银行两度减记家畔公司的资产价值,引发国澳银行的普通股和美国存托凭证价格暴跌。起诉的澳大利亚私人投资者系在资产减记发生前,于 2000 年和 2001 年购买了国澳银行的普通股,称家畔公司及其高级管理人员虚构公司估值,且国澳银行及其高级管理人员对此欺诈行为知情,违反了美国《证券交易法》的反欺诈条款及 SEC 据该条款制定的规则。

裁判结果

一审法院纽约南区法院认为,本案为典型的"三重涉外案件",原告、被告和证券交易行为都发生在美国境外,并且"发生在美国境内的行为最多只算得上是欺诈中的一个环节,欺诈行为在国外达到巅峰"。因此,在美国境内的行为并没有直接导致原告的损失,对于该案,美国法院并不享有事务管辖权,进而驳回了原告的起诉。原告随即提起上诉,但美国第二巡回上诉法院维持了一审的裁决。原告继续上诉至美国联邦最高法院。2010 年美国联邦最高法院维持了判决结果,但判决理由与下级法院有较大差别。

法院观点

第一,美国联邦最高法院在判决书中直言要纠正之前各巡回法院在案件审理中的起点错误,即对法律的域外适用和法院的事务管辖权之间的差别作出了区分。1934 年美国《证券交易法》第 10 条(b)款规定的域外适用系关于原告的诉请能否根据该条款获得救济的实体问题,不同于法院有无司法管辖权的程序问题。

第二,美国国会立法适用的地理范围,依据反域外适用推定,应当解释为仅适用于美国管辖领土范围内,除非国会在立法中体现出相反意图推翻该推定。美国联邦最高法院强调,1934 年美国《证券交易法》是否具有域外效力本质上是一个事实问题(a merits question),并非法院能否庭审某一案件的事务管辖权的问题。根据 1934 年美国《证券交易法》第 27 条的规定,美国联邦最高法院当然享有审理证券违法行为的事务管辖权。对于证券法域外效力这一问题,美国联邦最高法院重申了"反域外管辖推定"原则,即国会通常只会针对国内事件立法,而非国外事件。除非国会有明显的意图赋予某一规则域外效力,否则只能推定该规则仅与国内事项有关,并不具有域外适用的效力。1934 年美国《证券交易法》第 10 条(b)款并未推翻反域外适用推定,行为标准和效果标准缺乏依据。

第三,仅当案件与美国领土的关联符合国会立法的规制焦点时,该立法可域内适用于该案。根据 1934 年美国《证券交易法》的规定,美国法院行使域外管辖权的证券交易标准包含两项条件:(1)"就美国国内交易所上市的证券进行的交易";(2)"就其他证券在美国境内进行交易"。该法第 10 条(b)款仅适用于与上述两种证券交易有关的证券欺诈。因此,在美国联邦最高法院提起诉讼的案件只要满足其一,就符合交易标准的要求,属于境内适用美国证券法的反欺诈条款,而不受反域外适用推定限制。但这种"境内适用"仅仅是司法拟制的结果,在客观上仍然属于法律的域外适用。①

① See Zachary D. Clopton, *Bowman Lives: The Extraterritorial Application of U. S. Criminal Law after Morrison v. National Australia Bank*, 67 N. Y. U. ANN. SURV. AM. L. 137, 176 – 178 (2011).

评 析

莫里森案判决否定了此前美国法院经常适用的行为标准和影响标准。否定理由之一在于,上述两项标准非常含混,在判例中产生大量变动,具体适用上缺乏共识,只能进行个案判断。① 在莫里森案之前,行为标准要求发生在美国境内的实质性行为推动了欺诈的发展,法院在适用该标准时应当区分欺诈行为本身与单纯的准备活动;发行人的国籍会影响法院的认定,同等的行为由外国发行人从事只算准备活动,由美国发行人从事则可能被认为是更加严重的行为;投资者国籍身份的不同也有影响,当遭受损害的投资者为美国公民时,只要在美国实施的“实质上重要的”行为“作用重大地促成”这一结果就足够了;而当涉及外国人的海外投资损失时,这些行为必须是“直接导致”这一结果。② 但是,如果没有一些额外的因素支持美国法的适用,仅仅满足行为测试标准有时是不够的。③ 至于影响标准,则要求欺诈行为对于美国投资者或者市场的影响必须是实质性的、直接的、可预见的,如果欺诈行为只产生了一般性的影响,如影响了市场信心,就不符合影响标准。④ 如果境外行为影响到了在美国上市的股票,且损害了美国投资者的利益,欺诈行为则被认定为产生了实质性影响。实质性影响的认定包含两层分析:一是要满足境

---

① See Morrison v. National Australia Bank Ltd., 561 U.S., at 259.

② See Donna M. Nagy, Margaret V. Sachs & Gerald J. Russello, *Securities Litigation and Enforcement in a Nutshell*, West Academic Publishing, 2016, p. 466.

③ See Morrison v. National Australia Bank Ltd., 561 U.S., at 258.

④ See Raphael G. Toman, *The Extraterritorial Reach of the U.S. Securities Laws and Non-Conventional Securities: Recent Developments after Morrison and Dodd-Frank*, 14 N.Y.U.J.L. & BUS. 657, 664 (2018).

内利益受损的要求,在通常情况下原告需为美国居民;二是原告必须证明证券欺诈是针对美国居民进行的,且美国居民受有实际损失,如若美国投资者仅占全体受损投资者中的较小比例,则不被认为满足实质性要求。[①] 至于直接的、可预见的要求,则没有非常明确的界定。

紧随着莫里森案判决的作出,美国国会也通过了《多德—弗兰克法案》,表达了其对于维持美国证券法先前域外适用范围的明确意图。该法案第929P(b)条正式将行为标准和影响标准规定在美国《证券法》和《证券交易法》中,授权SEC和司法部等政府机构对违反美国证券法律的域外证券欺诈行为提起诉讼,但对于莫里森案这类由私人提起的诉讼是否也同样适用,《多德—弗兰克法案》并未明确规定。[②]

《多德—弗兰克法案》第929P(b)条仅仅是规定了诸多行为标准和影响标准变动中的一个版本,根据其表述,行为标准是指"发生在美国境内的行为作用重大地促成违反反欺诈条款行为的发展(constitutes significant steps in furtherance of the violation),即使证券交易发生在美国境外且只涉及外国投资者";效果标准是指"发生在美国境外的行为对于美国境内产生可预见的实质性影响(foreseeable substantial effect)"。基于该条款的域外适用实践今后是否会或在多大程度上会区别于莫里森案之前的判例,还并不清楚。

在用语上,《多德—弗兰克法案》第929P(b)条的表述是"美国联邦地区法院对证券交易委员会或联邦政府对涉嫌违反反欺诈条款行为提起的诉讼具有管辖权"。这在字面上只是赋予美国法院就此类诉

① 参见张迈:《中国〈证券法〉的域外管辖标准及其适用条件》,载《金融法苑》2020年第4期。

② 参见季铩人:《〈多德—弗兰克法案〉实施10周年:美国证券法域外适用的新发展》,载《中国证券期货》2020年第2期。

讼的标的管辖权，却没有涉及域外适用的实体问题。由于莫里森案判决与《多德—弗兰克法案》存在的矛盾以及法案用语上的问题，第929P(b)条直到2019年的证监会诉斯科维尔案(Securities and Exchange Commission v. Scoville)①才得以首次适用。该案被广泛理解为行为标准和效果标准在SEC和司法部等提起的执法程序中的“复活”。② 犹他州地区法院在该案一审中指出，《多德—弗兰克法案》虽仅修改了法院的管辖条款，并未涉及证券法域外适用的实体问题，但通过解释立法文件，国会的立法目的就是通过将行为标准和影响标准成文化，让美国证券法适用于境外交易；美国第十巡回法院在二审中支持了这一观点，同时明确第929P(b)条仅适用于SEC等政府部门提起的执法程序；其后，美国联邦最高法院拒绝被告的复审请求，该二审判决成为终审判决。③

由此，美国证券法的域外适用出现了一分为二的局面：在SEC等行政监管部门提起的公共执法诉讼中采用《多德—弗兰克法案》规定的行为标准和影响标准，故而具有广泛的域外适用效力；在投资者提起的私人诉讼中采用莫里森案中确立的交易标准，故而域外适用的范围较为有限。

2. 期货法的域外适用

(1)中国期货法律的域外适用问题

在中国《期货和衍生品法》颁布之前，期货法的域外适用成为实践中的难题，因为期货方面的管理规定并非直接明确其域外适用效力，而

---

① See Securities and Exch. Commn. v. Scoville, 913 F. 3d 1204 (10th Cir. 2019), cert. denied, 140 S. Ct. 483 (2019).

② See Donna M. Nagy, Margaret V. Sachs & Gerald J. Russello, *Securities Litigation and Enforcement in a Nutshell*, West Academic Publishing, 2016, p. 465.

③ 参见季铄人：《〈多德—弗兰克法案〉实施10周年：美国证券法域外适用的新发展》，载《中国证券期货》2020年第2期。

且效力层级较低，给司法实务造成了困难。比如，笔者处理过的以下案例。

艾福瑞有限公司(英国公司)是一家在英国注册成立的公司，根据英国金融服务局许可，可开展期货、期权、即期外汇交易等经营活动。该公司在上海设有代表处，其登记的业务范围为“从事本公司有关投资咨询的业务联络”。艾福瑞有限公司在中国通过介绍经纪人模式(与艾福瑞有限公司签订介绍经纪人合同)发展客户，客户在网络上直接向艾福瑞有限公司递交开户申请，通过该公司在境外交易平台开展外汇保证金交易。

原告王某某起诉称，其于2009年在被告驻中国代表处开设外汇交易账号，投入1.3万美元，最终全部亏损。原告诉称根据我国现行法律法规，被告在我国的上海代表处纯属一家普通投资咨询机构，无炒汇经营资格，且在操作过程中有虚假操作行为，属于非法经营行为，严重侵犯了原告的合法权益。原告王某某诉称，其曾于2009年7月向长宁区公安分局经侦支队报案，该分局以无犯罪事实为由未予立案。现原告诉请被告返还投资本金及同期银行利息，并承担诉讼费用。被告辩称，王某某的合同系直接与英国艾福瑞有限公司签订的，所有资料均直接通过网络传到英国总公司，合同签订地以及合同履行地均在英国。同时，网站上当时挂的《客户协议书》第30条也明确规定，应当由英国法院管辖，适用英国法律。

经查，王某某于2008年12月5日签署了一份《申请开立外汇保证金交易账户表》，《客户协议书》第7条通知与声明的第1款规定，“我已经阅读并理解客户协议书、商业条款和风险警告通知，并且同意受它们约束”。《客户协议书》第30条规定，纠纷由英国法院管辖，适用英国法律。英国艾福瑞公司称，当时版本的《客户协议书》已经从网站上撤下，是从系统后台的数据库找出的，由公司法务主管证明这一来源，并经公证认证。艾福瑞有限公司声称其所有版本的《客户协议书》均含有该条款。在缔约当时,给客户看的是客户申请表,《客户协议书》是通过申请表的第7条通知与声明的第1款提示阅读。王某某称,其当时根本未看到《客户协议书》,也根本看不懂。客户申请表的签名是介绍经纪人代签的,其只在汇款的银行单上签过字(注:其在境外汇款的凭证上填写的事由为“旅游”)。即使该协议书存在管辖约定,也因从未交付过投资者而不应当适用。

从上述案件可以看出域外适用与管辖的困惑。比如,该案的约定管辖是否有效?若约定管辖无效,中国法院能否行使管辖权?该案合同在网络上签订,履行地在境外,是否适用“不方便法院原则”?还是从保护本国投资者和金融主权角度出发,行使管辖权?

而《期货和衍生品法》的出台,将期货法律的域外适用大幅推进。该法第2条直接规定,在中华人民共和国境内,期货交易和衍生品交易及相关活动,适用本法。在中华人民共和国境外的期货交易和衍生品交易及相关活动,扰乱中华人民共和国境内市场秩序,损害境内交易者合法权益的,依照本法有关规定处理并追究法律责任。该法用较为直白的语言直接表明了立法者关于域外适用的意图。

与此同时,对于境外期货推广的行为,立法也进行了规制,《期货和衍生品法》第121条规定,境外期货交易场所在境内设立代表机构的,应当向国务院期货监督管理机构备案。境外期货交易场所代表机构及其工作人员,不得从事或者变相从事任何经营活动。该法第122条规定,境外机构在境内从事期货市场营销、推介及招揽活动,应当经国务院期货监督管理机构批准,适用该法的相关规定。境内机构为境外机构在境内从事期货市场营销、推介及招揽活动,应当经国务院期货监督管理机构批准。任何单位或者个人不得从事违反前两款规定的期货市场营销、推介及招揽活动。

这些条文,从行政执法入手明确了域外管辖权。境外机构的推介、招揽活动,主要是指期货中介机构发现期货交易潜在客户,把潜在客户变为现实客户,为其提供与期货交易相关的服务,满足客户的风险管理和投资需求。这些条文,一方面,强调金融开放,明确了经境内监管机构许可,境外机构可以在境内从事期货市场营销、推介及招揽活动;另一方面,强调国家金融主权,强调持牌经营的重要性。《期货和衍生品法》第122条不仅规定境外机构在境内直接从事期货市场营销、推介及招揽活动须经行政许可,还在第2款明确间接从事营销、推介及招揽活动仍须经行政许可,并且在第3款将规范主体进一步落实到单位和个人。为期货市场跨境营销、推介及招揽活动设置了十分严密的行政许可制度安排。

此外,《期货和衍生品法》第119条规定,境外期货交易场所上市的期货合约、期权合约和衍生品合约,以境内期货交易场所上市的合约价格进行挂钩结算的,应当符合国务院期货监督管理机构的规定。这一条宣示了我国的结算价"走出去"须符合国务院期货监督管理机构的规定,一方面为国务院期货监督管理机构将来加强此类监管提供了法律依据,另一方面为市场发展预留了充分的灵活性。在2020年9月18日召开的第十七届上海衍生品市场论坛纸浆分论坛上,上海期货交易所与挪威浆纸交易所(NOREXECO ASA—the Pulp and Paper Exchange)签署了纸浆期货品种交割结算价,这是第一次向境外交易所输出中国期货合约标准。挪威浆纸交易所已于当地时间2020年9月21日挂牌上市上海纸浆期货合约,在挪威浆纸交易所推出的上海纸浆期货合约中,标的物为上海期货交易所纸浆期货合约,采用美元计价,以上海期货交易所纸浆期货交割结算价为基准,扣除适用增值税后转换为美元价格,并进行当月合约现金交割。①

① 参见《上海期货交易所与挪威浆纸交易所举办纸浆期货交割结算价授权协议签约发布仪式》,载期货日报网2020年9月18日,http://www.qhrb.com.cn/articles/279669。

在立法明确域外管辖权的同时,《期货和衍生品法》也明确了中国证监会与境外的执法合作。比如该法第 123 条第 1 款规定,国务院期货监督管理机构可以和境外期货监督管理机构建立监督管理合作机制,或者加入国际组织,实施跨境监督管理。

从《期货和衍生品法》的条文可以看出,法律的域外适用是一项系统性工程,一方面,需要本国市场高度国际化,为其适用提供空间和条件;另一方面,需要立法、行政和司法多方协同,共同完成法律执行。

(2) 期货法律域外适用范围与限度

如前文所述,《期货和衍生品法》第 2 条第 1 款规定了在中华人民共和国境外的期货交易和衍生品交易及相关活动,扰乱中华人民共和国境内市场秩序,损害境内交易者合法权益的,可以域外适用。但法律刚刚出台,相关的实务尚不丰富,因此如何认定境外交易扰乱境内市场秩序,是值得研究思考的问题。这方面,笔者认为,可以对比研究美国期货法域外适用的相关规则。

美国 2010 年通过的《多德—弗兰克法案》为加强对期货衍生品监管力度,在美国《商品交易法》(CEA)的修订中增加了规制境外主体的条款,赋予商品期货交易委员会在掉期领域的域外执法权。其中第 722 条明确赋予了美国商品期货交易委员会(Commodity Futures Trading Commission, CFTC)对掉期交易的管辖权,并且以行为标准和效果标准赋予美国 CFTC 根据美国《商品交易法》行使域外管辖权。美国《商品交易法》以与美国具有"直接和重大关联或影响"作为该法域外适用的连结点,使互联网上无国界的、无形的金融交易行为变成了物理上的有形行为。需要注意的是,《多德—弗兰克法案》对"掉期"(SWAP)界定宽泛,涵盖了绝大多数场外衍生品合约。

美国的司法实务对域外适用进行了一定的限缩,因为国际交易具有复杂性,各国法律亦有所不同。美国认为,即使被告及其涉嫌欺诈行为是在美国境内,但根据《商品交易法》(CEA)提出的私人商品欺诈索赔也只有在原告指控在美国境内进行了商品交易的情况下才能进行。这样划定了一个界限,即根据美国《商品交易法》提起欺诈诉讼的原告必须确保他们有一个可以作为诉讼基础的国内商品交易。这一观点在2013 年的巴特拉琴科诉洛吉诺夫斯卡娅案①中显现出来,具体如下。

参考案例

巴特拉琴科诉洛吉诺夫斯卡娅案(以下简称巴特拉琴科案)(Loginovskaya v. Batratchenko)

基本案情

该案中,托尔集团(Thor)是设在纽约的国际金融服务机构,管理商品期货和房地产投资项目。几个托尔公司实体作为商品池运营商或商品交易投资者在商品市场注册参与。被告奥列格·洛吉诺夫斯卡娅(Oleg Batratchenko)是一名居住在莫斯科的美国公民,他是托尔集团的首席执行官。原告柳德米拉·巴特拉琴科(Ludmila Loginovskaya)是居住在俄罗斯的俄罗斯公民,2006 年受洛吉诺夫斯卡娅的游说投资了托尔集团的项目。巴特拉琴科分别在 2006 年和 2007 年与托尔集团签订了两份投资合同,并将这些合同项下资金共计 720,000 美元转入托尔集团在纽约的银行账户。2010 年,洛吉诺夫斯卡娅致函巴特拉琴科,谎称

① See Loginovskaya v. Batratchenko (Loginovskaya I), 936 F. Supp. 2d 357, 363 (S. D. N. Y. 2013).

由于美国的新规定,投资者不能在不提供烦琐文件的情况下从投资账户中提取资金。巴特拉琴科后来了解到,托尔集团利用投资的客户资金向亚特兰特公司提供了4000万美元的不安全贷款,而亚特兰特公司是一家资本不足的房地产投资公司。因贷款违约,洛吉诺夫斯卡娅无法收回巴特拉琴科所投的资金,故巴特拉琴科在美国法院起诉了洛吉诺夫斯卡娅。巴特拉琴科根据美国《商品交易法》第25条和第40条提起诉讼。美国《商品交易法》第25条规定原告有根据该法提起诉讼的私人诉因,而第40条是该法中的几个反欺诈条款之一。

裁判结果

纽约南区地区法院将莫里森案的结论扩展到美国《商品交易法》下的诉讼要求,驳回了巴特拉琴科的诉请,认为美国《商品交易法》的反欺诈条款不能适用于美国境外。上诉审理中,美国第二巡回上诉法院以2∶1的比例同意纽约南区地区法院的裁决。上诉法院指出,"整个美国《商品交易法》,特别是第40条和第22条,没有规定域外效力",因此应适用莫里森案无域外效力的推定。

法院观点

美国第二巡回法院认为,私人原告只有在能够证明美国《商品交易法》第22条列出的4种交易类型之一在美国境内发生时,才能就违反美国《商品交易法》第40条提出索赔。法院裁定,莫里森案中关于反对域外适用的推定同样适用于美国《商品交易法》第40条禁止商品欺诈的规定和第22条私人诉讼权的规定。法院驳回了原告的论点,即莫里森案推定应仅限于“实体(行为规范)条款而非程序条款(如第22条)”,指出莫里森案并未作出这种区分,并且“不鼓励法院在决定是否适用该推定时做出过于细致的区分”。

法院未发现美国国会有意将美国《商品交易法》第22条适用于域外的明确迹象,因此,分析了该条款的“国会关注焦点”,以确定私人索赔何时可能属于国会的国内关切范围。与证券欺诈情况类似,法院认为《商品交易法》私人诉讼权的国会关注焦点“显然是交易性的”。因此,法院裁定,判断证券欺诈索赔是否足够具有国内性的“国内交易”标准同样适用于美国《商品交易法》第40条和第22条下的私人商品欺诈索赔。因此,提出美国《商品交易法》索赔的原告必须陈述事实,证明“(适用的商品权益的)所有权转让或不可撤销责任点发生在美国”。

在该案中,法院维持了驳回巴特拉琴科索赔的判决,因为她没有主张存在国内商品交易。具体而言,巴特拉琴科未能证明:①在美国转让所有权,是因为她在俄罗斯购买了托尔集团权益;②她在美国承担了不可撤销的责任,是因为与托尔集团的交易谈判、“意思表示一致”和执行都发生在俄罗斯。

笔者认为,巴特拉琴科案是莫里森案之后又一个由美国第二巡回法院强化美国法律地域限制的判决。巴特拉琴科案中的法院将证券法案件莫里森案中反域外适用的推定应用于根据美国《商品交易法》提起的期货纠纷。巴特拉琴科案确定规则之后,类似的案例重复适用这一规则。比如,在2019年盛世国际贸易有限公司诉BP公司案①中,美国第二巡回上诉法院明确表示,除非一部法律中有明确的域外适用条款,否则必须以反域外适用进行推定,这是美国法律体系的根基。根据对美国《商品交易法》的文义解释,只有第2(i)条在互换市场获得域外适用的

① See Prime International Trading Ltd. v. BP PLC, No. 17 – 2233(2d Cir. 2019).

效力,而且域外适用的效力也应仅限于此。就该案而言,案情涉及的场内期货交易并不是互换交易,因此适用的条款也不具有域外适用效力。该案在具体的品种上限制了域外适用,即限定在互换这一类交易中。换言之,不能无前提、无边界地跨界适用,否则一国的国内法院可能要处理各种各样的国际争端。

在另一起涉及其他国家交易所的案例中,美国法院则考虑到交易所是否存在注册实体这一因素。在2021年周诉塔楼研究资本有限责任公司案①中,美国第二巡回上诉法院认为美国《商品交易法》仅适用于有关"在注册实体或根据注册实体的规则"交易的期货合约的市场操纵诉请。该案中,原告(均为韩国公民)交易了KOSPI 200期货合约,该合约在韩国交易所(Korea Exchange,KRX)隔夜市场进行交易。原告通过Globex电子交易平台下单,该电子交易平台由位于美国的芝加哥商业交易所(CME)集团创建并运营。KOSPI 200期货合约的日间订单在韩国由KRX向交易对手匹配,隔夜订单则在伊利诺伊州的奥罗拉由Globex的交易匹配器进行匹配。匹配后,无论交易是在白天还是隔夜进行,都会在KRX进行结算。2012年,纽约的一家高频交易公司塔楼公司在隔夜就KOSPI 200期货合约执行了近4,000,000笔交易。同样交易KOSPI 200期货合约的原告声称,这些交易是操纵性的"幌骗"交易,因为塔楼公司下了大量的买入或卖出订单,然后利用其算法和高速交易技术在其他交易者匹配订单之前取消了订单或下了相反订单。原告认为,塔楼公司下单是为了人为地提高或降低价格,赚取了超过14,000,000美元的非法利润。在韩国监管机构将塔楼公司的行为移交检察机关调查后,原告便在美国提起了集体诉讼。而法院最终认为,作为一家非美国期货交易所,KRX并不是一个注册实体,KOSPI 200期货合约并非由

① See Choi v. Tower Research Capital LLC, No. 20 – 1648 (2d Cir. 2021).

CME创设或在CME交易,即使交易由CME Globex电子交易平台匹配,CME也不监管KOSPI 200期货合约的交易,故法院最终驳回原告诉请。

当然,如何界定域外适用范围,其实是一个仁者见仁、智者见智的问题。比如,美国司法界也有观点主张积极扩大域外适用。比如,在巴特拉琴科案中,审理法官之一洛希尔发布了少数意见书①并提出原告的诉讼请求充分满足了美国《商品交易法》第40条的属地要求,因为其在投资时居住在美国纽约的主街道,而不是在俄罗斯;被告的计划项目很大一部分发生在美国,牵涉美国《商品交易法》所规制的行为人,并且其所作许诺是将原告的钱投资于美国的商品市场,该行为违反了美国《商品交易法》第40条。将莫里森案结论适用于该案也违反了美国《商品交易法》的立法意图,即保护所有市场参与者免受欺诈或其他误导性销售行为的损害以及避免对消费者财产的滥用,并维护美国商品市场的诚信运作。CFTC也致函美国第二巡回法院,认为法院意见不妥。CFTC认为,法院似乎是按照2010年7月之前的情形来解释美国《商品交易法》。然而,美国国会已经于2010年7月颁布了《多德—弗兰克法》并对美国《商品交易法》进行了修改,其中规定美国《商品交易法》适用于与美国商业有充分联系的掉期交易活动。美国《商品交易法》第22条所规定的私人诉权条款经《多德—弗兰克法》修订后也适用于掉期交易,有域外适用效力②。

从美国的司法实务来看,笔者认为,中国期货法的域外适用也需要思考其范围问题,因为立法中提到的扰乱境内市场秩序与损害境内交易者合法权益是一个较模糊与宽泛的概念,在相互联结的国际金融市场中,一个交易活动或者其他行为造成其他市场某个产品的价格波动属于常见现象。中国的立法并没有针对交易品种进行限制,这给司法留下了

---

① See Loginovskaya II, 764 F. 3d at 276 (Lohier, J. dissenting).

② 参见杜涛:《期货法的域外适用:中美最新案例比较与启示》,载《中国应用法学》2020年第5期。

广泛的空间,更加合理。但这不等于中国法院可以随意行使管辖权并进行中国法的域外适用。司法实务中合理界定适用范围,可以避免引起不必要的国际争端,同时避免司法资源的浪费。比如,某些交易行为引发市场波动带来的投资者损失,并不直接等同于扰乱市场秩序而被认定为侵权行为。又如,如果某些交易行为发生在其他国家未被当地法律给予否定性评价,则中国法在域外适用时应适度考虑不同国家法律的异同以及与国际通行规则的差异,而不能绝对化地扩大本国法的适用。

3. 从侵权法角度扩大域外适用的思考——以独立保函欺诈为例

相对合同法尊重各方契约自治,侵权法往往在一定程度上体现着国家的意志,强行适用以保障本国受侵害人的权利。在这种情况下,侵权法律的域外适用或者说产生域外的影响较为明显,成为扩大法律直接域外适用的一个突破口。在这方面,独立保函欺诈侵权纠纷中的法律适用就是一个明显的例子。

独立保函是集信用担保、支付及相关服务于一体的金融产品,其灵活性、便利性、“先赔付,后争议”的交易模式使它们在国内外的经济活动中得到了广泛的应用。独立保函有诸多名称,实践中的独立担保(independent guarantee)、见索即付的保函、履约保函(performance guarantee)、预付款保函等均属于独立保函,它们本质上均无大区别。随着中国经济和世界经济的融合,尤其是在“一带一路”倡议提出的背景下,中国企业在国际商务活动中“走出去”,参与到“一带一路”共建国家和地区的开发和建设中。为维护交易安全、降低交易风险等目的,独立保函作为一种新型的金融方式在国内、国际经济交往过程中不可或缺。独立保函中一般涉及三重法律关系:申请人与受益人之间的基础交易关系;申请人与开立人之间的申请开立关系;开立人与受益人之间的独立保函关系。保函的独立性,体现在独立保函构成开立人对受益人的直接债务，独立保函在效力和履行上与基础交易脱钩，开立人承担付款责任的金额与受益人在基础交易项下的损失相分离三方面。传统的保证合同则是从属性、非独立的合同，它依赖主合同的存在而存在，不具有抽象独立性。

独立保函欺诈纠纷是人民法院最常见的独立保函纠纷之一。独立保函的独立性要求其不受基础交易履行情况的影响，因此其开立人仅负责审核单据是否与付款条件相符，而不涉足基础交易。与此同时，独立保函项下的大多数单据比较简单，由此带来了独立保函不得不面对的各种欺诈风险，并发展出欺诈例外规则，即在某些特殊情况下，如果有充足证据怀疑受益人可能存在欺诈行为，可以由法院通过裁判的方式禁止独立保函开立人向受益人支付保函项下款项。但是，由于各国侵权法不同，对欺诈的定义与认识有所不同，2010 年出版的《国际商会见索即付保函统一规则》758 版本(以下简称 URDG758)中，对欺诈例外规则予以了回避，因此这个领域主要是各国国内法予以规制。各国也基于不同的法理基础形成了宽严不一的欺诈例外规则，并不断发展与完善。

我国 2016 年通过的《最高人民法院关于审理独立保函纠纷案件若干问题的规定》(已被修改，以下简称《独立保函司法解释》)，专门明确了独立保函中的法律适用问题。

《独立保函司法解释》第 22 条规定，涉外独立保函未载明适用法律，开立人和受益人在一审法庭辩论终结前亦未就适用法律达成一致的，开立人和受益人之间因涉外独立保函而产生的纠纷适用开立人经常居所地法律；独立保函由金融机构依法登记设立的分支机构开立的，适用分支机构登记地法律。涉外独立保函欺诈纠纷，当事人就适用法律不能达成一致的，适用被请求止付的独立保函的开立人经常居所地法律；独立保函由金融机构依法登记设立的分支机构开立的，适用分支机构登记地法律；当事人有共同经常居所地的，适用共同经常居所地法律。涉外独立保函止付保全程序，适用中华人民共和国法律。

在实务中，由于独立保函的当事人在开立保函或者在发生纠纷的时候就适用法律达成一致意见，因此基本上是适用中华人民共和国的法律去认定欺诈并作出是否止付独立保函的决定。以下案例可以说明这一法律域外适用的过程。

参考案例1

格里布瓦尔水泥有限公司与中材装备集团有限公司、中国工商银行股份有限公司天津分行保函欺诈纠纷案①

案例概要

保函开立人和受益人虽然约定了保函争议适用的法律，但上述约定无法约束非保函主体的第三方。故保函欺诈止付诉讼应属于侵权之诉，可以适用侵权行为地法律。

基本案情

2004年12月30日，中材装备集团有限公司（曾用名：天津水泥工业设计研究院有限公司，以下简称中材装备公司）与格里布瓦尔水泥有限公司（以下简称格里布瓦尔公司）在巴基斯坦签订《巴基斯坦境内水泥生产线（日产6700吨）合同》（以下简称基础合同）。双方同时约定在执

① 参见天津市高级人民法院，（2012）津高民四终字第3号。

行合同中发生纠纷时,应及时协商解决,协商不成将根据 1940 年巴基斯坦《仲裁法》在迪拜进行仲裁。随后双方还签订了一系列的附属合同。

2008 年 2 月 5 日,中材装备公司以中国工商银行股份有限公司天津分行(以下简称工商银行天津分行)为担保行,以格里布瓦尔公司为受益人申请开立两个无条件和不可撤销的银行保函,金额分别为 2,689,741.80 美元和 707,600 欧元,有效期至 2008 年 5 月 30 日。该保函约定,自收到格里布瓦尔公司在保函有效期内根据此保函可能发出任何指明中材装备公司未能履行协议下义务的索赔请求通知后 15 日内,工商银行天津分行向格里布瓦尔公司支付总金额最大值 2,689,741.80 美元和 707,600 欧元,无须向中材装备公司取证,即使中材装备公司与格里布瓦尔公司之间或有争议。此保函所有索赔必须通过巴基斯坦国家银行发送 SWIFT 报文且此保函下的所有索款将支付巴基斯坦国家银行并贷记到格里布瓦尔公司账户。此保函受 URDG458 约束,并适用新加坡法律。

2008 年 5 月 29 日,格里布瓦尔公司的委托行巴基斯坦国家银行向工商银行天津分行发出 SWIFT 报文,提出中材装备公司违反了保函未履行条款的协议,请求支付保函项下的款项 2,689,741.80 美元和 707,600 欧元。2008 年 7 月 2 日,巴基斯坦国家银行向工商银行天津分行发出 SWIFT 报文,称该行参照上述银行保函,已收到格里布瓦尔公司向中材装备公司发送的,关于将索兑此保函日期推延至 2008 年 7 月 20 日的请求。后经多次推延,银行保函的兑现期延至 2009 年 10 月 15 日。2009 年 10 月 14 日,巴基斯坦国家银行向工商银行天津分行发出付款通知,称该行收到格里布瓦尔公司要求对担保总额为 2,689,741.80 美元和 707,600 欧元保函的付款通知,且该公司还依据保函第 2 条(E)条提供了书面证明书。

中材装备公司以格里布瓦尔公司的索款行为构成欺诈为由,向法院提起诉讼。

裁判结果

一审法院与二审法院均认为，侵权行为适用侵权行为地法律，该案应适用中华人民共和国法律，最终支持了原告的诉请。

法院观点

一审法院认为，该案为保函欺诈纠纷，属因侵权行为提起的诉讼。涉案担保银行及保函项下款项支付地为工商银行天津分行住所地，该住所地应认为是侵权结果发生地，故该院依法具有管辖权。格里布瓦尔公司和工商银行天津分行未提出管辖异议并应诉答辩。关于该案准据法的适用，中材装备公司主张该案是侵权纠纷，应适用中华人民共和国法律；格里布瓦尔公司则主张按照保函的约定，应适用新加坡法律。根据《涉外民事关系法律适用法》第 44 条的规定，侵权责任应适用侵权行为地法律，且涉案保函中关于法律适用的约定，也仅对担保银行工商银行天津分行和受益人格里布瓦尔公司具有约束力，据此该案应适用中华人民共和国法律。

二审法院认为，涉案保函的主体为保函的担保行工商银行天津分行和受益人格里布瓦尔公司，虽然该保函中约定适用新加坡法律，但上述约定仅系工商银行天津分行与格里布瓦尔公司之间就解决保函争议所适用法律达成的合意，而中材装备公司并非该保函的一方主体，故上述法律适用的约定对中材装备公司不具有约束力。该案中，中材装备公司系以格里布瓦尔公司在索兑保函项下的款项过程中存在欺诈情形为由提起的诉讼，属于侵权之诉，根据《涉外民事关系法律适用法》第 44 条的规定,侵权行为适用侵权行为地法律,该案应适用中华人民共和国法律。

参考案例2

中电电气(南京)光伏有限公司与阿尔法公司、第三人交通银行股份有限公司江苏省分行独立保函欺诈纠纷①

案例概要

双方当事人就保函欺诈未达成选择适用法律的协议,故应适用侵权行为地法律。位于中国的保函开立人被索赔,故中华人民共和国为侵权行为地,因此该案应适用中华人民共和国法律。

基本案情

2012年11月27日,印度阿尔法公司与中电电气(南京)光伏有限公司(以下简称中电电气公司)签订一份关于太阳能组件的采购合同(以下简称案涉合同)。2012年12月13日,中电电气公司向阿尔法公司出具保函,其中载明:中电电气公司承诺并保证,根据案涉合同所列条款,银行保函的担保期限为连续5年(年续)。除第五年外,每年需在期限届满前15日进行保函延期。2013年1月15日,交通银行股份有限公司江苏省分行(以下简称交行江苏分行)通过SWIFT电文将"购买订单

① 参见江苏省高级人民法院民事判决书,(2017)苏民终423号。

项下的质量保证保函”发送至阿尔法公司，其中载明：根据案涉合同条款中的约定，中电电气公司向阿尔法公司提交合同价款的10%，即总额为671,616美元的质保保函，以保证中电电气公司正确和忠实地履行所述的合同条款。交行江苏分行根据中电电气公司的要求，一经收到阿尔法公司书面索赔，并发现以下问题后，无条件地、不可撤销地同意，保证支付阿尔法公司不超过671,616美元的索赔金额：(1)合同项下的已发货太阳能组件未达到合同约定的相应标准或者技术规范，以及有缺陷组件产品的数量和序列号未达标；(2)中电电气公司未履行合同所约定的义务，如其光伏组件的有限保修义务；(3)由双方所认可的第三方测试机构，如TUV莱茵或弗劳恩霍夫太阳能系统研究所或其他任何第三方机构(以下简称测试机构)出具的最终测试报告或者证书表明组件未达到合同约定的技术规范或上述缺陷组件的数量及功率损耗未达标；(4)经中电电气公司确认的组件产品缺陷使阿尔法公司遭受实际和直接损失。交行江苏分行还同意：对阿尔法公司和中电电气公司将要履行的合同条款、其他合同文件更改、增补或修改，均不能免除交行江苏分行在该保函下的任何责任，上述更改、增补或修改也无须通知交行江苏分行。该保函自2013年1月15日至12月31日有效，并在其后2个月的索赔期持续有效。一旦质保失效，该保函将部分失效。除第五年外，如果中电电气公司在该保函每年到期日前15日未提供新的保函，根据中电电气公司的指示，交行江苏分行同意代替中电电气公司向阿尔法公司提供无条件不可撤销的、金额不超过671,616美元的担保，承诺一经收到阿尔法公司的书面索赔，表明满足上述有关规定，将向阿尔法公司支付索赔金额。之后，阿尔法公司应将该保函退还交行江苏分行，该保函适用URDG758。

2013年12月9日，印度YES银行(以下简称YES银行)通知交行江苏分行，案涉保函失效日为2013年12月31日，请求贵行立即根据案涉保函第4条约定进行保函展期，将上述保函延期至2014年12月31日。

2013年12月19日，交行江苏分行回复YES银行：其已通知中电电气公司，且该公司正在与阿尔法公司进行协商。

2013年12月21日，YES银行按照阿尔法公司要求向交行江苏分行提出索赔。2013年12月26日，YES银行按照阿尔法公司要求向交行江苏分行发出第一次索赔提醒电文，要求其将671,616美元的保证金汇入阿尔法公司银行账户。同日，YES银行收到交行江苏分行于2013年12月25日出具的新保函。该保函载明，根据案涉合同的约定，中电电气公司向阿尔法公司提交合同价款的10%，即总额为671,616美元的银行保函，以保证中电电气公司正确和忠实地履行所述的合同条款。除明确该保函自2014年1月1日至2014年12月31日有效，并在两个月的索赔期内继续完全有效外，其他内容同案涉保函。

2013年12月31日，YES银行按照阿尔法公司要求向交行江苏分行发出第二次索赔提醒电文，要求其将671,616美元的保证金汇入阿尔法公司银行账户。同日，交行江苏分行回复YES银行，其中载明，案涉保函的有效期截止日应为2013年12月31日，另有两个月的索赔期。新保函已于2013年12月25日开出。中电电气公司正与阿尔法公司协商，请等待后续的协商结果。当日，YES银行向阿尔法公司转发交行江苏分行的前述SWIFT电文，并请求下一步的工作安排。

2013年12月31日，中电电气公司诉至一审法院，请求判令阿尔法公司停止侵权行为，撤销阿尔法公司向交行江苏分行发出的索赔函，交行江苏分行对案涉银行保函项下的担保金额终止支付等。

裁判结果

一审、二审法院均确定我国法律作为解决该案纠纷的准据法。对于止付申请,法院认为,中电电气公司没有提供证据证明阿尔法公司系明知没有付款请求权仍滥用该权利,依法应承担举证不能的后果。故驳回中电电气公司的诉讼请求。

法院观点

一审法院认为,关于该案的法律适用问题。该案系见索即付保函欺诈纠纷,涉及准据法的适用。首先,案涉保函明确适用URDG758,该规则第34条规定,“除非保函另有约定,保函的适用法律应为担保人开立保函的分支机构或营业场所所在地的法律”,故与案涉保函有关的争议应适用保函开立机构交行江苏分行所在地法律,即中华人民共和国法律。其次,有关见索即付保函欺诈争议的性质,依据我国法律应识别为侵权纠纷,《涉外民事关系法律适用法》第44条规定:“侵权责任,适用侵权行为地法律,但当事人有共同经常居所地的,适用共同经常居所地法律。侵权行为发生后,当事人协议选择适用法律的,按照其协议。”该案审理过程中,各方当事人当庭均明确表示适用URDG758。根据当事人意思自治原则,一审法院确定我国法律作为解决该案纠纷的准据法,并判决驳回中电电气公司的诉讼请求。中电电气公司不服,提起上诉。

二审法院认为,关于法律适用。阿尔法公司为印度公司,中电电气公司主张阿尔法公司的索赔构成保函欺诈,故该案的性质为涉外侵权纠纷。我国《涉外民事关系法律适用法》第44条规定:“侵权责任,适用侵权行为地法律,但当事人有共同经常居所地的,适用共同经常居所地法律。侵权行为发生后,当事人协议选择适用法律的,按照其协议。”该案没有证据证明双方当事人就保函欺诈达成了选择适用法律的协议,故应适用侵权行为地法律。阿尔法公司向交行江苏分行提起索赔,中华人民共和国为侵权行为地,因此该案应适用中华人民共和国法律。

评 析

从上述案例来看,在独立保函欺诈纠纷中,因当事人向法院申请止付,而且欺诈侵权如何认定并非合同事先约定,故无论对方当事人在哪个国家,都不可避免地会适用法院地法,这在我国的相关司法解释与法律实务中都一再得到确认。因此,从侵权法的角度去扩大实体法的域外法律适用,是一个重要路径。

当然,也要注意到侵权法的域外适用应有限度。以独立保函欺诈纠纷为例,尽管会发生适用本国侵权法的结果,但独立性是此独立保函业务的基础。欺诈止付的规定则是针对独立性的例外情形的适用规则,是特殊情况下金融机构付款的阻却事由,只有在相关要件均符合的情况下方可适用。如果忽略法律规则的特殊要件要求,随意裁定要求银行中止付款,表面上看可能损害受益人的索款利益,深层次上则是对银行独立付款义务的否认。因为作为被申请人的银行或者其他金融机构一旦被止付,即有可能损失商业信誉和信用,如果保函是涉外保函,被申请人可能还要承担在海外被诉的风险及巨额的经济损失。银行信用的缺失,将导致整个独立担保制度的失效,独立保函将成为无源之水、无本之木。因此,我国的《独立保函司法解释》列举了欺诈性索赔情形以及例外情形,规范了欺诈止付申请的受理条件以及裁定止付的程序。法官应意识到这些条件是比较严格的。从我国司法实务来看,申请人或开立人能够以独立保函欺诈为由终止支付的概率并不高,这体现了我国充分尊重独立保函"先付款,后争议"的原则和运作机制,这将极大地提高我国银行和非银行金融机构开出的独立保函在国内国际交易中的声誉和广泛认可。

此外,还应注意到侵权法与合同准据法的衔接。在认定独立保函欺诈时,法官必须审查基础合同的履行情况,才能确定受益人的索偿是否存在欺诈。在这个过程中应当实行有限审查原则,即对基础交易中的权利义务关系和案件事实作一个有限审查并依据本国法全面审查基础合同得出结论,不宜过度干预。因为法院此时处理的仍是独立保函法律关系,而非基础交易合同法律关系,后者可能另行约定了准据法和争议解决机构。也就是说,侵权法适用中国法,不代表独立保函合同、基础交易合同均自动适用中国法。本国侵权法域外适用的过程,是一个有限缩性、有界限的域外适用。

(二)金融交易标准文本的法律适用条款分析:从合同角度扩大法律域外适用

金融交易标准文本在金融交易中发挥重要作用。随着历史发展,各国金融市场或者国际金融中心会针对许多金融业务发展出一套标准交易文本,这些文本确定的规则相对清晰,接受度广,金融交易的参与者可以经常重复使用,由此大大降低了成本,受到业界欢迎。但中国金融业务国际化起步较晚,尚未有效形成较强的话语权,在相关国际金融组织、市场协会中影响力还不够大。这样一来,导致中国法律的适用受到相应的阻碍。如果从这方面着手扩大中国法的话语权,在国际金融组织相应的金融交易标准文本中纳入中国法为准据法,或者是以自己形成的文本在本国市场上吸引众多的国外投资者入场交易,这样也是有效地扩大中国法域外适用的重要途径。

国际金融市场中的标准文本并不少,比如,衍生品类的 ISDA(International Swaps and Derivatives Association)协议、NAFMII(National Association of Financial Market Institutional Investors)协议,针对回购类的全球回购协议(Global Master Repurchase Agreement,以下简称 GMRA 协

议),此外,还有一些证券远期交易主协议(Master Securities Forward Transaction Agreement)、证券出借主协议(Master Securities Loan Agreement)。在国际债券市场发行中,也形成了不同准据法的版本。比如较为流行的有英国法、纽约法。鉴于篇幅所限,本书仅分析 ISDA 协议、NAFMII 协议、GMRA 协议。

1. ISDA 协议中的法律适用分析

在国际市场上,ISDA 协议被广泛应用于金融衍生产品交易,是规范交易双方权利义务的基础性法律文件。ISDA 的全称是"国际互换与衍生工具协会",是国际衍生品交易界最具权威性和代表性的全球组织。截至目前,ISDA 组织拥有来自六大洲 68 个国家的 850 多名会员,其囊括了国际市场上几乎所有重要的场外衍生交易的市场参与者,还包括其他商业机构、政府机关、律师事务所及其他最终用户等。该机构总部设在纽约市,在伦敦、新加坡、东京、华盛顿特区及布鲁塞尔设有办事处。

该机构最初是为解决利率互换交易而设立的。20 世纪 80 年代初利率互换交易兴起以后,为解决交易过程中交易各方对互换的定义、条件、内容等的分歧,为交易各方提供统一的交易标准与秩序,1985 年在纽约,互换市场上最具影响力的 10 家衍生交易商一起讨论互换交易的基本内容及交易的标准与秩序问题,并成立了一个互换交易商自己的组织,命名为"国际互换交易商协会"。ISDA 组织成立后,出台了各种各样的文件,为当时国际互换交易市场搭建了一个统一的平台,但随着国际金融市场衍生品交易迅速发展,原有互换交易标准已经不能满足市场发展的需要,业界迫切希望在除互换交易以外的其他衍生品交易领域也有得到国际市场公认的统一标准,在此大背景下,ISDA 于 1992 年推出了 1992 年版的 ISDA 主协议,并于 1993 年将其机构名称改为现在的名称。

1992 年 ISDA 主协议大大扩大了适用范围,从单纯的互换交易扩充到了几乎大部分衍生品交易，包括利率、货币、外汇、商品等的远期、互换及期权交易。1992 年 ISDA 主协议包括两个版本，分别是《ISDA 多货币跨境主协议》和《ISDA 当地货币单一管辖地主协议》。但 20 世纪 90 年代末国际金融市场发生的一系列市场失序事件，包括亚洲金融危机、俄罗斯债务违约及"长期资本管理公司"违约引发的各种问题，市场参与者普遍认为应当对 1992 年 ISDA 主协议的一些关键条款比如"违约事件与终止事件""提前终止"进行调整，以反映市场变化与最新发展。2003 年 1 月，ISDA 组织又发布了 2002 年 ISDA 主协议。该协议在很多方面与 1992 年版不同，但其基本框架、结构、术语等一脉相承。需注意的是，2002 年 ISDA 主协议并未替代 1992 年 ISDA 主协议，二者并存，市场主体可自由选择与交易对手签署任一版本协议。

2002 年 ISDA 主协议第 13 条规定了准据法与司法管辖区：①

13. 准据法和司法管辖区

(a)准据法。本协议应依附约中叙明之法律管辖并按该等法律

① See 13. Governing Law and Jurisdiction (a) Governing Law. This Agreement will be governed by and construed in accordance with the law specified in the Schedule. (b) Jurisdiction. With respect to any suit, action or proceedings relating to any dispute arising out of or in connection with this Agreement ("Proceedings"), each party irrevocably: —(i) submits: —(1) if this Agreement is expressed to be governed by English law, to (A) the non-exclusive jurisdiction of the English courts if the Proceedings do not involve a Convention Court and (B) the exclusive jurisdiction of the English courts if the Proceedings do involve a Convention Court; or(2) if this Agreement is expressed to be governed by the laws of the State of New York, to the non-exclusive jurisdiction of the courts of the State of New York and the United States District Court located in the Borough of Manhattan in New York City; (ii) waives any objection which it may have at any time to the laying of venue of any Proceedings brought in any such court, waives any claim that such Proceedings have been brought in an inconvenient forum and further waives the right to object, with respect to such Proceedings, that such court does not have any jurisdiction over such party; and(iii) agrees, to the extent permitted by applicable law, that the bringing of Proceedings in any one or more jurisdictions will not preclude the bringing of Proceedings in any other jurisdiction.

解释。

(b)司法管辖区。就因本协议所产生之或相关之任何争议有关之任何诉讼、法律行动或程序(以下简称“诉讼”),各方不可撤回地遵守下列规定:

(i)接受管辖:

(1)如本协议明确规定由英国法律管辖,(A)倘该诉讼不涉及公约法院,则接受英国法院之非专属管辖,及(B)倘该诉讼涉及公约法院,则接受英国法院之专属管辖;或

(2)如本协议明确规定由纽约州法律管辖,则接受纽约州法院及位于纽约市曼哈顿区之美国联邦地方法院之非专属管辖;

(ii)放弃任何对该等法院选择诉讼地点提出异议之权利,放弃因该等诉讼于不便利之法院进行而作出请求,并放弃基于该等法院就有关诉讼对该方没有管辖权之异议权;及

(iii)同意在适用法律允许范围内于任何一个或多个司法管辖区提起诉讼不排除在任何其他司法管辖区提起诉讼之权利。

ISDA主协议标准模板提供了英国法与美国纽约州法两个准据法供当事人选择适用。在实际情形中,签署ISDA主协议的当事人也基本上在这两个准据法中进行选择,很少选择这两个准据法以外的其他法律作为准据法。这既因为纽约与伦敦两个国际金融中心相关业务比较发达,也因为当事人对纽约与伦敦两个司法管辖区的信任。除此之外,法律制度的配套性也是重要因素,比如,ISDA主协议的规定及制度安排在这两个准据法下都能得到支持,而选择别的法律,存在主协议内容(如净额计算、信用支持安排)不能够得到法律支持的风险,由此影响交易的稳定性与预期。

此外,还应当注意到的是专属与非专属管辖权的区别。根据上述规定,如果诉讼涉及的法院是公约法院,则英国法院对ISDA主协议项下

的诉讼享有专属管辖权,在其他情况下,英国法院享有非专属管辖权。根据 ISDA 主协议的定义,公约法院是指在诉讼中适用《布鲁塞尔公约》第 17 条和《卢加诺公约》第 17 条的法院。《布鲁塞尔公约》第 17 条和《卢加诺公约》第 17 条均规定,如果当事人一方或双方为缔约方居民,且双方约定双方之间的争议由缔约方的法院管辖,则该缔约方法院对该争议具有专属管辖权。①

与此同时,考虑英国和纽约法院的判决执行可能会在其他国家遇到障碍,国际金融市场对于在 ISDA 主协议项下使用仲裁作为争议解决方式提出关切。为此,ISDA 组织在向会员多次征求意见后,于 2013 年 9 月 9 日发布了正式的《2013 年 ISDA 仲裁指引》②,针对不同的情形,提供了 11 个示范仲裁条款:(1) ISDA 主协议适用法律为英国法,适用国际商会仲裁规则进行仲裁,仲裁地点为伦敦;(2) ISDA 主协议适用法律为纽约州法,适用国际商会仲裁规则进行仲裁,仲裁地点为纽约;(3) ISDA 主协议适用法律为英国法或纽约州法,适用国际商会仲裁规则进行仲裁,仲裁地点为巴黎;(4) ISDA 主协议适用法律为英国法,适用伦敦国际仲裁院仲裁规则进行仲裁,仲裁地点为伦敦;(5) ISDA 主协议适用法律为纽约州法,适用美国仲裁协会国际仲裁规则进行仲裁,仲裁地点为纽约;(6) ISDA 主协议适用法律为英国法或纽约州法,适用中国香港国际仲裁中心机构仲裁规则进行仲裁,仲裁地点为中国香港特别行政区;(7) ISDA 主协议适用法律为英国法或纽约州法,适用新加坡国际仲裁中心仲裁规则进行仲裁,仲裁地点为新加坡;(8) ISDA 主协议适用法律

① 参见《布鲁塞尔公约》,载 http://curia. europa. eu/common/recdoc/convention/en/c-textes/brux-idx. htm,最后访问日期:2022 年 12 月 18 日;《卢加诺公约》,载 http://curia. europa. eu/common/recdoc/convention/en/c-textes/lug-idx. htm,最后访问日期:2022 年 12 月 18 日。

② See 2013 ISDA Arbitration Guide, https://www. isda. org/a/6JDDE/isda-arbitration-guide-final－09－09－13. pdf.

为英国法或纽约州法，适用瑞士国际仲裁规则进行仲裁，仲裁地点为苏黎世或日内瓦；（9）ISDA 主协议适用法律为英国法，适用 P. R. I. M. E. 金融争议仲裁规则进行仲裁，仲裁地点为伦敦；（10）ISDA 主协议适用法律为纽约州法，适用 P. R. I. M. E. 金融争议仲裁规则进行仲裁，仲裁地点为纽约；（11）ISDA 主协议适用法律为英国法或纽约州法，仲裁条款的适用法律为荷兰法，适用 P. R. I. M. E. 金融争议仲裁规则进行仲裁，仲裁地点为海牙。

对此，有学者评价，在 ISDA 主协议实际谈判中，如果交易双方选择仲裁作为 ISDA 主协议的争议解决方式，则可以根据上述不同的情形选择适用 ISDA 组织的示范仲裁条款。对于中国交易对手来说，其也可以考虑选择具有良好国际声誉的国内仲裁机构（如中国国际经济贸易仲裁委员会）在国内的地点仲裁，适用该等仲裁机构的仲裁规则。但境外交易对手是否接受，这要看双方谈判力的强弱。在一般情况下，如果境外交易对手建议使用 ISDA 组织的示范仲裁条款，除成本及费用的考虑外，国内交易对手很难有其他强有力的理由拒绝，而成本及费用本身又不足以作为一个强有力的拒绝理由。①

除关注仲裁这一争议方式外，ISDA 组织于 2018 年 2 月 27 日正式发布《2018 年 ISDA 法院选择和法律适用指引》②。就排他性管辖和非排他性管辖两种情形，该指引提供了英国法院或纽约州法院及位于纽约市曼哈顿区的联邦地区法院排他性管辖以及非排他性管辖的示范条款。

---

① 参见赵英敏：《ISDA 主协议争议解决方式的发展》，载 https://mp. weixin. qq. com/s? src = 11&timestamp = 1670041305&ver = 4203&signature = r6n5rKdPSj6h-HO0Yegsxf - 37euNYmOyZq5lplipag9vVKgN * HzpxNjFxyuF3MY1264qcA0GsPnkIQy5bN84rWZBcqWZ2eHjUYECmIMwuyMDktqWJSeFjstBQ8 * uJXuG&new = 1。

② See 2018 ISDA Choice of Court and Governing Law Guide, https://www. isda. org/a/7YsEE/180130_ISDA-Choice-of-court-and-governing-law-guide-prepublication-fina. . _02262018. pdf.

对于非排他性管辖,该指引提出,非排他性管辖给一方当事人根据需要在不同司法管辖区的法院提起诉讼提供了灵活性。比如,如果另一方当事人的主要财产在另一个国家,且在该国家执行英国法院的判决有难度,则在该国直接提起诉讼对于将来的执行程序是非常有利的。当然,有利有弊,非排他性管辖可能导致在一个或多个司法管辖区就同一案件同时存在几个诉讼程序。

值得注意的是,针对非合同义务的适用法律,《2018 年 ISDA 法院选择和法律适用指引》也提供了一个示范条款,使 ISDA 主协议双方当事人之间的非合同义务也选择适用 ISDA 主协议的适用法律:"本协议及与本协议相关或由其产生的任何非合同义务受附件所选定的法律管辖并依其解释。"1992 年 ISDA 主协议和 2002 年 ISDA 主协议均规定主协议适用英国法或纽约州法,所以 ISDA 主协议下的合同义务适用法律没有问题。但对于 ISDA 主协议项下争议相关的非合同义务,如主张对方合同缔结过程中的缔约过失责任以及侵权责任,如果双方当事人没有明确约定,则其适用法律将根据法院所在地的冲突法规则来确定,可能出现非合同义务的适用法律与 ISDA 主协议适用法律不一致的情形。因此,在 ISDA 主协议中明确约定非合同义务的适用法律是有积极法律意义的。

2018 年 7 月 3 日,ISDA 公布了法国法和爱尔兰法作为适用法律的 ISDA 主协议,这是因为英国"脱欧"后,对于欧盟成员国来说,英国法变成外国法,英国法院的判决并不能自动在欧盟成员国得到执行,故需要专门确定不同的准据法以解决这一问题①。

---

① 参见 ISDA 网站, https://www. isda. org/2018/07/03/isda-publishes-french-and-irish-law-master-agreements,最后访问日期:2024 年 12 月 15 日。

2. NAFMII 协议中的法律适用分析

对中国金融衍生产品市场来说，将 ISDA 主协议直接应用于境内交易主体之间的金融衍生产品交易存在法律上的障碍：其一，ISDA 主协议的官方文本是英语，ISDA 发布的中文翻译文本仅有参考意义，由于中英文用词、语法结构及法律术语的不同，中文译文不可避免地与英文文本存在差异；其二，ISDA 主协议适用英国法或纽约州法，如果是两个境内交易主体之间的交易，因为没有涉外因素，适用外国法并不合适，而查明成本较高，而如果选择适用中国法，则又存在 ISDA 主协议在中国法下的效力问题；其三，与 ISDA 主协议配套的信用支持文件适用英国法或纽约州法，该等信用支持文件的一些基本概念（如所有权转让或担保）并在中国法律项下可能存在争议，因此如果境内交易主体签署了 ISDA 主协议，在需要担保的场合直接签署与 ISDA 主协议配套的信用支持文件，该等信用支持文件也将面临法律效力不确定的问题。

2007 年 9 月 3 日，中国银行间市场交易商协会（National Association of Financial Market Institutional Investors，NAFMII）经国务院同意及民政部批准而成立。2007 年 10 月 12 日，NAFMII 发布了《中国银行间市场金融衍生产品交易主协议（2007 年版）》以及作为其附件的《履约保障品文件》《中国银行间市场金融衍生产品交易定义文件》。2007 年 NAFMII 主协议采多边加双边签署形式，NAFMII 会员需多边签署 NAFMII 主协议及其附件《履约保障品文件》，各方签署并向 NAFMII 备案后，即视为已备案的市场成员两两之间已签署 NAFMII 主协议及《履约保障品文件》。各会员两两之间若有需要，可以双边签署 NAFMII 主协议《补充协议》及《履约保障品文件补充协议》。中国人民银行及 NAFMII 要求市场参与者从事人民币衍生产品交易（包括人民币利率互换及人民币远期利率）必须签署 2007 年 NAFMII 主协议。

2009 年 3 月，中国人民银行及国家外汇管理局同意 NAFMII 发布

《中国银行间市场金融衍生产品交易主协议(2009年版)》及其配套的《中国银行间市场金融衍生产品交易质押式履约保障文件(2009年版)》、《中国银行间市场金融衍生产品交易转让式履约保障文件(2009年版)》及《中国银行间市场金融衍生产品交易定义文件(2009年版)》。同时,中国人民银行要求从事金融衍生产品交易(无论是人民币衍生产品还是外汇衍生产品)的市场参与者均需签署2009年NAFMII主协议。在2009年NAFMII主协议文件体系中,NAFMII将履约保障文件从主协议中独立出来,市场主体可根据自己的具体情况决定是否签署履约保障文件,而不是像2007年NAFMII主协议一样签署了主协议就同时视为签署了作为附件的《履约保障文件》,这一做法获得市场主体的普遍欢迎。另外,在《履约保障文件》的设计上,将质押式履约保障和转让式履约保障分为两个独立的《履约保障文件》,市场主体可自主选择签署其中一个。

关于准据法与争议解决问题,因NAFMII主协议主要是中国国内交易对手使用,故强行适用中国法,具体规定如下:

第18条　争议的解决

(一)适用法律

本协议适用中国法律,应根据中国法律解释。

(二)争议的解决方式

交易双方可通过协商方式解决双方之间在本协议下或与本协议相关的任何争议、索赔或纠纷。若交易双方不进行协商或协商未果,交易双方同意应将争议、纠纷或索赔提交中国国际经济贸易仲裁委员会按照届时有效的《中国国际经济贸易仲裁委员会仲裁规则》在北京以仲裁方式解决,仲裁庭由三名仲裁员组成,仲裁裁决是终局的,对交易双方具有约束力。

若交易双方另行约定其他仲裁机构解决争端,该其他仲裁机构应是在中华人民共和国（为本协议之目的，不包括香港特别行政区、澳门特别行政区及台湾地区）境内合法登记或设立的仲裁机构，仲裁地点应位于中华人民共和国（为本协议之目的，不包括香港特别行政区、澳门特别行政区及台湾地区）境内。

若交易双方另行约定不采用仲裁而采用诉讼方式解决争端，则任何一方只能向人民法院提起诉讼。

但随着中国对外开放步伐的加快，《期货和衍生品法》颁布，为中国金融市场掀开了全新的篇章，激发了市场潜力。为此，NAFMII 又发布了《中国银行间市场金融衍生产品交易主协议（跨境文本—2022 年版）》①，体现出中国发展和推广其境内场外衍生品市场的雄心壮志。除主协议外，NAFMII 还同时发布了《中国银行间市场利率衍生产品交易定义文件（2022 年版）》以及《中国场外信用衍生产品交易基本术语与适用规则（2022 年版）》。在准据法与争议解决方面，由于 2022 年主协议将跨境交易包含进来，因此出现了较大变化，具体规定如下：

第 20 条　争议的解决

（一）适用法律

交易双方可在相关补充协议中约定管辖相关交易的本协议的适用法律。若未约定，则适用法律为中国法律。

（二）争议的解决方式

交易双方可通过协商方式解决双方之间在本协议下或与本协议相关的任何争议、索赔或纠纷。若交易双方不进行协商或协商未果，除非补充协议另有约定，则交易双方同意应将争议、纠纷或索赔提交中国国际经济贸易仲裁委员会按照届时有效的《中国国际经济贸易仲裁委员会

① 参见中国银行间市场交易商协会网站，http://www.nafmii.org.cn/ggtz/gg/202208/P020220831632137883732.pdf。

仲裁规则》在北京以仲裁方式解决,仲裁庭由三名仲裁员组成,仲裁裁决是终局的,对交易双方具有约束力。

经对比可见,2009 年 NAFMII 主协议是强制适用中国法,而 2022 年 NAFMII 主协议允许由交易双方自行约定适用法律,未约定的,适用中国法。2009 年 NAFMII 主协议争议解决默认为中国国际经济贸易仲裁委员会以仲裁方式解决,双方可另选境内解决方式(境内仲裁或人民法院诉讼)。而 2022 年 NAFMII 主协议,则默认为中国国际经济贸易仲裁委员会以仲裁方式解决,但允许双方另选其他境内外解决方式,即不再限于境内仲裁或诉讼。这一点是较大的突破。

3. GMRA 协议中的法律适用分析

回购市场是一个交易量巨大的市场,首先在美国和欧洲各国发展起来,随后在全球各地兴起。由此,与回购交易相关的法律文件也得以发展。早期银行都是自行制定各自的法律协议,并将该协议应用于所有相关的回购交易中,浪费了大量的人力,在法律费用和员工时间等方面的代价也很高,因此回购的参与者需要制定一份市场通用的标准文件,以使各个市场参与者只需对这份文件稍加修改就能满足自身的特定要求。于是,GMRA 协议被创设出来,并不断地得到更新。

一家位于美国的行业协会,即公共证券协会(PSA)(后来的债券市场协会,也是美国国内债券市场的监管者),为美国国内市场中的回购交易制定了标准化的文件,该文件自 1986 年 2 月开始使用。20 世纪 90 年代,在 PSA 和国际证券市场协会(International Securities Market Association,ISMA)的共同努力下,新的国际回购法律协议 GMRA 在 PSA 的美国国内回购协议基础上得以发展形成。GMRA 根据英国法律制定,可以应用于不同国家的国内市场和国际市场。该文件自 1992 年 11 月开始使用。1995 年 11 月,该文件进行了修正,并在 2000 年 9 月再次进行了更新。这些更新纳入了各种新的处理方法,所涉及的金融工具包括英国金边国债、买断式逆回购以及股票。目前，GMRA 已被欧洲、亚洲和南美洲的很多国家作为回购交易的法律协议。GMRA 适用于双方之间进行的交易，包括回购、买断式逆回购以及代理机构的交易等，近来也被用于支付净息票的证券和股票。最近的 GMRA 版本为 2011 年版本①。

该协议明确了回购协议的主要特征，比如，回购交易的结构就是完全出售和购回、必须拥有所转移证券的完全所有权、卖方具有返还等价证券的义务、息票是在支付时转移给回购的卖方等。GMRA 的主要优势为该协议确定了关于保证金的规则，允许结束交易并进行净额计算，满足资本充足率指令（CAD）的相关要求，这样做有助于降低资本要求。该协议明确了在发生违约事件时所采取的措施，降低了在法庭上的认同风险。GMRA 的另一个优势就是它是一种标准化的法律协议，因此在双方之间可以立即签订，该协议中的条款适用于任何类型的经典回购交易，而自该协议生效以来的各种附加条款解释了如何方便地将这种协议应用于不同的市场。交易对手签订了这样的协议之后，就没有必要签订其他的法律文件。在每次交易达成之后，双方之间会立即进行确认。

GMRA 协议以严谨的法律术语制定。例如，为了降低认同风险，该协议将交易结束时买方的义务规定为返还等价的证券，这就支持了将回购作为证券真实出售行为的法律定义。最初制定的协议仅适用于支付毛息票的证券而忽视了权益类工具，并且不适用于美国的国债。此后，为了使其适用于以净值支付息票的证券以及股票和买断式回购交易，对其进行了多次修正。而且，该协议还被交易双方用来进行美国国债的回购交易。

---

① 参见国际资本市场协会网站，https://www.icmagroup.org/assets/documents/Legal/GMRA-2011/GMRA-2011/GMRA%202011_2011.04.20_formular.pdf。

自1992年使用GMRA协议以来,GMRA协议中还不断添加了很多附加文件,这些附加文件涵盖了额外的一般处理规则以及更加适用于具体市场的规则,主要的有:(1)金边国债回购法律协议。这是对1995年11月英国金边国债回购市场使用的PSA/ISMA协议修正版的进一步修正。(2)1995年在GMRA协议中添加了关于买断式逆回购交易的附加文件。(3)关于股票回购的附加文件,专门回应了股票回购这种金融交易的特性。

关于争议解决,GMRA协议专门作出如下明确规定:

17.管辖法律

本协议以及由本协议引起的或与本协议相关的任何非合同义务均应受英国法律管辖并依其解释。

英国法院对由本协议引起的或与之相关的所有争议(包括抵销之诉和反诉)具有排他性管辖权,包括但不限于由以下原因引起的或与之相关的争议:(i)本协议的订立、有效性、效力、解释、履行或未履行,或由本协议所建立的法律关系,以及(ii)本协议产生的或与之相关的任何非合同义务。为以上目的,买方和卖方不可撤销地接受英格兰法院的管辖,并放弃对行使这种管辖权的任何异议①。

从上述对于金融交易标准文本的分析可以看出,这些文本逐步形

---

① See 17. Governing Law: This Agreement and any non-contractual obligations arising out of or in connection with this Agreement shall be governed by, and interpreted in accordance with, the laws of England. The English courts shall have exclusive jurisdiction in relation to all disputes (including claims for set-off and counterclaims) arising out of or in connection with this Agreement including, without limitation disputes arising out of or in connection with: (i) the creation, validity, effect, interpretation, performance or non-performance of, or the legal relationships established by, this Agreement; and (ii) any non-contractual obligations arising out of or in connection with this Agreement. For such purposes, Buyer and Seller hereby irrevocably submit to the jurisdiction of the English courts and waive any objection to the exercise of such jurisdiction.

成,有其历史原因,而且不断修改完善之后,会有越来越高的接受度。如果从这个角度着眼,去扩大中国法的适用:一是要积极参加国际性金融组织,发挥中国的作用和力量,争取形成以中国法为准据法的版本。二是要扩大中国金融市场的国际参与度,在债券、衍生品等方面加大对外开放力度,同时完善自己起草的金融交易标准文本,使其更具有兼容性,涵盖来自不同法域的交易参与者。

(三)中国法的间接域外适用——承认与执行外国裁判及仲裁结果

在国际商业交往中,必定会发生纠纷,而纠纷的解决方式主要是仲裁或者诉讼。在某个国家进行的仲裁和诉讼结果出来之后,当事人会申请执行,而败诉方当事人及其财产又往往在另外一个国家。这时就涉及仲裁裁决、法院判决的跨境承认与执行问题。这个问题实质就是某个司法辖区的法律适用,能不能得到其他国家的承认,是否承认并执行仲裁裁决、外国法院判决,以及在什么条件下承认并执行,这基本是由每个国家自行决定的。也就是说,承认必须经历一定的审查过程,承认国以自己确定的标准去审查与确认根据其他法律产生的争议解决结果,这相当于本国法的间接域外适用过程。

对此,《民事诉讼法》作出了原则性规定:

第298条　外国法院作出的发生法律效力的判决、裁定,需要人民法院承认和执行的,可以由当事人直接向有管辖权的中级人民法院申请承认和执行,也可以由外国法院依照该国与中华人民共和国缔结或者参加的国际条约的规定,或者按照互惠原则,请求人民法院承认和执行。

第299条　人民法院对申请或者请求承认和执行的外国法院作出的发生法律效力的判决、裁定,依照中华人民共和国缔结或者参加的国际条约,或者按照互惠原则进行审查后,认为不违反中华人民共和国法律的基本原则且不损害国家主权、安全、社会公共利益的，裁定承认其效力；需要执行的，发出执行令，依照本法的有关规定执行。

第304条　在中华人民共和国领域外作出的发生法律效力的仲裁裁决，需要人民法院承认和执行的，当事人可以直接向被执行人住所地或者其财产所在地的中级人民法院申请。被执行人住所地或者其财产不在中华人民共和国领域内的，当事人可以向申请人住所地或者与裁决的纠纷有适当联系的地点的中级人民法院申请。人民法院应当依照中华人民共和国缔结或者参加的国际条约，或者按照互惠原则办理。

对于外国法院判决，中国并没有加入承认与执行外国判决的相关公约，故法院主要是根据《民事诉讼法》的规定处理相关请求，即按照互惠原则办理。目前，中国法院对于互惠原则的理解正在从“事实互惠”向“推定互惠”的方向转变①，对互惠原则的把握更宽松，理论上为更多的外国仲裁裁决提供了在中国法院寻求承认和执行的渠道。但需要注意的是，法律明确规定了“违反中华人民共和国法律的基本原则或者国家主权、安全、社会公共利益的，不予承认和执行”。这就涉及公共政策的问题。

原来的《民事诉讼法》对相关的规则并不明确。2023年9月1日，第十四届全国人大常委会第五次会议审议通过了《关于修改〈中华人民共和国民事诉讼法〉的决定》，在很大程度上完善了相关的承认与执行

---

① 2017年6月8日，在中国广西南宁举行的第二届中国—东盟大法官论坛通过了《南宁声明》，其中第7项规定：“……尚未缔结有关外国民商事判决承认和执行国际条约的国家，在承认与执行对方国家民商事判决的司法程序中，如对方国家的法院不存在以互惠为理由拒绝承认和执行本国民商事判决的先例，在本国国内法允许的范围内，即可推定与对方国家之间存在互惠关系。”该项共识采取了“推定互惠”的标准，即只要没有证据证明东盟成员曾有以互惠为由拒绝承认和执行中国法院判决的先例，则推定两国之间存在互惠关系。这是对过往司法实践中采取“事实互惠”即要求外国法院承认和执行中国判决事实的观点的重大转变。

外国法院裁判的制度，比如，明确了不予承认和执行的情形，同时建立了此类案件的复议程序。2023 年修正后的《民事诉讼法》具体规定如下：

第 300 条 对申请或者请求承认和执行的外国法院作出的发生法律效力的判决、裁定，人民法院经审查，有下列情形之一的，裁定不予承认和执行：(一)依据本法第三百零一条的规定，外国法院对案件无管辖权；(二)被申请人未得到合法传唤或者虽经合法传唤但未获得合理的陈述、辩论机会，或者无诉讼行为能力的当事人未得到适当代理；(三)判决、裁定是通过欺诈方式取得；(四)人民法院已对同一纠纷作出判决、裁定，或者已经承认第三国法院对同一纠纷作出的判决、裁定；(五)违反中华人民共和国法律的基本原则或者损害国家主权、安全、社会公共利益。

第 301 条 有下列情形之一的，人民法院应当认定该外国法院对案件无管辖权：(一)外国法院依照其法律对案件没有管辖权，或者虽然依照其法律有管辖权但与案件所涉纠纷无适当联系；(二)违反本法对专属管辖的规定；(三)违反当事人排他性选择法院管辖的协议。

第 302 条 当事人向人民法院申请承认和执行外国法院作出的发生法律效力的判决、裁定，该判决、裁定涉及的纠纷与人民法院正在审理的纠纷属于同一纠纷的，人民法院可以裁定中止诉讼。

外国法院作出的发生法律效力的判决、裁定不符合本法规定的承认条件的，人民法院裁定不予承认和执行，并恢复已经中止的诉讼；符合本法规定的承认条件的，人民法院裁定承认其效力；需要执行的，发出执行令，依照本法的有关规定执行；对已经中止的诉讼，裁定驳回起诉。

第 303 条 当事人对承认和执行或者不予承认和执行的裁定不服的，可以自裁定送达之日起十日内向上一级人民法院申请复议。

对于外国仲裁裁决，1958 年 6 月 10 日在纽约召开的联合国国际商业仲裁会议上签署的《承认及执行外国仲裁裁决公约》(Convention on the Recognition and Enforcement of Foreign Arbitral Awards,以下简称《纽约公约》)为仲裁裁决的跨境执行提供了坚实的制度基础,其有众多缔约方,中国也是缔约方之一。《纽约公约》经全国人大常委会批准决定,自1987年4月22日起对中国生效。中国政府1997年7月1日恢复对中国香港特别行政区的行使主权后,立即按照中国加入《纽约公约》之初所作的声明,将《纽约公约》的领土适用范围延伸至中国香港特别行政区。2005年7月19日,中国宣布,按照中国加入《纽约公约》之初所作的声明,《纽约公约》适用于中国澳门特别行政区。因此,对《纽约公约》成员国的仲裁裁决,中国法院将适用《纽约公约》的规定予以承认和执行。由于《纽约公约》成员国如此广泛,基本上无须走其他路径,比如依据互惠原则承认和执行外国仲裁裁决。

需要注意的是外国仲裁裁决不予执行的情形。首先,根据中国加入《纽约公约》时依该公约第1条第3款的规定作出的"商事保留"声明,中国仅对按照中国法律属于契约性和非契约性商事法律关系所引起的争议适用该公约。外国投资者与东道国政府之间的争端不属于适用范围。因此,外国仲裁机构或者临时仲裁庭在中国领域外就东道国与投资者之间的投资争端作出的仲裁裁决,尚不能适用《纽约公约》的规定在中国法院寻求承认和执行。其次,《纽约公约》第5条第1款规定:"裁决唯有于受裁决援用之一造向声请承认及执行地之主管机关提具证据证明有下列情形之一时,始得依该造之请求,拒予承认及执行:(甲)第二条所称协定之当事人依对其适用之法律有某种无行为能力情形者,或该项协定依当事人作为协定准据之法律系属无效,或未指明以何法律为准时,依裁决地所在国法律系属无效者;(乙)受裁决援用之一造未接获关于指派仲裁员或仲裁程序之适当通知,或因他故,致未能申辩者;(丙)裁决所处理之争议非为交付仲裁之标的或不在其条款之列,或裁决载有关于交付仲裁范围以外事项之决定者,但交付仲裁事项之决定可与未交付仲裁之事项划分时，裁决中关于交付仲裁事项之决定部分得予承认及执行；(丁)仲裁机关之组成或仲裁程序与各造间之协议不符，或无协议而与仲裁地所在国法律不符者；(戊)裁决对各造尚无拘束力，或业经裁决地所在国或裁决所依据法律之国家之主管机关撤销或停止执行者。”第2款规定：“倘声请承认及执行地所在国之主管机关认定有下列情形之一，亦得拒不承认及执行仲裁裁决：(甲)依该国法律，争议事项系不能以仲裁解决者；(乙)承认或执行裁决有违该国公共政策者。”该条明确了缔约方法院的拒绝承认和执行外国仲裁裁决的理由，其中公共政策也是拒绝承认和执行外国仲裁裁决的理由之一。

由此可见，无论是外国法院的裁判，还是外国仲裁机构的仲裁结果，都绕不开公共政策问题。在公共政策方面，各国法院根据本国实际情况对公共政策条款在具体案件中进行解释。在实务中，各国法院对公共政策条款均持慎用态度。

在中国的司法实践中，诸多案件中的当事人均提出了违反中国公共政策的抗辩理由。在个别案件中，这种抗辩理由得到了支持。比如，在海慕法姆公司、玛格国际贸易公司、苏拉么媒体有限公司申请承认及执行国际商会仲裁院做出的仲裁裁决案中，最高人民法院在(2008)民四他字第11号给山东省高级人民法院的复函中认为，海慕法姆公司、玛格国际贸易公司、苏拉么媒体有限公司与永宁公司在合资合同中约定的仲裁条款仅约束合资合同当事人就合资事项发生的争议，不能约束永宁公司与合资公司之间的租赁合同纠纷。国际商会仲裁院在仲裁合资合同纠纷案件中，对永宁公司与合资公司之间的租赁合同纠纷进行了审理和裁决，超出了合资合同约定的仲裁协议的范围。在中国有关法院就永宁公司与合资公司之间的租赁合同纠纷裁定对合资公司的财产进行保全并作出判决的情况下，国际商会仲裁院再对永宁公司与合资公司之间的租赁合同纠纷进行审理并裁决，侵犯了中国的司法主权和中国法院的司法管辖权。因此,依据《纽约公约》第 5 条第 1 款丙项和第 2 款乙项之规定,应拒绝承认和执行该案所涉仲裁裁决。

在金融司法领域,当事人经常主张违反公共政策,其依据主要是金融监管政策。比如,在时和基金案这一起上海金融法院审理的申请认可与执行中国香港特别行政区法院判决的案件中,申请人依据维好协议主张被申请人 CEFC 承担责任获得中国香港特别行政区法院裁判支持,而被申请人 CEFC 则在上海金融法院主张虽然维好协议约定该协议并非担保,但其实质符合担保责任的构成要件,应该被视为内保外贷管理并履行一定的登记义务。签署此类协议的目的是规避担保法及内地金融监管体系,比如外汇管理政策,这就构成违反公共政策。

笔者认为,中国的金融监管政策种类较多,监管部门也不少,而且政策变化较快,尤其是外汇外债领域,经常随着经济发展的不同阶段而有所调整。违反金融管理政策不能简单地等同于违反公共政策。最高人民法院在针对涉外民商事仲裁裁决的承认与执行的复函中曾经对公共政策作出认定:“关于公共政策问题,应仅限于承认仲裁裁决的结果将违反我国的基本法律制度、损害我国根本社会利益情形。”①“只有在承认和执行外国商事仲裁裁决将导致违反我国法律基本原则、侵犯我国国家主权、危害国家及社会公共安全、违反善良风俗等危及我国根本社会公共利益情形的,才能援引公共政策事由予以拒绝承认和执行。”②相关司法实务中也体现了上述精神。如《最高人民法院关于 ED&F 曼氏(香港)有限公司申请承认和执行伦敦糖业协会仲裁裁决案的复函》[(2003)民四他字第 3 号]提出,违反有关外债批准及登记的法律规定

① 《最高人民法院关于不予承认日本商事仲裁协会东京 07—11 号仲裁裁决一案的请示的复函》[(2010)民四他字第 32 号]。

② 《最高人民法院关于韦斯顿瓦克公司申请承认与执行英国仲裁裁决案的请示的复函》[(2012)民四他字第 12 号]。

的行为,并不违反我国的公共政策。《最高人民法院关于对海口中院不予承认与执行瑞典斯德哥尔摩商会仲裁院仲裁裁决案请示的复函》[(2001)民四他字第12号]提出,违反相关法律规定,未经批准擅自从事境外期货交易的行为,不属于违反我国公共政策的情形。《最高人民法院关于申请人天瑞酒店投资有限公司与被申请人杭州易居酒店管理有限公司申请承认仲裁裁决一案的请示报告的复函》[(2010)民四他字第18号]也认为,违反外资准入的备案制度的行为并不违反我国公共政策。

因此,笔者认为,"社会公共利益"应作严格解释,一般情况下其仅包括承认与执行判决的结果直接违反内地公共利益之情形。外汇管理政策的规避很难认定为违反公共政策的情形之一。正因如此,在时和基金案中法院最终认定:"认可和执行该缺席判决本身亦不构成内地公共利益的违反。本案当事人在维好协议中所约定的准据法并非内地法律,不能以内地法律关于维好协议性质及效力的判断作为认可和执行该香港特别行政区判决是否违反内地社会公共利益的认定标准,而只应考量认可和执行相关判决的结果是否有悖于本案审理之时的公共利益。我国有关外汇管理的规定经历了不断变化的过程,被申请人CEFC并未证明认可和执行本案所涉香港特别行政区判决之结果对当前我国公共利益之违反。"

自2023年12月5日起施行的《最高人民法院关于适用〈中华人民共和国民法典〉合同编通则若干问题的解释》则对公共利益/公序良俗/公共政策进行了相对扩大的解释,该司法解释第17条规定,合同虽然不违反法律、行政法规的强制性规定,但是有下列情形之一,人民法院应当依据《民法典》第153条第2款的规定认定合同无效:(1)合同影响政治安全、经济安全、军事安全等国家安全的;(2)合同影响社会稳定、公平竞争秩序或者损害社会公共利益等违背社会公共秩序的;(3)合同背离社会公德、家庭伦理或者有损人格尊严等违背善良风俗的。人民法院在认定合同是否违背公序良俗时，应当以社会主义核心价值观为导向，综合考虑当事人的主观动机和交易目的、政府部门的监管强度、一定期限内当事人从事类似交易的频次、行为的社会后果等因素，并在裁判文书中充分说理。当事人确因生活需要进行交易，未给社会公共秩序造成重大影响，且不影响国家安全，也不违背善良风俗的，人民法院不应当认定合同无效。

从上述规定可以看出，对于公共利益/公序良俗，上述规定比以往更加完善，而且范围相对有所扩张。尽管这一规定是针对合同效力的，但不可避免地会在将来影响到仲裁裁决的承认与执行，因此其适用情况有待观察。到目前为止，实务中绝大多数公共政策抗辩并没有得到中国法院的支持，因为如果宽松解释公共政策，则其他国家可能也采取对等措施。为了避免认定公共政策的随意性，避免不必要的纷争，最高人民法院曾于 1995 年 8 月 28 日发布《关于人民法院处理与涉外仲裁及外国仲裁事项有关问题的通知》(法发〔1995〕18 号)(已被修改)，就拒绝承认和执行外国仲裁裁决案件等建立了报告制度，并明确规定，凡一方当事人向人民法院申请承认和执行外国仲裁机构的裁决，人民法院在裁定拒绝承认和执行之前，必须报请本辖区所属高级人民法院进行审查；如果高级人民法院同意拒绝承认和执行，应将其审查意见报最高人民法院；待最高人民法院答复后，方可裁定拒绝承认和执行。最高人民法院意在通过该项制度，严格监督各级法院拒绝承认和执行外国仲裁裁决的情形，尽可能减少拒绝承认和执行外国仲裁裁决的案例。2017 年 12 月 26 日发布的《最高人民法院关于仲裁司法审查案件报核问题的有关规定》(法释〔2017〕21 号)(已被修改)，将该项报告制度上升为司法解释，并扩大适用于国内商事仲裁领域，同时明确了报核的具体要求。

小　　结

构建我国法域外适用规则制度,应准确界定司法管辖并统一法律适用,优化涉外司法管辖体系,为我国法的域外适用奠定基础。应当意识到涉外司法管辖具有管辖权国内分配和国际分配两个层次,在法定管辖方面,应当基于民事诉讼法如何与实体法域外效力条款衔接的问题导向,丰富民事诉讼法关于管辖权国际分配层面的规则。在协议管辖方面,从平衡管辖权国际分配的角度,可以考虑认可准据法选择构成法院与案件的实际联系。至于平行诉讼,"不方便法院原则"和禁诉令的运用,应当更加关注与域外司法部门可能形成的程序对抗,以优化运用标准,提升正当性。

在优化管辖体系的基础上,应当有限度地推进我国法的域外适用,充分意识到:中国法域外适用是一项系统性工程,一方面,在国际上会引发不同国家的司法、执法等不同法律程序的冲突,需要协调;另一方面,在国内需要立法、行政和司法多方配合,共同完成法律执行。在金融法领域扩大中国法的适用,一是要积极参加国际性金融组织,发挥中国的作用和力量,争取形成以我国法为准据法的版本。二是要扩大中国金融市场的国际参与度和对外开放度,完善我国的金融交易标准文本,使其更具有兼容性,涵盖域外的交易参与者。至于域外仲裁裁决和法院判决的承认与执行,一方面要意识到其构成我国法的间接适用,另一方面需要明确间接适用不等同直接适用,公共政策的认定应当严格,避免随意性和产生不必要的国际纷争。

第三章
国家主权豁免司法程序问题

前　　言

国家豁免制度涉及国家对外关系和利益，是涉外法律体系的重要制度之一。为迎接《外国国家豁免法》的出台，推动其在未来司法实践中更好地适用，实现国家豁免诉讼程序与现行民事诉讼程序的有序衔接，真正发挥《外国国家豁免法》维护自然人、法人和非法人组织以及外国国家正当合法权益的作用，本部分基于我国现有涉外民事诉讼程序规则，结合外国国家豁免案件的司法实践，比较汇总国际条约及各国国家主权豁免相关立法，在适用限制豁免原则基础上，以外国国家豁免案件的诉讼程序流程为脉络，对管辖、立案、审判、上诉、执行各环节程序问题进行细致剖析，对豁免主体资格审查、举证责任、期间和送达、外交意见效力等问题提出具体可行的制度设计，为人民法院审理涉外国国家豁免案件司法程序问题提供参考建议，以期形成与《外国国家豁免法》相配套的司法程序指引。

一、国家主权豁免的基本原则

(一)限制主权豁免原则的适用

国家豁免又称主权豁免,是指一国及其财产免受他国的管辖。在传统国际法学中,关于国家豁免的有较大影响的理论学说主要有三种:绝对豁免理论、限制豁免理论和废除豁免理论。绝对豁免理论主张,一个国家,无论其从事何种行为、财产用于什么目的都享有豁免权,除非国家自身放弃豁免。20 世纪后,国际社会开始强调国家豁免例外,而并非豁免原则本身,由此提出了"限制豁免理论",主张外国国家只能在实现国家权利主体的职能时,即在执行所谓"主权行为"或"公法行为"时,才能享有豁免;反之,如外国国家参加"私法行为",就应同普通外国商业实体一样,不享有豁免,此时不管该外国国家是否同意,都应受当地法院管辖。我国在《外国国家豁免法》中采用限制豁免原则具有极强的现实意义,理由如下。

1. 基于我国国家豁免问题的立法实践

在《外国国家豁免法》出台之前,我国对一些外国国家豁免特定问题的规定散落在不同立法与司法解释中。2005 年,《外国中央银行财产司法强制措施豁免法》原则上授予了外国中央银行在中国财产的绝对豁免,但同时又规定了自愿接受管辖和适用对等原则这两种例外情况。① 又如,2007年《最高人民法院关于人民法院受理涉及特权与豁免的民事案件有关问题的通知》规定,法院在受理以外国国家为被告的案件之前应逐级上报最高人民法院,为实践留有一定的灵活操作空间。在船舶和航空器这一特殊领域,中国的相关法律和签署的国际条约一般都采纳了限制豁免。我国1992年《领海及毗连区法》第10条和2000年《海事诉讼特别程序法》第23条都规定,用于非商业目的的外国政府船舶在中国享有豁免权,中国签署的诸如1944年《国际民用航空公约》和1969年《国际油污损害民事责任公约》等也都有类似规定。

此外,近年来我国对采纳限制豁免至少有过两次重大尝试。第一次是2005年前后,我国签署以限制豁免为原则的《联合国国家及其财产管辖豁免公约》,这一行为被广泛解读为我国政府已初步接受了限制豁免。第二次是2014年前后,随着我国改革开放的提速和对外经济交往的增多,为保护中国企业的海外利益并同国际社会接轨,我国政府再次就限制豁免立法进行了多方调研,深入的调研和考量为我国之后转变为限制豁免立场打下了基础。目前,《外国国家豁免法》立足我国国情和现实需要,合理确定了豁免例外范围,标志着我国国家豁免案件领域立法正式采用了限制豁免的原则。

2. 顺应国家参与经济的国际趋势

随着主权性质和主权与法律关系的演进,主权的基础也在变化,国际法主要调整主权国家之间的关系,而全球化的深化挑战了传统国际法

① 《外国中央银行财产司法强制措施豁免法》第1条规定:“中华人民共和国对外国中央银行财产给予财产保全和执行的司法强制措施的豁免;但是,外国中央银行或者其所属国政府书面放弃豁免的或者指定用于财产保全和执行的财产除外。”第3条规定:“外国不给予中华人民共和国中央银行或者中华人民共和国特别行政区金融管理机构的财产以豁免,或者所给予的豁免低于本法的规定的,中华人民共和国根据对等原则办理。”

概念。国家参与商业贸易和全球经济治理的活动越来越多,逐步打破了主权国家和私人商业实体之间的权利动态平衡。国际社会开始认识到国家、政治分支机构及其代理机构除主权者外的另一面目。同时,国际金融危机改变了金融市场和全球金融治理体系的图景。转型和发展中的经济体在后金融危机时代展现出强劲的发展势头,在跨境投资和金融活动中的重要性日益突出,成为全球金融和投资市场中的重要力量,与传统发达国家并驾齐驱,进而改变了全球金融治理体系的力量对比格局。

为有效应对国家主体参与经济活动产生的问题,限制豁免原则成为诸多国家的首要选择。这一运动始于 19 世纪的意大利、比利时和埃及等民法国家,并逐渐在其他地方传播。1963 年德国宪法法院对伊朗帝国案的处理标志着德国开始从绝对豁免原则向限制豁免原则转变。在普通法地区,1952 年美国国务院的“泰特公函”①代表了美国采纳限制豁免原则的开端。1976 年,美国通过了《外国主权豁免法》,对限制豁免原则进行了更加详细具体的规定。其他普通法系国家,包括英国、加拿大、澳大利亚、马来西亚、巴基斯坦、南非和新加坡同样也在国家豁免立法中采用了限制豁免原则。

3. 推动高水平对外开放的有力措施

中国的发展,离不开国际交往,需要用好国际国内两个市场、两种资源。随着改革开放走向纵深,在更高水平的全方位开放背景下,中国正不断优化法治化、透明化、国际化的营商环境,国际交往愈加频繁和深入。法律服务和争议解决机制是营商环境的重要组成部分。高水平对

---

① See *Letter of Jack B. Tate, Acting Legal Adviser, Department of State, to Acting Attorney GeneralPhilip B. Perlman* (May 19, 1952), reprinted in 26 Department of State Bulletin 984, 984 - 985(1952), and in Alfred Dunhill of London, Inc. v. Republic of Cuba, 425 U. S. 682, 96 S. Ct. 1854, 48 L. Ed. 2d 301, app 2 at 711 - 715 (1976).

外开放和营商环境的提升要求平等保护外国国家和中国境内外自然人、法人和非法人组织的合法权益，要求为外国国家和中国境内外自然人、法人和非法人组织提供高效、快捷、具有公信力的争议解决平台及方案。

一方面，从国际关系的角度来看，国家豁免是国家间关系剧烈变化时被使用最多、最具敏感性的外交法律武器之一。在国际形势进一步复杂化的今天，我国的境外资产安全问题会首当其冲，而应对此类案件重要的法律武器之一就是国家豁免。我国有必要对国家豁免制度做好立法设计，防患于未然，以切实保护中国的国家利益。

另一方面，世界上各主要国家均已采纳限制豁免制度，允许本国法院在外国国家从事商业活动等非主权行为时行使管辖权。中国在国家豁免问题上长期坚持绝对豁免，境内外自然人、法人和非法人组织实际上难以在中国法院、仲裁机构解决与外国国家之间的争议，而只能在境外法院、仲裁机构解决与外国国家之间的争议。如国家豁免立法存在空缺，则会制约中国处理国家豁免这一外交和司法工作的法治化水平，限制中国利用国家豁免原则和规则处理外交和司法工作的能力，限缩境内外自然人、法人和非法人组织在与外国国家发生争议时有效地在中国法院、仲裁机构解决争议的可能性，这不但会影响中国法律服务等行业的发展，也会在一定程度上影响中国营商环境的提升。对接各国国家豁免立法及《联合国国家及其财产管辖豁免公约》等国际通行规则，制定《外国国家豁免法》，有助于为中国境内外自然人、法人和非法人组织运用法治和规则维护自身合法权益提供更多工具，有助于中国的高水平对外开放。①

① 参见李庆明：《加强涉外领域立法的重要成果——〈外国国家豁免法〉草案述评》，载人民网，http://world.people.com.cn/n1/2023/0109/c1002-32602208.html。

（二）对等原则的适用

对等原则，在学理上也被称为相互原则或互惠原则，是国际法的一项重要原则。对等原则在条约法、武装冲突法、外交关系法、国家责任法、外国法院判决的承认与执行等领域都有具体运用。其在国际法下的基本含义是，一国如依据一项特定国际法规则对另一国提出权利主张，则该国也必须接受该规则的约束。① 在高度发达的国内法律体系下，对等原则在很大程度上已经被国内统一的法律规则所取代，如在国内刑法领域，私人之间的报复已经为法律所禁止。而在体系化程度较低的国际法律体系下，对等原则仍然是维持国际法律秩序的一个重要途径。

对等原则源于国家间的主权平等原则和国际法本身的横向性、任意性特征。国际法的创立、遵守和制裁都以相互为主导原则，一项习惯法规则的创立、遵守和制裁都体现出国家之间的相互性特征。② 国际法正是通过调整具体的对等相互关系来调整整个国际社会的国际关系，有学者甚至据此将对等原则视为国际法体系的一项元规则。③

1. 采取对等原则的必要性

（1）符合我国系统性立法精神

在普通民事司法领域，我国《民事诉讼法》并未涉及国家豁免问题，仅在该法第5条第2款中概括性规定了涉外民事诉讼的"对等原则"，即"外国法院对中华人民共和国公民、法人和其他组织的民事诉讼权利加以限制的，中华人民共和国人民法院对该国公民、企业和组织的民事诉

---

① 参见王欣濛、徐树：《对等原则在国家豁免领域的适用》，载《武汉大学学报（哲学社会科学版）》2015年第6期。

② 参见李浩培：《国际法的概念和渊源》，贵州人民出版社1994年版，第35页。

③ See Francesco Paris & Nita Ghei, *Role of Reciprocity in International Law*, 36 Cornell International Law Journal (2004).

讼权利,实行对等原则”。《最高人民法院关于适用〈中华人民共和国民事诉讼法〉的解释》第542条第1款规定:“当事人向中华人民共和国有管辖权的中级人民法院申请承认和执行外国法院作出的发生法律效力的判决、裁定的,如果该法院所在国与中华人民共和国没有缔结或者共同参加国际条约,也没有互惠关系的,裁定驳回申请,但当事人向人民法院申请承认外国法院作出的发生法律效力的离婚判决的除外。”根据该规定,互惠原则适用于外国法院离婚判决以外的判决在中国法院的承认和执行,是否存在互惠关系由中国有管辖权的中级人民法院予以裁定。此外,我国《对外贸易法》第6条也规定,我国在对外贸易方面根据所缔结或参加的国际条约、协定,给予其他缔约方、参加方最惠国待遇、国民待遇,或者根据互惠、对等原则给予对方最惠国待遇、国民待遇等待遇。但在对外贸易领域中对等原则的适用目前主要是由政府机关予以实施。

在国家豁免领域在《外国国家豁免法》出台之前,我国只在外国中央银行财产执行豁免、外交和领事豁免中明文采取对等原则,①在国家管辖豁免和其他财产的执行豁免上是否适用对等原则因缺少专门立法而尚不明确。从早期司法实践来看,我国政府在外国法院判决执行我国财产后采取了相应的措施,这与我国对外国央行财产豁免法中所提及的

① 《外国中央银行财产司法强制措施豁免法》第3条规定:“外国不给予中华人民共和国中央银行或者中华人民共和国特别行政区金融管理机构的财产以豁免,或者所给予的豁免低于本法的规定的,中华人民共和国根据对等原则办理。”《外交特权与豁免条例》第26条规定:“如果外国给予中国驻该国使馆、使馆人员以及临时去该国的有关人员的外交特权与豁免,低于中国按本条例给予该国驻中国使馆、使馆人员以及临时来中国的有关人员的外交特权与豁免,中国政府根据对等原则,可以给予该国驻中国使馆、使馆人员以及临时来中国的有关人员以相应的外交特权与豁免。”《领事特权与豁免条例》第26条规定:“如果外国给予中国驻该国领馆、领馆成员以及途经或者临时去该国的中国驻第三国领事官员的领事特权与豁免,不同于中国给予该国驻中国领馆、领馆成员以及途经或者临时来中国的该国驻第三国领事官员的领事特权与豁免,中国政府根据对等原则,可以给予该国驻中国领馆、领馆成员以及途经或者临时来中国的该国驻第三国领事官员以相应的领事特权与豁免。”

对等原则在本质上是一致的，即在外国法院没有给予我国财产豁免权时，也相应地不给予对方国家财产豁免权。

（2）符合国际立法趋势

从国际法的任意性特征来看，对等原则在国家豁免领域同样具有可适用性。国家豁免作为一项原则为国际社会所普遍认可和遵守，但其并不是“不得损抑”的强行法，在性质上属于任意法规则，国家之间可以通过特别法规则予以偏离。国际法院也在德国诉意大利国家管辖权豁免案中指出，国家豁免与禁止谋杀等规则不同，其不具有强行法的地位。① 因此，国家既可以通过单方面接受外国法院的管辖而放弃豁免，也可以通过双边条约或者对等实践的方式在彼此之间不给予管辖豁免。

国际社会的实践已经肯定了对等原则的可适用性。国际法委员会在1985年关于《联合国国家及其财产管辖权豁免公约》的一份草案中特别规定了“豁免和特权的限制和扩大”条款，该条款规定一国可针对另一国限制或扩大其豁免或特权，只要该国认为这一限制或扩大是基于互惠而适当的，或者是与该另一国的实践标准相一致的，或者是适用于该两国的条约或其他国际协定要求须嗣后进行调整的。英国、澳大利亚、加拿大、新加坡、南非、巴基斯坦等国家在其国家豁免立法中虽未明文规定对等原则，但都赋予本国国家元首或政府针对特定国家（地区）“限制或扩大豁免和特权”的权力（见表3－1）。而美国之所以在《外国主权豁免法》中没有规定对等原则，是因为《外国主权豁免法》相对其他国家的国家豁免法而言，其豁免例外的情形是最多而且最广的。换言之，其规定的豁免范围是最有限的，因此并无必要规定对等原则。

---

① See *Jurisdictional Immunities of the State* (*Germany v. Italy*: *Greece Intervening*), International Court of Justice, Accessed Aug. 20, 2022, https://www.icj-cij.org/case/143.

表 3－1 英国等国家豁免法对等原则适用条文

国家	法律	条文内容
英国	《国家豁免法》	第15条为“对豁免和特权的限制与扩大”条款，该条第1款规定：“如女王陛下认为本法本篇赋予任何所涉国家的豁免与特权，(a)超过了依该国法律对联合王国的豁免与特权；或(b)少于该国与联合王国共同参加的条约、公约或其他国际协议所要求的豁免与特权，且女王陛下得以枢密院命令，依女王陛下认为适当的范围予以缩减或扩大。”
澳大利亚	《外国国家豁免法》	第42条第1款、第2款规定：“(1)如果总督足以认定某外国国家根据本法享有某项豁免或特权，但该外国国家法律并不给予澳大利亚该项豁免或特权，则总督对该外国国家可通过规例修正本法关于该项豁免或特权的适用。(2)如果总督足以认定某外国国家根据本法享有的豁免或特权不同于根据条约、公约或其他国际协定所要求的豁免或特权，且该国和澳大利亚均为其缔约方，则总督对该外国国家可通过规例修正本法关于该豁免或特权的适用，以使本法经修正可与条约、公约或国际协定相符。”
加拿大	《国家豁免法》	第15条规定：“如果总督认为本法给予某外国国家的豁免或特权超出该外国国家法律所给予的豁免或特权，则在外交部部长的建议下，总督可通过命令限制本法对该外国国家所给予的豁免或特权。”加拿大总督曾针对美国《外国主权豁免法》与加拿大《国家豁免法》给予豁免的不同，通过了一项“限制有关美国特定豁免的命令”。该项命令要求，“美国根据加拿大《国家豁免法》所享有的豁免，不得适用于代表美国行事或者根据美国命令或要求行事的法律实体，无论其是否为公司实体，也无论其在何处注册，除非该法律实体的多数股份或其他所有权益由美国或美国的政治区分单位所拥有”。

续表

国家	法律	条文内容
新加坡	《国家豁免法》	第17条规定:“如果总统认为一国根据本法该部分所享有的豁免和特权:(a)超出根据该国法律对新加坡所给予的豁免和特权;或者(b)少于根据任何条约、公约或其他国际协定所要求的豁免和特权,且该国和新加坡均为其缔约方,则总统可通过命令限制或者根据具体情况扩大该豁免和特权,只要总统认为适当。”
南非	《外国国家豁免法》	第16条规定:“如果国家总统认为某特定外国国家根据本法所享有的豁免和特权:(a)超出或少于根据该外国国家法律对南非所给予的豁免和特权;或者(b)少于根据任何条约、公约或其他国际协定所给予的豁免和特权,且该国和南非均为其缔约方,则国家总统可通过在宪报上公告限制或者根据具体情况扩大该豁免和特权,只要他认为适当。”
巴基斯坦	《国家豁免法》	第16条规定:“如果联邦政府认为一国根据本法所享有的豁免和特权:(a)超出根据该国法律对巴基斯坦所给予的豁免和特权;或者(b)少于根据任何条约、公约或其他国际协定所要求的豁免和特权,且该国和巴基斯坦均为其缔约方,则联邦政府可通过官方宪报通告限制或者根据具体情况扩大该豁免和特权,只要这被认为是适当的。”

采取对等原则使实践中对于国家豁免案件能够灵活处理,可以解决在某些情况下各国立法的差异或者立法缺陷造成的复杂局面。当前,对于国家豁免存在着所谓绝对豁免主义和限制豁免主义之争,即使在主张限制豁免主义立场的国家之间,也存在较大的差异。而多边条约途径对于解决绝对豁免主义与限制豁免主义之间的分歧效果并不理想。考虑到多边途径的困难,采取双边的对等原则对于解决两国间的立场分歧而言更为务实。

(3)对等原则能够有效满足我国立法精神转型需求

就目前的立法趋势来看,当就有关国家豁免问题出现争议时,法院往往依照法院地国的国内立法或者司法实践来确定是否给予相关国家管辖豁免。比如,美国《外国主权豁免法》中将国家侵犯人权行为等作为国家豁免的例外情形,①在对等原则下,如果美国法院以此为由在诉讼案件中不给予我国国家豁免,则我国也可以采取对等措施,在一定程度上形成对其他国家的威慑。如果对特定国家不采取变通适用的方式,则可能造成外国国家对我国行使管辖权,因而在国家豁免立法中规定对等原则有着极其重要的作用,是避免产生被动局面的有力武器。更重要的是,当前我国企业在国际贸易、国际投资市场中的地位迅速提升。在"一带一路"倡议的推动下,我国企业将更频繁地参与海外基础设施建设、投资和贸易往来。因此,中国企业很可能将不可避免地与东道国政府更频繁地发生商业纠纷。当地救济易受当地政府的干扰,而寻求外交保护则会把普通的商业纠纷提升到国家间层面的政治性纠纷。因此,根据对等原则,在东道国采取限制豁免立场的情况下,允许中国投资者在中国法院就东道国政府的权益侵害行为起诉,可以为"走出去"的企业提供更多的保护。

2. 对等原则的具体适用

(1)对等原则的适用范围

从表3-1中各国立法规定来看,国家对等原则的适用范围包括两项:第一,限制适用本国法律超出外国法律所给予的那部分豁免;第二,扩大适用条约、公约或国际协定超出本国法律所要求的那部分豁免。其中,英国、澳大利亚、加拿大等国家立法规定相似,仅在本国给予外国国家及财产的豁免待遇超过外国给予本国国家及财产豁免待遇的情形下

① See Art 1605(a)(5) of Foreign Sovereign Immunities Act of 1976.

适用对等原则。而与之相对应的是南非立法例，南非《外国国家豁免法》在本国给予外国国家及财产的豁免少于外国给予本国国家及财产豁免的情形下也适用对等原则。后者的立法设计易使本国丧失主动权，尤其是在与美国等豁免权例外规定极广的其他国家产生纠纷时，很可能成为对方主张的有力依据，因此不是必须在立法中予以体现。如有必要情形，可通过外交政策等方式予以解决。

（2）对等原则的适用程序

根据表 3－1 的国家豁免法对等原则条款，女王（国王）、总统、总督或联邦政府可以通过枢密院命令、规例、命令或者在宪报上公告或通告的形式对特定外国国家限制适用本国豁免法所给予的豁免或特权，或者根据具体情况扩大本国豁免法所给予的豁免或特权，而且女王（国王）、总统、总督或联邦政府对于是否限制或扩大适用豁免具有自由裁量权。

综上所述，《外国国家豁免法》出台前，我国立法在管辖豁免领域规定对等原则的条款，主要是《外国中央银行财产司法强制措施豁免法》第 3 条、《外交特权与豁免条例》第 26 条和《领事特权与豁免条例》第 26 条。对比我国关于外国中央银行财产执行豁免和外交豁免、领事豁免适用对等原则的规定，可发现两点不同：第一，前者对于对等原则的适用是强制性的，只要外国不给予我国中央银行财产豁免或者所给予的豁免低于我国法律规定，我国即根据对等原则办理。而后者是可选择的，中国政府具有自由裁量权，"可以"给予相应的外交豁免或领事豁免。第二，前者没有明确规定由哪一机关适用对等原则，只是抽象地规定"中华人民共和国根据对等原则办理"，而后者具体规定了由中国政府根据对等原则办理。

《外国国家豁免法》采用了《外国中央银行财产司法强制措施豁免法》第 3 条关于对等原则的规定模式。《外国国家豁免法》第 21 条规定，外国给予中华人民共和国国家及其财产的豁免待遇低于本法规定的，中华人民共和国实行对等原则。首先，关于对等原则的适用是否应当具有强制性。我国在外交豁免和领事豁免领域赋予中国政府"可以"适用的余地,主要是考虑外交豁免和领事豁免涉及我国与外国国家间的敏感外交关系和外交政策,由中国政府根据对等原则选择性地给予相应的外交豁免或领事豁免,可以更灵活地体现外交政策。而国家及其财产的豁免涉及我国与外国国家之间的深切利益,针对外国国家强制性地适用对等原则,可以对外国构成威慑力,同时更好地保护我国政治经济利益不受他国任意侵害。此外,如前所述,国家豁免立法不仅涉及国家管辖豁免,还涉及财产执行豁免,更广泛地影响我国与外国国家之间的政治、经济、外交利益关系,这需要统一地适用对等原则。而且,如果选择性地适用对等原则,容易造成不确定性和不可预期性,私人主体在与外国国家之间从事交易行为时很难预期我国是否会针对该外国国家适用对等原则,这将不利于对企业等私人主体与外国国家进行交易时的利益保护。因而有必要要求一律适用对等原则。

其次,关于对等原则的适用主体。我国在外交豁免、领事豁免领域明确由中国政府根据对等原则办理。而国家及其财产的豁免待遇则概括性地规定由中华人民共和国根据对等原则办理,这意味着,无论是我国行政机关还是司法机关根据对等原则办理,都应符合该条款的规定,为实践操作留有余地。

《外国国家豁免法》作为我国国家豁免领域的专门性立法,涉及我国在国家豁免立场上的转变,在相关实践经验还不够丰富的情况下,概括性地规定中华人民共和国实行对等原则,而不具体规定是由中国政府还是由人民法院对具体案件根据对等原则办理,更符合现实需求。

(3)对等原则的适用条件

在外国法院判决的承认和执行上适用的互惠原则,其互惠条件可以分为条约互惠、法律互惠、事实互惠。在国家豁免领域,对等原则的适用条件也可以分为条约对等、法律对等、事实对等。条约对等是国家间基于条约的对等关系,法律对等是两国法律在国家豁免范围规定上的对等,而事实对等则是两国法院判例在给予管辖豁免上的对等。国家豁免领域对等原则的适用,其目的在于防止他国任意否定或者限制本国国家及其财产的管辖豁免,从而维持国家依据国际法所享有的管辖豁免的待遇。因此,对等原则的适用条件应当予以严格界定,避免对国际习惯法下的国家豁免制度造成冲击。在两国间存在管辖豁免的条约时,按照条约的规定处理。而在两国间不存在相关的条约时,对等原则的适用应采用事实对等标准,即只有当存在外国法院对我国国家及其财产的管辖豁免予以否认或者限制的事实时,我国才依照对等原则办理。

二、国家主权豁免案件的管辖

(一)国家主权豁免案件的管辖依据

有学者认为,当一个国际民事案件寻求司法解决之时,首先应当考虑的问题是本国对该案件是否可以行使“司法裁判权”(jurisdiction)。“司法裁判权”是国家享有的权力,是国家主权的表现。除国际法的限制,如基于国家及其财产豁免权、外交和领事豁免权以及国际组织及其有关人员的管辖豁免权不得行使管辖权外,各国基于主权原则都有司法裁判权。① 当确认了案件不属于前述裁判权豁免的范畴,可以进行司法

① 参见李旺:《国际民事诉讼法》(第2版),清华大学出版社2011年版,第13页。

管辖时,接下来的问题便是本国法院是否应当管辖该案件,即“国际民事裁判管辖权”(international jurisdictional competence)问题。如果确定本国法院可以管辖,接下来将涉及“特别管辖权”的问题,即由哪个地区的哪类、哪级和哪个法院具体审理案件。① 由此看来,通常所称“管辖权”涉及与主权相联系的“司法裁判权”、国际私法或涉外民事诉讼法意义上的“国际民商事裁判管辖权”以及民事诉讼法上的“特别管辖权”3 个层次。

1. 司法裁判权

如前所述,国家及其财产享有的豁免权是国家主权派生出来的权利;而作为司法裁判权的“管辖权”亦是国家主权内在和不可或缺的要素。由此看来,管辖权和豁免权都是国家主权的衍生和体现。这两个从国家主权原则中派生出的权力和权利,是国家主权身份的一体两面,除国家主权豁免权(如国家财产豁免权、外交豁免权和领事豁免权等)事项之外,各国基于主权原则都有司法裁判权,因此部分学者亦将该种司法裁判权称为“事项管辖权”。② 当国家豁免权限缩之时,国家管辖权就会随之扩大,反之亦然。换言之,二者之间是此消彼长的关系,主权者对于不享有国家豁免权的主体即享有司法裁判权。司法裁判权是国际公法意义上的管辖权,其涉及的是主权派生的权力划分问题,受主权者的意志支配。故司法裁判权应当是国际民事裁判管辖权和特别管辖权的前提,由于国家主权豁免案件的司法裁判权的具体争议往往出现在管辖权豁免例外的纠纷之中,故本书将就该问题在下文管辖权豁免例外部分详细介绍,在此仅就主权豁免资格的审查问题进行探讨。

(1)被动审查与主动审查

一方面,法院作为国家审判机关,其主要职能是裁判,而司法裁判的

---

① 参见李旺:《国际私法》(第 3 版),法律出版社 2011 年版,第 273 页。

② 参见李庆明:《美国的外国主权豁免理论与实践》,人民日报出版社 2021 年版,第 114 页。

本质特征要求法院在司法活动中处于中立地位。这是司法的主要特点，在国家主权豁免的程序方面，具体表现为被动审查，即国家主权豁免可以作为管辖权异议的一种理由，由被诉或被涉及国家财产的外国国家在答辩期间向法院提出，再由法院进行审查。在被动审查的模式下，法院不主动对案件是否属于国家主权豁免范畴进行审查，不仅在立案阶段保障了当事人的诉权，也给应诉管辖制度的适用留出了适当空间。

另一方面，法院有必要在适当时依职权主动审查，即实行国家豁免的方式除外国国家主张外，法院也应当依职权进行审查。主动审查制度在国际法和各国立法中均有所体现。《联合国国家及其财产管辖权豁免公约》第 6 条第 1 款规定："一国应避免对在其法院对另一国提起的诉讼行使管辖，以实行第 5 条所规定的国家豁免；并应为此保证其法院主动地确定该另一国根据第 5 条享有的豁免得到尊重。"《关于国家豁免的欧洲公约》第 19 条第 1 款规定："法院对以缔约国为当事人而提起的诉讼，应在一方当事人的请求下，或如其本国法律许可，得依职权拒绝该案件的进行或中止诉讼程序……"此外，各国法律也都有"对在诉讼中未出庭的国家，法院亦应实施本条所赋予的豁免"之类似规定。换言之，这些公约和国内立法均要求法院在被动审查的同时，通过依职权主动审查的方式审查国家主权豁免，以保证对他国主权的尊重。上述条约与他国国内法的规定共同反映出的平等主权者之间互相尊重主权的理念符合国际法原则，也为我国《外国国家豁免法》所采纳。该法第 18 条第 1 款规定，经送达完成，外国国家未在中华人民共和国的法院指定期限内出庭的，法院应当主动查明该外国国家是否享有管辖豁免。综上所述，对于国家主权豁免的审查应当兼用被动审查与主动审查的方式，应优先依据外国国家主张进行审查，但在外国国家未在我国法院指定期限内出庭的，法院应主动审查该外国国家是否享有豁免。

(2)审查制度的具体立法设计

审查制度具体立法设计的核心,便是保护当事人诉权与尊重外国国家主权之间的平衡点在何处,即被动审查与主动审查的分界时点应设在何时。根据《外国国家豁免法》第18条第1款的规定,经送达完成,外国国家未在中华人民共和国的法院指定期限内出庭的,法院应当主动查明该外国国家是否享有管辖豁免。明确以外国国家是否在法院指定期限内出庭作为被动审查与主动审查的分界时点,与《联合国国家及其财产管辖权豁免公约》中"参加法院诉讼的效果"的规定保持一致,也与我国《民事诉讼法》中"应诉管辖"规定相适应,可避免人民法院在首次开庭前即依职权主动审查被告是否享有管辖豁免进而驳回原告起诉,在尊重外国国家豁免权前提下,有利于更好地保护当事人诉权。

对于人民法院如何指定期限的问题,《最高人民法院关于涉外国国家豁免民事案件相关程序事项的通知》(法〔2025〕39号,以下简称《涉外国国家豁免民事案件程序事项通知》)将这一被动审查与主动审查的分界时点设在答辩期间届满。该分界时点的设定具有一定优势,如可与我国《民事诉讼法》中"特别管辖权"的主动审查与被动审查的分界时点相一致,能够将国家主权豁免作为管辖权异议的理由之一,较好地与现有管辖权异议制度相衔接。而且将分界时点设定在答辩期间届满,也利于鼓励和争取被诉方尽快发表意见,并且不会减损外国国家权益。需注意的是,根据《外国国家豁免法》第5条第2款的规定,"外国国家有前款第二项规定的情形,但能够证明其作出上述答辩之前不可能知道有可主张豁免的事实的,可以在知道或者应当知道该事实后的合理时间内主张管辖豁免"。

2. 国际民商事诉讼管辖权

与国际公法意义上的司法裁判权不同,国际民商事诉讼管辖权主要解决是否具有"实质联系"或者因"不方便法院原则"而不具有管辖权的核心问题,其受国际私法和涉外民事诉讼法的支配,涉及的不是主权者权力划分的问题，而是与他国管辖权协调和分配的问题。由于国家在国际私法关系中与普通当事人具有一样的地位，所以法院地国调整关于双方都是普通当事人的涉外管辖权的规则同样适用于一方当事人是国家的情形，其并非国家主权豁免案件的特殊问题，这也是诸多域外立法例的做法。我国《外国国家豁免法》第 16 条亦明确，“对于外国国家及其财产民事案件的审判和执行程序，本法没有规定的，适用中华人民共和国的民事诉讼法律以及其他相关法律的规定”。本书已在第二章就国际民商事诉讼管辖的问题进行了详细分析，在此不再赘述。

但是值得注意的是，就“实质联系”问题而言，由于对外国国家主体行使管辖权较敏感，理应谨慎从事，因此，域外立法例均注重避免过分扩张本国管辖权而造成管辖权上的积极冲突，其往往明确而且严格地将领土联系作为一缔约方对另一缔约方行使管辖权的前提条件。

我国法院管辖以外国为被告的案件仍然需要坚持实际地域联系原则，即案件必须和我国某地区有一定的联系。要特别指出的是，“原告住所地”通常不能作为国家主权豁免案件的管辖根据，其一，“原告住所地”管辖会导致原告滥用起诉权、被告利益受损，只是在特定案件中才会考虑“被告就原告”管辖；其二，若允许“原告住所地”管辖，我国个人或企业在我国法院起诉外国国家变得极其容易，势必引起国际社会的反对和谴责。此外，对中国来说，以外国国家为被告的案件是一种特殊的新型案件，在管辖问题上应更为谨慎而不是盲目扩张管辖权，否则将会引起外国国家被诉案件在中国法院激增，不仅会使对国家豁免诉讼事务尚不熟练的法官面临沉重的审案任务和压力，甚至还可能会对我国参与国际经济社会治理产生不利影响。

3. 特别管辖权管辖模式选择

（1）级别管辖

在国际立法实践中，国家主权豁免案件的初审往往在等级较低的法院进行。美国国家主权豁免案件由联邦法院系统审理。美国联邦法院系统由联邦地区法院、联邦上诉法院和联邦最高法院构成，联邦地区法院受理联邦宪法和联邦法律所规定的全部初审案件，联邦上诉法院和联邦最高法院只受理上诉案件，①美国联邦地区法院是美国涉外国国家主权豁免案件的主要管辖法院。加拿大并非施行级别管辖的国家，加拿大法院组织体系包括联邦法院和省法院两套系统，国家主权豁免案件的初审权也都交由低层级法院受理，且其在同一法院内设有初审法庭和上诉法庭，国家主权豁免案件经初审法庭审理后，可在同一法院的上诉法庭再次审理。

我国《民事诉讼法》及其相关司法解释对人民法院管辖各类案件的权限和分工作出了较明确的规定。2023 年1 月1 日生效的《最高人民法院关于涉外民商事案件管辖若干问题的规定》指出，由基层人民法院管辖第一审涉外民商事案件，中级人民法院管辖争议标的额大的涉外民商事案件、案情复杂或者一方当事人人数众多的、其他在本辖区有重大影响的第一审涉外民商事案件，而高级人民法院管辖诉讼标的额在人民币50 亿元以上(包含本数)或者其他在本辖区有重大影响的第一审涉外民商事案件。

国家主权豁免影响较大、涉及标的额较大、案情较为复杂，经常会受政治和经济政策的影响，因此属于一种特殊的“有重大影响”的案件。国家主权豁免案件审理中需要对被告的国家豁免主体身份、被告行为的性质和目的进行谨慎的审查和决断，需要法官具备相当高的专业水平。综上，本书认为，在考虑国家豁免案件的级别管辖的设置时，需考虑以下两个重要因素：一是应当贯彻前述《最高人民法院关于涉外民商事案件

① 参见徐亚文：《美国、加拿大联邦法院体系比较研究》，载《中国地质大学学报(社会科学版)》2004 年第2 期。

管辖若干问题的规定》关于推进高效便民、优化涉外审判资源配置的精神，尽可能减少高层级法院审理案件的数量，确保高层级法院能够将监督和管理作为主要职能。同时第一审的法院级别又不宜过低，否则可能会影响裁判质量，导致国家主权豁免案件需要经过多级诉讼，反而影响了审判效率、效果。从目前来看，我国大量的涉外民商事案件的一审主要由中级人民法院管辖，中级人民法院法官已经积累了丰富的经验。二是考虑涉外国国家主权豁免案件的特殊性，还应该缩小具备管辖权的中级人民法院范围，即由涉外案件审理实践经验更丰富、涉外司法人才储备更充足的几家特定地区的中级人民法院来集中审理该类案件。《涉外国国家豁免民事案件程序事项通知》正体现了上述两点考虑因素。当然，与目前涉外案件管辖立法安排相一致的是，若案件特别重大、影响范围广，高级人民法院或最高人民法院可以作为一审法院。

(2)地域管辖

以外国国家为被告的案件，因被告是外国国家，故无法适用被告住所地法院管辖的一般管辖原则。因此国家豁免案件的地域管辖只能依据特殊管辖原则来确定。目前，在普通涉外民商事案件的地域管辖方面，我国《民事诉讼法》及其相关司法解释确立了诸如财产所在地、行为地、营业地等管辖依据。本书认为，作为一种特殊的涉外民商事案件，以外国为被告的案件，亦可依照案件所涉法律关系性质，以合同签订地、合同履行地、诉讼标的物所在地、可供扣押财产所在地、侵权行为地或者代表机构住所地等连结点来确定地域管辖。在该问题上国家主权豁免案件与普通涉外民商事案件其实并无太大区别。

(3)移送管辖

本书建议，人民法院在立案阶段审查发现被告明显属于外国国家的，应引导原告向有管辖权的人民法院提起立案申请。对于立案阶段无法识别出被告属于外国国家，但在立案后，经审查发现案件涉外国国家豁免的，人民法院应将案件移送至有管辖权的人民法院。值得注意的是，如果法院经审理认为被告不属于外国国家，或其虽属外国国家但依据《外国国家豁免法》的规定不享有豁免的，此时案件已经开始实质审理，故即使按照一般民商事案件管辖规则不属于其管辖，亦不宜再行移送至其他具有管辖权的人民法院。

（二）管辖豁免例外

本书在本部分将主要通过比较法研究的方式，就管辖豁免例外的主要情形进行分析研究。

1. 放弃例外

放弃例外常见于各国立法。如果外国国家不享有管辖豁免，或外国国家已明示或默示放弃其管辖豁免，尽管该国可能试图撤销放弃豁免，依放弃的条件撤销者除外。我国《外国国家豁免法》第 4 条至第 6 条对放弃例外也进行了规定。从该规定可以看出，放弃豁免分为明示放弃和默示放弃。

（1）放弃豁免的主体

现有关于外国主权豁免的国际条约及各国立法实践均未具体说明有权放弃外国国家豁免的主体范围，但国外司法实践中已有部分案例涉及该问题，其主要体现在两个方面。

①外国国家与外国政治分支机构、代理机构或媒介放弃豁免的效力

首先，外国国家可以放弃其自身、政治分支机构、代理机构或媒介的主权豁免。由于外国国家的政治分支机构、代理机构或媒介的主权豁免来自外国国家本身，因此外国国家可以放弃其政治分支机构、代理机构的豁免。赫尔凯尔国际公司诉阿根廷、赫尔凯尔国际公司诉阿根廷航空

公司两案①就涉及阿根廷放弃自身及其代理机构阿根廷航空公司豁免的范围问题。阿根廷在答辩状和反诉状中明确陈述其放弃自身及其代理机构的主权豁免权。因此,美国联邦地区法院对第 86-5264 号案件作出判决并被上诉法院维持。当然,出于国家主权豁免案件审理的审慎性,本书认为,如果外国国家只是声明放弃自身豁免,未声明放弃其政治分支机构、代理机构或媒介的豁免,则其政治分支机构、代理机构或媒介仍然享有豁免。相反地,由于外国政府政治分支机构、外国代理机构或媒介在无特别授权的情况下无权代理外国国家主体,因此其代理机构或媒介放弃豁免的效力只及于自身,不得视为代表外国国家本身放弃豁免。

②代理人的认定

鲜有国家主权豁免立法对于代理人认定问题作出明确规定,各国司法实践均与其自身民事诉讼程序关于代理人的相关规制相适应,即要求代理人具备明确的正式授权,并具有实际权力(actual authority)而非表面权力(apparent authority)。②

但在代理人资格的审查程度上,司法实践中存在不同观点。在厄瓜多尔巴纳诺案中,厄瓜多尔巴纳诺提出其大使作出的豁免权放弃无效,依据其国内法,只有总检察长才有权代表国家处理司法事务。但美国法院认为,《维也纳外交关系公约》第 3 条规定,使馆“在接受国中代表派遣国”“与接受国政府办理交涉”,故当正式授权的外交使团团长(如大使)在司法程序中提交放弃主权豁免的申请时,法院应假定在没有特殊情况下,主权国家已授权放弃豁免。如果不认可外国驻美国大使的权

---

① See Hercaire International Inc. v. Argentina, Hercaire International Inc. v. Aerolineas Argentinas, Nos. 86-5264, 86-5317, 821 F. 2d 559 (11th Cir. 1987).

② See Aquamar S. A. v. Del Monte Fresh Produce N. A. Inc., 179 F. 3d 1279, 1293-1299 (11th Cir. 1999).

力,太过细致审查外国法,则会导致外国国家以已作出放弃豁免的人无权限为由拖延诉讼进程,也会导致原告否定外国代表参与诉讼而影响外国国家的利益。而在第一富达银行诉安提瓜和巴布达驻联合国代表团案中,美国法院却作出了相反的认定。法院的多数意见认为:“大使在权威的幌子下采取的行动在法律上不会自动约束他所代表的国家。必须审查给定案件的事实,被诉国家的代理法律为审查提供适当的框架。”该案中,法院还考量了原告是否善意等因素,最终判决“特命全权大使”雅各布和作为政府律师的罗伯特·希利代表政府放弃豁免的行为需要进一步审查其代理权限,故将案件发回重审。①

我国《民事诉讼法》第62条规定:“委托他人代为诉讼,必须向人民法院提交由委托人签名或者盖章的授权委托书。授权委托书必须记明委托事项和权限。诉讼代理人代为承认、放弃、变更诉讼请求,进行和解,提起反诉或者上诉,必须有委托人的特别授权……”我国《最高人民法院关于适用〈中华人民共和国民事诉讼法〉的解释》第524条至第529条以及最高人民法院在《全国法院涉外商事海事审判工作座谈会会议纪要》《全国沿海地区涉外、涉港澳台经济审判工作座谈会纪要》中也对涉外案件委托代理人的手续作出了详细规定。从以上规定看来,我国对于涉外案件诉讼代理人的认定持审慎态度,而国家主权豁免案件因其重要性和复杂性,更需严格判定代理人资格,尤其是在明示或以出庭方式默示放弃豁免权的事项上。本书建议,遵循我国现有立法精神,外国诉讼代理人放弃豁免应具备外国国家最高行政长官与外国政治分支机构、代理机构或媒介的负责人出具的授权委托书。

---

① See Adam F. Hulbig, *Aquamar v. Del Monte Fresh Produce: Expanding the Scope of Ambassadors "Rights under the Ambassadors" Rights under the Foreign Sovereign Immunities Act*, 25 North Carolina Journal of International Law 597 (1999).

(2)放弃豁免的形式

①明示放弃豁免

外国可以通过条约、协议明示放弃豁免,如在友好通商航海条约中就相关商业和其他活动作出放弃豁免表示,或在与私人当事人订立的合同中载明放弃豁免。《外国国家豁免法》第 4 条对明示放弃豁免进行了规定。

②默示放弃豁免

因默示放弃并非明确作出的意思表示,故在通常情况下,各国对于默示放弃的认定都会更严格和审慎。除非有特别强有力的证据证明外国已默示放弃豁免,否则法院一般都不倾向认定外国政府默示放弃豁免。我国《外国国家豁免法》第 5 条对默示放弃豁免进行了规定,第 6 条还特别明确了不视为放弃豁免的情形。但美国关于外国政府默示放弃豁免的认定较宽泛,满足下述情形的即可能被认定为默示放弃:第一,外国已同意在另一国家进行仲裁;第二,外国已同意合同应适用法院地所在国家的法律;[①]第三,外国国家在不提出主权豁免抗辩的情况下提出答辩。对此,美国联邦第二巡回上诉法院曾提出认定被告是否默示放弃豁免的考虑因素包括:第一,主观意图。虽然行为人并未明示表示,但意图放弃豁免保护。第二,客观意图。结合行为的背景,理性的第三人认为行为人采取的行为通常是表明意图放弃豁免,而无论行为人在特殊情形中是否有此意图。第三,法律视行为人已放弃豁免保护,而无论行为人的主观或客观合理意图。这种意义上的"放弃"更恰当地被称为"丧失"(forfeiture)。

① 需要注意的是,美国采用的这一标准已非常宽泛;通常而言,法律适用的选择不被认定为一国默示放弃管辖豁免。我国《外国国家豁免法》第 6 条第 3 项明确,外国国家同意在特定事项或者案件中适用我国法律不视为接受我国法院管辖。

2. 商事行为例外

排除豁免权的最常见依据是纠纷所涉行为的私法性质或商业性质(国际公约及部分国家关于商业交易/活动例外的规定见表3-2)。如前所述,识别商业交易的关键问题是交易的性质或目的。一是行为性质标准,该标准主张国家从事的行为如在性质上只能为国家所为,则可享有豁免;如果国家从事的行为在性质上是可以为其他主体所为的,则不可享有豁免。目前,英国、美国、加拿大等国家都以行为性质标准来判断包括主权财富基金在内的主体是否应当获得管辖豁免权。二是行为目的标准,该标准主要由发展中国家所主张。所谓"行为目的标准",是指根据国家行为的目的或者动机区分为"统治权的行为"(act jure imperii)和"管理权/非主权的行为"(acta jure gestionis)。① 例如,1955年巴黎上诉法院在古根海姆诉越南案中,曾判决越南购买卷烟的行为享有管辖豁免,因为这些卷烟是为了军队而购买的。《联合国国家及其财产管辖豁免公约》第2条第2款将行为目的标准作为辅助性标准。② 三是商业交易标准,即以国家是否从事商业交易活动为判断标准来确定是否拥有豁免权。虽然学界提出了各种标准,但是各国法院在个案中的裁判各异。英国法院在I Congreso del Partido案中,综合考虑交易的"整体背景"。法国法院则在作出裁决的同时考虑了有关行为的性质和目的。为了授予豁免权,他们要求该行为要么是"公共行为",要么是"为公共服务"。

---

① 参见练爽:《论主权财富基金的司法豁免——以〈联合国国家及其财产管辖豁免公约〉和〈美国外国主权豁免法〉为例》,载《中国政法大学学报》2011年第4期。

② 在确定一项合同或交易是否为第1款(c)项所述的"商业交易"时,应主要参考该合同或交易的性质,如果合同或交易的当事方已达成一致,或者根据法院地国的实践,合同或交易的目的与确定其非商业性质有关,则其目的也应予以考虑。与其不同的是,美国《外国主权豁免法》第1603条第4款规定,商业活动,是指某种正常做法的商业行为,或是指某种特殊的商业交易或行动。是否为商业性的活动,应当根据行为做法的性质,或特殊的交易和行动的性质决定,而不是根据其目的。

《联合国国家及其财产管辖权豁免公约》在这方面的规定反映了对行为性质的主要关注,但也反映了仍然缺乏全面排除目的考虑的普遍共识。《联合国国家及其财产管辖权豁免公约》第 2 条第 2 款规定了对行为性质的主要考虑,但特别允许考虑目的,如果这是法院所在国的惯例,第 2 条第 1 款(c)节对“商业交易”的定义涵盖为广泛的合同和交易:(1)销售商品或提供服务的任何商业合同或交易;(2)任何贷款或其他金融性质交易的合同,包括任何此类贷款或交易的担保或赔偿义务的合同;(3)任何其他商业、工业、贸易或专业性质的合同或交易,但不包括雇用人员合同。由于难以适用一般性标准,许多制定了法规的国家在一般性标准中附有排除豁免的交易清单。《联合国国家及其财产管辖权豁免公约》也采用了这一方法,除上文引用的第 2 条中定义的交易外,第 11 条(雇用合同)、第 14 条(知识产权和工业产权)、第 15 条(参加公司或其他集体机构)、第 16 条(国家拥有或经营的船舶)和第 17 条(仲裁协定的效果)中还包含一系列具体的例外情况,以更加准确地界定豁免的范围。

我国《外国国家豁免法》第 7 条第 1 款规定,外国国家与包括中华人民共和国在内的其他国家的组织或者个人进行的商业活动,在中华人民共和国领域内发生,或者虽然发生在中华人民共和国领域外但在中华人民共和国领域内产生直接影响的,对该商业活动引起的诉讼,该外国国家在中华人民共和国的法院不享有管辖豁免。该条第 2 款同时对商业活动作出界定,即商业活动是非行使主权权力的关于货物或者服务的交易、投资、借贷以及其他商业性质行为,并明确人民法院在认定一项行为是否属于商业活动时,应综合考虑行为的性质和目的。

表 3-2　国际公约及部分国家关于商业交易/活动例外的规定

国家/国际公约	法律	商业交易/活动
国际公约	1972 年《欧洲国家豁免公约》	第 4 条　合同义务 (1)在不违反第 5 条规定的情况下,如果诉讼涉及缔约国的一项债务,而该债务根据合同应在缔约国另一方领土内履行,则缔约国不得要求该国法院的管辖豁免
国际公约	2005 年《联合国国家及其财产管辖豁免公约》	第 10 条　商业交易 (1)如果一国与外国自然人或法人进行商业交易,并且根据适用的国际私法规则,与商业交易有关的分歧属于另一国法院的管辖范围,则该国不能在该商业交易引起的诉讼中援引该管辖豁免
美国	1976 年《外国主权豁免法》	第 1605 条　外国管辖豁免的一般例外 (a)在任何情况下,外国不得免除美国法院或各州法院的管辖权——(2)诉讼基于外国在美国开展的商业活动;或在美国进行的与外国在其他地方的商业活动相关的行为;或在美国境外与外国在其他地方的商业活动相关的行为,且该行为在美国造成直接影响
英国	1978 年《国家豁免法》	第 3 条:在英国进行的商业交易和合同。 (1)在涉及以下事项的诉讼中,国家不享有豁免权: a)国家达成的商业交易;或 b)国家根据合同(无论是否为商业交易)履行的义务全部或部分在英国

续表

国家/国际公约	法律	商业交易/活动
加拿大	1982 年《国家豁免法》	第 5 条:商业活动 在涉及外国国家商业活动的诉讼中,该国家不得享有豁免
澳大利亚	1985 年《外国国家豁免法》	第 11 条:商业交易 (1)在涉及商业交易的司法程序中外国国家不能主张豁免。 …… (3)在本节中,商业交易是指外国国家已参与的商业、贸易、交易、专业或工业或类似交易,或该国已参与的类似活动,在不限制前述一般性的情况下,包括: a)货物或服务供应合同; b)贷款协议或其他融资协议;和 c)为金融债务提供的担保或补偿;但不包括雇用合同或期票

3. 其他例外情形

在国家主权豁免的域外立法和国际条约中,还存在以下常见的管辖例外情形,包括违反国际法征收的财产发生争议的管辖豁免例外、某些种类的财产权(继承、捐赠、不动产)例外、非商业侵权例外、仲裁例外、海事请求例外以及恐怖主义例外等。我国《外国国家豁免法》第 8 条至第 12 条也就劳动或者劳务例外,侵权例外,财产的所有、占有和使用例外,知识产权事项例外,仲裁事项例外等进行了具体规定。

三、国家主权豁免案件的适格被告

(一)适格被告的种类

国家是一个抽象概念,“国家行为”总是由具体的机关或个人作出的,因此确定豁免权的主体便是一个非常重要的问题。尤其在限制豁免主义兴起之后,国家豁免的主体问题愈加重要。我国《外国国家豁免法》第2条规定,外国国家包括:(1)外国主权国家;(2)外国主权国家的国家机关或者组成部分;(3)外国主权国家授权行使主权权力且基于该项授权从事活动的组织或者个人。

1. 外国国家的认定

各国在对国家主权豁免进行立法的基础上,通过司法实践逐步形成一定的具体标准来判断某一主体是否具备国家属性。如美国法院认为,外国国家应符合确定的领土和人口、自治和对外关系以及发动战争和签订国际协定的能力。[①] 在判断一个实体是否构成外国国家时,美国法院还会参考国际习惯法,结合自身国家利益和外交政策进行认定。如美国联邦第二巡回上诉法院认为帕劳、巴勒斯坦解放组织并非国家主体,前

① 参见李庆明:《美国的外国主权豁免理论与实践》,人民日报出版社2021年版,第41页。

者无法维持外交关系、签订条约并与其他国家一起制定国际法,[1]后者则缺乏“确定领土”以及常住人口。[2]

此外,外国中央政府属于国家主权豁免案件中的“外国国家”不言而喻。但当出现该被诉国多个政府并存或政府更迭时,便产生了某一政府是否能够代表该国家的问题。在域外实践中,一般由法院地政府部门确认,而法院遵从政府部门意见进行判决,如在委内瑞拉案[3]以及莫里斯案[4]中,美国根据其行政部门的意见对代表国家主体的政府进行了认定。我国《外国国家豁免法》第 19 条规定,外交部就案件中的相关国家是否构成外国主权国家出具的证明文件,人民法院应当采信。而不具有独立人格的政府内设机构往往不构成狭义上的外国国家,至于其是否属于外国代理机构,从而构成广义上的外国国家,往往根据各国立法例中确定的标准,结合个案情形进行认定。如在勒特维勒诉拉尼亚・阿卜杜拉女王陛下办公室案[5]中,美国法院认为,阿卜杜拉女王陛下办公室是为约旦王后服务的内部机构,但由于该办公室职员的涉案行为以其官方身份行事,故属于外国代理机构,被推定豁免。此外,中央军队、外国使领馆、驻联合国及其他国际组织代表团等外交使团一般也被认为属于外国国家。

2. 国家政治分支机构的认定

单一制国家地方政府虽然不是独立的国家豁免权主体,但其在本质

---

① See Morgan Guaranty Tr. Co. of N. Y. v. Republic of Palau, 924 F. 2d 1237, 1243 – 1244 (2d Cir. 1991).

② See Klinghoffer v. S. N. C. Achille Lauro Ed Altri-Gestione Motonave Achille Lauro in Amministrazione Straordinaria, 937 F. 2d 44, 47 (2d Cir. 1991).

③ Crystallex International Corp. v. Bolivarian Republic of Venezuela, 932 F. 3d 126, 135 & n. 2(3d Cir. 2019).

④ Morris v. People's Republic of China, 478 F. Supp. 2d 561.

⑤ See Leutwyler v. Office of Her Majesty Queen Rania Al-Abdullah, 184 F. Supp. 2d 277, 280 (S. D. N. Y. 2001).

上是中央政府的派出机构或分支机构，所具备的公法权力是中央政府通过法律或其他方式授予的，故地方政府在被授权范围内进行的公法行为归于中央政府，其法律后果由中央政府承担，故该公法行为可依此豁免，只不过该类间接的、派生的豁免权不能以自身名义享有。

从一些联邦制下的政治单位来说，某些国家的政治组成单位与单一制国家的政治组成单位是有分别的，而在另一些联邦制度中则并无差异，因此联邦制国家的组成单位被作为一个“国家”对待成为独立的豁免权主体还是被作为国家政治分支机构，往往取决于特定国家的宪治惯例或历史背景。有的联邦是由原来拥有主权的国家签订契约让渡部分主权而形成的新国家，在保留主权的范围内其成员国仍然具有最高权力，可以成为独立的豁免权主体。但有的联邦则是由单一制国家转变而成，其组成单位的权力不仅有限而且源于中央授予，该种组成单位则不能成为独立的豁免权主体。

3. 其他主体的认定

(1)外国代理机构的认定标准

外国代理机构或媒介的定义

目前，域外立法中存在两种立法例，一是以美国为代表的较广泛的定义，美国《外国主权豁免法》下外国代理机构或媒介的范围覆盖较广，同时，美国立法例对外国代理机构或媒介与外国国家、外国政治分支机构的诉讼权利进行了较大区分，在送达、审判地、惩罚性赔偿等方面都对外国国家、外国政治分支机构与外国代理机构或媒介进行了不同区分(见表3-3)。

表 3-3　美国《外国主权豁免法》对两者的区分

区分	外国国家、外国政治分支机构	外国代理机构
送达[1]	需按照第1608(a)节要求之顺序送达给外国国家或其政治分支机构	对外国代理机构或媒介的送达可以按照实质性遵守第1608节的方式送达(只要被告实质性收到了通知,则该送达有效)
审判地[2]	在美国哥伦比亚特区联邦地区法院提起诉讼(因哥伦比亚特区是各国外交代表所在区)	可在该代理机构或媒介被许可营业或正在营业所在地的司法管辖区提起诉讼
惩罚性赔偿[3]	可以对外国国家作出补偿性赔偿判决,并可以要求外国国家承担利息和诉讼费,但不能对外国国家作出惩罚性赔偿判决	可以对外国代理机构或媒介作出惩罚性赔偿判决

〔1〕美国《外国主权豁免法》第1608(a)节规定:"要求按如下顺序送达给外国国家或其政治分支机构:(1)原被告同意的特殊安排进行送达;(2)美国和外国共同参加的国际条约规定的方式进行送达;(3)邮寄送达;(4)外交送达。"

〔2〕《美国法典》第1391(f)节规定:"(1)引起该诉讼请求发生的事件或不作为的主要发生地,或诉讼标的物的主要部分所处的司法管辖区;(2)根据本编第1603(b)节提出的诉讼请求所涉的外国国家船舶或货物所处的司法管辖区;(3)根据本编第1603(b)节被诉的外国国家代理机构或媒介被允许或正在开展业务的司法管辖区;(4)在哥伦比亚特区联邦的美国地区法院,如果诉讼针对的是某外国国家或其政治分支机构。"

〔3〕《美国法典》第28编第1606节规定:"关于外国国家根据本章第1605节至第1607节之规定不享有豁免的诉讼救济请求,外国国家与私人在同等情况下以同等方式承担同等程度的责任;但外国国家不承担惩罚性赔偿责任,外国国家代理机构或媒介除外;如果案件涉及死亡的情形,该作为或不作为发生地的法律规定或被解释为规定的赔偿实质上只是惩罚性的,则外国国家将偿付实际或补差性损害赔偿金,赔偿金额根据诉讼所维护利益的人因死亡而造成的金钱损失决定。"

根据美国《外国主权豁免法》第1603(b)节的规定,①外国代理机构或媒介应同时满足如下3个要件:第一,该实体是一个独立法人,无论其称谓为何,在其本国能以自己的名义起诉或应诉、签订合同、持有财产。第二,该实体是外国国家(或其政治分支机构)的一个机构,或者该实体的全部或大多数股份或其他所有权利益为外国国家(或其政治分支机构)所有,即外国国家对该实体的出资或持股比例超过50%。第三,该实体只能由外国国家依据其本国法在其本国设立,不能由外国国家依据美国法或第三国法律所创立。如果外国国家在美国或第三国获得或设立一个公司或其他法律实体,这样的实体被推定为从事本质上商业性的或私人性的活动。② 符合"外国代理机构或媒介"定义的实体可以有多种形式,包括以自己名义行为并被起诉的国有公司、中央银行、出口协会、政府采购机构等。在特定情形下,一个实体即使不是由外国国家或其政治分支机构直接持股或控制,但主要从事公共性业务,也可能构成外国国家或其政治分支机构的下属机构,与外国代理机构或媒介一样也具有主张国家豁免的主体资格。然而,如此立法便导致了一个显著问题,即外国政治分支机构与外国代理机构或媒介的区分问题,在实践中仍难以准确界定一个实体,如某一政府部门到底是"外国政治分支机构"还是"外国代理机构或媒介",只能在个案中予以认定。实践中,判断某一实体是"外国代理机构或媒介"还是"外国政治分支机构"主要有两种标准。第一,"法律特征"(legal characteristics)标准,即通过审查该实体表现出来的法律特征,如它是否具有单独人格、能否以自己名义缔

---

① 美国《外国主权豁免法》第1603(b)节规定,"外国代理机构或媒介"是指下列任何一个实体:(1)独立的社团法人或非社团法人;(2)外国国家或其政治分支机构的机关,或其大多数股份或其他所有权属于外国国家或其政治分支机构的实体;(3)既非本编第1332节第3条和第5条所规定的美国某州公民,亦非依照任何第三国法律设立的实体。

② 参见李庆明:《美国的外国主权豁免理论与实践》,人民日报出版社2021年版,第43页。

结合同或控制财产、是否有能力起诉和应诉，以及政府的控制程度等，如果该实体具有上述法律特征，那么它就是“外国代理机构或媒介”，否则，就是“外国政治分支机构”。[①] 第二，“核心职能”（core function）标准，即如果该实体的核心职能主要是商业性的而不是政府性的，那么它就被认为是“外国代理机构或媒介”。[②]

二是以英国为代表的较为狭隘的定义，其在立法设计中往往只规定“其他被授权行使主权权力”的主体，即只有某一独立实体被授权行使主权权力时才会被认定为外国代理机构或媒介。而在实践中，如此立法的国家往往会比较严苛地界定“授权行使主权权力”的情形，因此相对美国立法例来说，外国代理机构或媒介具有主权豁免资格的情形较少。同时，英国立法例赋予外国代理机构或媒介与外国政治分支机构、外国国家主体同样的地位，在送达等方面亦无不同，具体条文设计上，其往往在对外国国家主体进行定义时将外国代理机构涵盖在内。而如前所述，外国代理机构或媒介的界定相对较为严苛，如日本《对外民事管辖法》第2条[③]和英国《国家豁免法》第14条之规定[④]。在该立法模式下，突出问题由区分外国代理机构或媒介与外国国家、外国政治分支机构变为准确界定外国代理机构或媒介的含义。换言之，即外国独立实体在何种情

---

① See H. R. REP. No. 94 - 1487, 15 (1976), as reprinted in 1976 U. S. C. C. A. N. 6604, 6614.

② See Transaero Inc. v. La Fuerza Aerea Boliviana, 30F. 3d 148, 151 (DC Cir. 1994), Garb v. Republic of Poland, 440 F. 3d 579, 591(2d Cir 2006).

③ 日本《对外民事管辖法》第2条规定：“本法案中使用的‘外国’一词是指下列除日本和任何与日本相关实体外的实体……（三）其他被授权行使主权权力的实体……”

④ 英国《国家豁免法》第14条规定：“享有豁免权与特权的国家包括：主权国家本身；该国行使公职的君主或其他元首，该国政府以及该国政府各部。享有主权豁免资格的‘国家’不包括同该国家政府行政机构有别并具有起诉、被诉能力的任何实体（以下称‘独立实体’）。独立实体只有在满足如下两个条件时，才享有主权豁免资格：（1）诉讼涉及该独立实体行使主权权力的行为；（2）并且外国国家于同样情形下可享有豁免。”

形下被“授权行使主权权力”。

我国《外国国家豁免法》第2条第3项指出，本法所称的外国国家包括外国主权国家授权行使主权权力且基于该项授权从事活动的组织或者个人。而在该立法模式下，如前所述，如何界定自然人、法人、非法人组织的行为性质，进而认定是否属于“外国代理机构或媒介”便成为需要关注的关键性问题。下面就争议较大的典型主体进行简要分析。

(2)典型外国代理机构或媒介的认定

①主权财富基金

如前所述，主权豁免的限制性理论主要侧重于所涉交易的性质，而不是外国实体的地位或结构。实施主权行为的实体，无论其公共或私人地位如何，均享有豁免权；如果交易是商业交易，即使是国家主体也不能幸免。因此，国家主权豁免实践关注的重点是所涉交易为主权行为或商业行为，而不是关注外国实体与外国国家之间的结构性关系。① 然而，出于若干原因，结构可能对主权财富基金作为外国代理机构或媒介的认定仍然非常重要。第一，结构问题可能决定了其为我国《外国国家豁免法》第2条第2项“外国主权国家的国家机关或者组成部分”还是第3项“外国主权国家授权行使主权权力且基于该项授权从事活动的组织或者个人”，从而决定了是否要考虑“是否被授权”的问题。第二，虽然对于主体性质的审查可能主要转向关于交易或行为性质的审查，但在某些情况下，实体与国家的结构和运营独立性可能是将行为定性为主权或商业行为的重要考量因素，如主权财富基金中使用的外国中央银行结构，越来越多地受益于比外国普通政治分支机构更强的保护。第三，虽然结构可能在管辖豁免方面是次要的，但它可能再次成为执行豁免领域的一个关键问题。第四，在仍然适用绝对豁免的领域，结构可能至关重要，例如

---

① See Hazel Fox, *The Law of State Immunity*, 2nd ed., 2008, p. 436.

刑法和监管方面的情况。在构成国家的实体受益于绝对豁免的情况下，主权财富基金等独立实体的结构问题变得至关重要。

正如主权财富基金国际工作组制定的《圣地亚哥原则》所指出的一样，主权财富基金可以采取多种形式：独立的法律实体（如中国、卡塔尔、阿联酋、澳大利亚和新加坡的淡马锡）或无独立法人资格的资产池（如智利、加拿大阿尔伯塔省、墨西哥、挪威、俄罗斯、东帝汶和特立尼达和多巴哥）。① 对于后者类型，所有者可以通过一个或多个政府部门（例如部委、议会委员会等）行使管理机构的职能。在某些情况下，主权财富基金的运营管理也可委托给独立实体，如中央银行（如智利、挪威、东帝汶、特立尼达和多巴哥）或独立的法定机构（如加拿大阿尔伯塔省）。② 据此，无独立法人资格的资产池需先依据其运营管理者的地位确定其是否属于外国国家的机构，再确定是否存在我国《外国国家豁免法》第4条至第12条规定的管辖豁免例外情形。而具有独立法律实体资格的主权财富基金需首先考虑其涉案情形是否属于被授权行使主权权力的行为。

②中央银行

关于中央银行的性质，各国的规定不一，理论界也有不同的认识和主张。主要分歧在于中央银行是国家机关还是企业，或者两者兼而有之。根据中央银行发展的历史轨迹，综合世界上大多数国家的实际情况看，中央银行在性质上应属于调控宏观经济、实施金融监管、提供金融公共服务、维护金融稳定的特殊的国家机关。作为国家机关，中央银行与其他国家机关不同。为履行其职能，需经营一定的银行业务，因而带有

---

① See International Working Group of Sovereign Wealth Funds, *Sovereign Wealth Funds; Generally Accepted Principles and Practices* (*Santiago Principles*) (October 2008), p. 15, http://www.iwg-swf.org/pubs/eng/santiagoprinciples.pdf.

② Gaukrodger, D., *Foreign State Immunity and Foreign Government Controlled Investors*, OECD Working Papers on International Investment, 2010/02, OECD Publishing, http://dx.doi.org/10.1787/5km91p0ksqs7-en.

银行即金融机构的性质;作为金融机构,中央银行虽经营特定银行业务,但它又与普通银行相区别,是为履行国家职能而从事业务经营活动,仍带有国家机关性质。

在该问题之下,中央银行的独立性成为关键性考量因素。中央银行的独立性,是指中央银行在政府或国家权力机构授权下,根据国家总的经济目标,独立地开展制定与执行货币政策等活动。当中央银行在一国的政治经济机构中独立性较强时,其成为被授权行使主权行为独立实体的可能性越大。而当中央银行的独立性较弱时,其便可能成为国家的机构或组成部分。因此在某种程度上,中央银行独立性是指中央银行在履行职能时受制于政府的程度。总的来说,衡量中央银行独立性的标准有以下方面:一是组织和人事性标准,主要看中央银行是否隶属于政府,政府对中央银行高级决策人员和管理人员的任免程序的控制能力;二是职能独立性标准,主要看中央银行是否能独立制定和执行货币政策,如何解决货币政策与财政政策之间的冲突,是否有为政府赤字融资的强制性义务;三是经济独立性标准,主要看中央银行是否有可独立支配的财源、是否有赖财政拨款。①

从立法角度规定中央银行的法律地位,是决定中央银行独立性的一个关键因素。世界各国根据各自国家的历史文化传统、价值观念、政治制度、经济水平等因素,对中央银行的法律地位作出了不同的规定,形成了 3 种有代表性的模式。一是独立性很强的模式。这种模式的中央银行直接对国会、议会负责,可以独立制定货币政策及采取相应的措施,政府不得直接对它发布命令、指示,不得干涉货币政策。美国、德国最典型。二是独立性较强的模式。该类型的中央银行,立法上虽规定隶属于政府,但实际业务操作却保持较大的独立性。英格兰银行和 1988 年之

① 参见彭丹丹:《浅论中央银行财产豁免》,载《学理论》2011 年第 11 期。

前的日本银行即属此类。三是独立性较小的模式。这类中央银行隶属于政府,受其监督和控制,接受政府的指令,货币政策的制定要经政府批准,政府有权停止、推迟中央银行决议的执行。采用这种模式的有我国、意大利、比利时、澳大利亚、巴西、韩国等国家。

③国有企业

近年来,随着跨国贸易发展和经济全球化进程加快,各国均高度关注国有企业议题,国有企业主权豁免资格这一颇具历史渊源的国际法问题正在重新成为国际社会的关注热点,但长期以来,包括国有企业主权豁免资格在内的主权豁免领域尚未形成统一的、有约束力的国际规则。其中,美国对国有企业享有豁免待遇的判断标准较特殊。美国《外国主权豁免法》规定,外国政府拥有多数股份的国有企业是主权豁免的当然主体。虽然其规定“代理机构或媒介”必须是外国国家直接拥有多数股份或其他所有权,间接所有权控制不满足“多数股份或其他所有权”的要求。[①] 但在实践中,政府直属的国有企业的子公司、孙公司等在特定情形下仍然可能享有豁免权。[②] 但需注意的是,虽然国有企业可被认定为外国国家的代理机构或媒介而享有豁免,但法院仍可因商业行为例外等豁免例外而行使对案件的管辖权。

此外,大部分域外立法例均不当然赋予国有企业豁免权,如前所述,其仅在判定国有企业被授权行使主权权力时才赋予其与国家相等或低于国家的豁免权。以《联合国国家及其财产管辖权豁免公约》为例,其第 2 条注明该公约下“国家”包括:(1)国家及其政府的各种机关;(2)有权行使主权权力并以该身份行事的联邦国家的组成单位或国家政治区分单位;(3)国家机构、部门或其他实体,但须它们有权行使并实际在行

---

① See Dole Food Co. v. Patrickson, 538 U. S. 468, 123 S. Ct. 1655, 155 L. Ed. 2d 643 (2003).

② See ÖBB Personenverkehr AG v. Sachs, 136 S. Ct. 390(2015).

使国家的主权权力;(4)以国家代表身份行事的国家代表。而根据《1991 年联合国国家及其财产管辖豁免公约草案的评注》,“国家代理机构或媒介或其他实体”理论上包括国有企业和国家建立的用于商业交易的其他实体。但是依该公约的目的,国有企业和其他实体不应被预先推定为授权行使政府职能。因此,作为一个规则,国有企业及其他实体也不应被推定为有权援引主权豁免。① 而许多国际公约要求缔约国法院不得授予国有企业国家豁免,如《全面与进步跨太平洋伙伴关系协定》规定,缔约方应承诺本国法院对外国国有企业行使管辖权。

在国有企业是否能够主张国家豁免的问题上,我国《外国国家豁免法》中并未明确提及“国有企业”一词,根据第 2 条第 3 项的表述,可以认为在我国,“国有企业”并不当然地享有豁免权,关键还是要审查是否为外国主权国家授权行使主权权力且基于该项授权从事活动的组织。无论是在立法上,还是在非正式的场合中,我国政府都强调国有企业是完全独立的法人,能够自主经营、自负盈亏,拥有独立的诉讼能力,也能够独立承担责任,不应当属于国家的一部分,除非在国家明确对国有企业承担担保义务,或经国家明确授权,否则国家就不应对国有企业的行为负连带责任。② 当前,部分地方政府也已开始明确将国有企业境外主张国家豁免的行为定义为“滥用国家主权”的行为,要求国有企业“加强对涉外仲裁、诉讼案件的管理,防止滥用国家主权作为抗辩理由”。我国《外国国家豁免法》亦坚持了该主张。

---

① See The reference to “other entities” has been added on second reading and is intended to cover nongovernmental entities when in exceptional cases endowed with governmental authority. See Commentary on 1991 ILC Draft Articles Yearbook ILC (43rd Session), Volume Ⅱ, Part 2, Art. 2. para. (15).

② 参见段洁龙主编:《中国国际法实践与案例》,法律出版社 2011 年版,第 9 页。

参考案例1

特伦德泰克斯贸易公司诉尼日利亚中央银行案①

案例概要

英国上诉法院在特伦德泰克斯贸易公司诉尼日利亚中央银行案中认为,被告是否属于外国国家是法律问题,应适用法院地法进行审查。该案确立了“是否受政府控制”和“是否行使政府职能”的审查标准。

基本案情

尼日利亚中央银行签发了不可撤销的信用证,以支付尼日利亚国防部订购的大量水泥。信用证转给尼日利亚运送水泥的原告瑞士籍的特伦德泰克斯贸易公司。由于港口堵塞,原告船只在卸货前被迫长时间滞留。原告就滞期费等费用向尼日利亚中央银行申请付款遭拒,遂以信用证被拒付为由将尼日利亚中央银行诉至英国法院。尼日利亚中央银行主张其依据国际公约享有主权豁免。

---

① See Trendtex Trading Corporation Ltd. v. Central Bank of Nigeria, [1977] 2 WLR 356.

裁判结果

英国上诉法院认为,尼日利亚中央银行为独立实体而非外国国家,其在该案中并非行使外国国家授权的主权权力,因此不享有主权豁免。

法院观点

上诉法院在特伦德泰克斯贸易公司诉尼日利亚中央银行案中确立了"是否受政府控制"和"是否行使政府职能"的审查标准。上诉法院认为,尼日利亚中央银行是否属于外国政府部门是一个法律问题,因此外国政府的意见即使被考虑,也并不能起到决定性作用。同时,上诉法院明确,即使在审查过程中可能会考察实体设立地法律,但主权豁免归根结底是英国法下的问题。就尼日利亚中央银行是否属于英国《国家豁免法》规定的外国"政府各部"并据此享有管辖豁免,上诉法院明确应通过审查所有证据的方式以确定"该组织是否受政府控制,并且行使政府职能"。据此,英国法院会依据法院地法也就是英国法,在广泛审查独立设立实体的章程、权利、义务、过往历史、运行现状等证据材料的基础上,决定该实体是受政府控制、行使政府职能更多,还是作为私法领域主体的特征更多,并据此认定该实体属于"外国国家",还是"独立实体"。在该案中,尼日利亚中央银行最终未被认定为外国"政府各部",不属于"外国国家",而是作为"独立实体",其签发信用证的行为也被认定为商业行为,据此不享有主权豁免。

评　析

特伦德泰克斯案虽非近年来的案件，但其确立的审查标准沿用至今。从该案中我们可以发现，英国《国家豁免法》与美国《外国主权豁免法》对于独立设立的实体，特别是国有企业，是否属于“外国国家”及据此是否享有管辖豁免的认定路径并不相同。根据美国《外国主权豁免法》，由外国国家或其政治分支机构设立并持股50%以上的外国企业就是非常典型的“代理机构或媒介”，原则上在任何案件中都享有管辖豁免，除非适用例外情况，但如外国企业未被认定为“代理机构或媒介”，则其在任何案件中都不享有管辖豁免；而英国《国家豁免法》下对外国企业是否属于外国“政府各部”的认定，以“是否受政府控制，并且行使政府职能”为标准，如认定为外国“政府各部”，则原则上在任何案件中都享有管辖豁免，除非适用例外情况，但如被认定为“独立实体”，法院仍将审查其涉诉行为性质，如果涉诉行为系为了行使主权权力，那么在具体个案中，独立实体仍可享受管辖豁免。

参考案例2

美国都乐食品公司诉帕特里克森案①

案例概要

美国联邦最高法院在美国都乐食品公司诉帕特里克森案(以下简称都乐食品公司案)中认为,被告实体是否享有主权豁免是由国家对于该实体的所有权而非控制权所决定的。

基本案情

原告帕特里克森以被告美国都乐食品公司销售的化学品致害为由在美国夏威夷州法院提起诉讼,美国都乐食品公司申请将以色列死海溴业公司(Dead Sea Bromine Co.)等追加为共同被告。以色列死海溴业公司曾经是以色列政府间接控股的公司,其认为作为美国《外国主权豁免法》意义上的“代理机构或媒介”,有权申请将该案移送美国联邦法院审理,但遭到拒绝,一直上诉至美国联邦最高法院。

① See Dole Food Co. v. Patrickson, 538 U. S. 468 (2003).

裁判结果

地区法院同意其拥有管辖权,但以其他理由驳回了该案。美国联邦最高法院认定以色列死海溴业公司并非以色列政府直接所有和控制,故不是美国《外国主权豁免法》上的“代理机构或媒介”,不能享有管辖豁免。

法院观点

美国联邦最高法院认为,如果要根据美国《外国主权豁免法》将一家公司视为国家机构,外国政府本身必须拥有该公司的多数股份。在与该案相关的任何时间,以色列都没有直接拥有以色列死海溴业公司的股份。相反,以色列死海溴业公司在不同时期被一个或多个中间公司层级与以色列隔开。作为以色列的间接子公司,这些公司不符合法定条款,即授予“其多数股份或其他所有权权益由外国或其政治分支机构拥有”的实体机构地位。只有直接所有才满足法定要求。在公司法问题上,结构通常很重要。由于公司及其股东是不同的实体,拥有子公司股份的母公司,仅仅因为这个因素,并不拥有子公司资产的合法所有权。在某些特殊情况下,公司与其股东之间的面纱可能会被揭开,但该案并不适用。以色列对被告公司拥有相当大的控制权这一事实无法取代所有权利益,因为控制权和所有权是截然不同的概念,外国的多数股权,而不是控制权,才是衡量机构地位的基准。

评 析

都乐食品公司案是美国涉主权豁免案件司法实践中的一个标志性案件，根据美国联邦最高法院在都乐食品公司案中确定的标准，国有企业子公司因股份不直接由国家所持有，而仅为国家间接持有，故该子公司不属于美国《外国主权豁免法》下的代理机构或媒介。

值得注意的是，尽管美国联邦最高法院判例确立的标准是国家直属的国有企业才能被认定为外国国家的代理机构或媒介并据此享有豁免，但在实践中，政府直属的国有企业的子公司、孙公司等仍然可能享有豁免权，近年来该裁判倾向成为趋势。例如，在奥地利联邦铁路公司诉卡罗尔·萨克斯案中，卡罗尔·萨克斯在美国通过网上订票的方式购买了奥地利联邦铁路公司的客票，在奥地利乘车时不幸受伤后在美国联邦地区法院提起诉讼。奥地利联邦铁路公司由奥地利联邦铁路控股公司独资设立，而奥地利联邦铁路控股公司又直属于奥地利交通部。美国联邦第九巡回上诉法院在提及都乐食品公司案时，却并未否定奥地利联邦铁路公司提出的其构成美国《外国主权豁免法》第 1603 条“代理机构或媒介”的主张。该案上诉至美国联邦最高法院后，最高法院直接忽略了该问题。但中国工商银行、中国银行并非国务院国有资产监督管理委员会直属的国有企业，也曾被美国法院认可享有豁免。

(二)独立实体的穿透规则

关于独立实体的穿透问题，由于英国等国家是以行为的主权权力属性作为判定“独立实体”是否具有主权豁免资格的先决条件，[①]且并未就主权豁免问题对“外国代理机构或媒介”与“外国国家、外国政治分支机构”区分对待，因此在司法实践中较少出现揭开面纱的标准问题。但如前所述，某一实体被界定为“主权国家授权代表其行使主权权力且基于该项授权从事活动的自然人、法人、非法人组织”还是“主权国家的机构或者组成部分”，两者之间的法院审理思路存在较大不同，故本书认为该问题仍有探讨之必要。

1. 原则上推定独立实体具有独立性

在民商事法理中，法人人格独立性应当受到尊重，除非在特殊情况下才能够穿破，在国家主权豁免案件中同样如此。除非原告能够证明外国国家控制了独立实体的日常经营(day-to-day operations)，导致其丧失独立性，或者互相构成代理人，否则不能揭开独立实体的面纱，就独立实体的权利义务产生的争议起诉外国政府或者就外国政府的权利义务产生的争议起诉独立实体。同时，原告应承担揭开被告面纱的举证责任。在都乐食品公司案中，揭开公司面纱的证明标准必须是证据明确可信(clear and convincing)。美国联邦最高法院指出，外国国家设立的拥有大多数股份的公司的子公司并不能视为外国国家或其政治分支机构所有的媒介，也就不能视为属于外国国家所有。在认定企业是否属于外国国家所有时不能适用揭开公司面纱原则，否则所有的国有企业的子公司都将被视为拥有同一个母公司。[②] 在花旗银行诉古巴外贸银行案(First Nat. City Bank v. Banco Para El Comercio Exterior de Cuba，以下简称古巴外贸银行案)中，美国联邦最高法院指出，应推定合法设立的外国实体具

---

① 参见梁一新：《论国有企业主权豁免资格——以美国 FSIA、英国 SIA 和 UN 公约为视角》，载《比较法研究》2017 年第 1 期。

② See Dole Food Co. v. Patrickson, 538 U. S. 468, 123 S. Ct. 1655, 155 L. Ed. 2d 643 (2003).

有独立人格,除非证明该推定将严重违反国际公认的衡平原则(internationally recognized equitable principles)造成不公,导致外国在美国法院仅仅成为主张权益的受益人而不承担责任,否则就不能推翻该推定。①

2. 揭开面纱的标准

国际实践中比较著名的美国法上的"另一自我"(alter ego)标准,即只要证明独立实体构成外国的"另一自我",则对该外国的管辖豁免可以延伸至该独立实体。② 由于普通法系的司法特点,美国联邦最高法院并未给出确定的公式界定"另一自我"的标准,而是希望下级法院根据个案情况评估是否有例外情况。在古巴外贸银行案中,上诉法院围绕以下5个因素确定某实体是否构成政府的"另一自我":(1)政府对该实体经济控制的程度;(2)该实体的利润是否归政府所有;(3)政府官员管理该实体或以其他方式参与其日常事务的程度;(4)政府是不是该实体行为的真正受益者;(5)认定该实体的独立人格是否会使外国有权在美国法院享受利益,同时又能逃避其义务。③ 在阿根廷中央银行案中,美国联邦第二巡回上诉法院曾列出5个参考因素:(1)外国将实体的财产作为自己的财产;(2)忽略实体的独立身份或正常的公司形式;(3)剥夺了实体免予政府机构紧密政治控制的独立性;(4)要求实体就日常商业决策获得政治部门的批准;(5)发布政策或指令,造成实体直接代表主权国家。④ 此外,法院还可以考虑:(1)外国国家的成文法和判例是否将该

① See First National City Bank v. Banco Para El Comercio Exterior de Cuba, 462 U. S. 611, 633, 103 S. Ct. 2591(1983).

② See Letelier v. Republic of Chile, 748 F. 2d 790, 795 (2d Cir. 1984), cert. denied, 471 U. S. 1125, 105 S. Ct. 2656, 86 L. Ed. 2d 273 (1985); Alejandre v. Telefonica Larga Distancia de Puerto Rico Inc., 183 F. 3d 1277, 1288 (11th Cir. 1999).

③ See Walter Fuller Aircraft Sales Inc. v. Republic of Philippines, 965 F. 2d 1375, 1380, n. 7(5th Cir. 1992).

④ See EM Ltd. v. Banco Central de la República Argentina, 800 F. 3d 78, 91(2d Cir. 2015).

实体作为该国政府的一部分;(2)该实体的资金来源;(3)该实体在当地的自主性程度;(4)该实体是否关注当地而非全国问题;(5)该实体是否有权以自己的名义起诉或应诉;(6)该实体是否有权持有并使用财产。①

四、国家主权豁免案件的审理程序

(一)国家主权豁免案件的送达问题

送达最基本的功能就在于通知受送达人,使其知悉和了解与其有关的诉讼活动,以便及时依法行使其所享有的诉讼权利。特别是在诉讼开始的阶段,向被告送达传票、起诉状副本、应诉通知书等法律文书,直接影响被告能否及时提出管辖异议、应诉,或对案件实体争议发表答辩意见。通过上述对国家豁免立法及司法实践的研究,不难发现各国对外国国家的送达规则和做法蕴含了正当程序的精神和价值。正当程序能够在一定程度上为外国国家豁免权提供必要的程序保障,增强法院审理过程和判决的可接受性,从而减少受理和审理国家豁免案件的政治影响。

① See EM Ltd. v. Banco Central de la República Argentina, 800 F. 3d 78, 90 – 93(2d Cir. 2015).

1. 对外国国家送达的正当性分析

(1)程序公正性

正当程序的具体价值形态很多，集中体现为程序中立、程序理性、程序公正、程序效率、平等参与、程序人道等。在送达的问题上，正当程序的价值主要体现在通过合理送达来实现当事人的平等参与以实现公正，同时兼顾程序推进和效率原则等。而在送达的制度及其实施等问题上，则主要围绕公正和效率这两个基本价值展开。

送达程序的公正首先应当是送达程序规范的公正，其在于是否推动了实体目标和实质正义的实现，以及是否依法给予了当事人充分参与诉讼的机会。送达程序的效率，是指送达过程中的成本与收益之间的比值，集中体现为在切实保障受送达人有充分的机会参与诉讼过程的前提下，如何努力将送达所耗费的人力、时间等司法资源降到最低。可见，送达程序的效率价值是以公正价值为前提的，如果舍去公正而盲目地追求效率，就可能无法保障受送达人参与诉讼权利的实现，从而导致不公正或错误的判决。由此导致当事人不愿服判息诉，继而提起上诉或拒不执行，此时因错误而产生的费用也是一种特殊的送达成本的浪费。近年来，各国都高度关注并积极提升程序效率，然而，在国家豁免诉讼的送达程序问题上，无论是现有国家豁免立法和条约，抑或国家豁免诉讼实践，对程序公正的注重和强调，都远远高于对程序效率的要求。无论是对通过外交途径和经外国国家同意的送达方式的强调，还是对送达规则及其解释的限定，其目的均在于保障外国国家实际接受送达，进而争取该外国国家实际参与诉讼，避免遭遇缺席判决，以防止未来判决书的难以执行。

针对外国国家的民事诉讼所蕴含的逻辑应当是在作为被告的外国国家尚未答辩或提出异议之前，法官仅仅偏听原告的一面之词而作出判断，很容易作出错误的判决，从而导致外国国家本应享有的豁免权受到侵犯。如果被诉国不出庭,法院则可能对其作出缺席判决,而如果强制执行了该判决,往往就会造成法院地国和被诉国之间的外交关系趋于敏感甚至恶化。因此,在现有的国家豁免国内立法及国际条约中,几乎都包括了清晰而明确的专门针对国家的相关送达规则,以避免侵犯外国国家的豁免权,从而将因国家主权豁免案件审判可能带来的政治影响和司法风险降至最低。即使外国国家的行为属于“豁免例外情形”或者明确放弃管辖豁免,法院也不能在缺失公正而有效的送达程序下获得对该案的管辖权。例如,在美国国家豁免诉讼实践中,所有司法判例都严格遵守着“对事管辖权 + 送达 = 对人管辖”的规则。① 因此,送达对于国家豁免诉讼的意义应当更重在程序公正的价值,这一取向已充分体现在国家豁免的相关国际立法和司法实践中。

(2)判决接受性

司法裁判的可接受性是就法院作出的裁判被案件当事人接受而言的。作为司法程序重要内容之一的送达程序,送达规范是否完善、实施送达的活动是否合法合理等,直接制约当事人的诉讼权利的行使,进而影响其对判决结果的接受态度。

如前所述,送达最基本的功能在于通知受送达人。一旦法院确定已经将上述法律文书有效送达给被告,被告若未在法定的期限内出庭应诉,则可能招致对其不利的缺席判决。因此,送达问题又常常与缺席判决联系在一起。尽管缺席判决被认为是在给予被告充分的主张或辩论机会而其却置之不理后所作出的判决,是双方权利平等保护原则和诉讼效率原则平衡的结果,但相比对席判决而言,缺席判决下的事实真伪查明难度更大,极易出现误判。即使判决本身没什么瑕疵,未出庭的一方

① See Texas Trading & Milling Corp v. Federal Republic of Nigeria, 647 F. 2d 300 (2nd Cir. 1981), p. 308.

当事人很大概率也会怀疑判决的公正性，从而不愿自觉执行判决，使判决被接受的可能性大大降低。

在国家豁免诉讼中，外国国家的审判接受性比其他案件小。原因在于此类案件所涉及的是外国国家的主权问题。即使限制豁免的原则已经成为一种不可逆转的趋势，但当前的通行做法，仍然是以国家行为享有豁免为原则，以不享有豁免为例外。换言之，国家行为在他国法院首先应该被推定为享有豁免。就严格意义上而言，在当今既无普遍国际公约又无国际习惯法的约束的形势下，接受和执行由另一外国国家所作出的针对自己的司法审判，并不是国家国际法上的义务。由此一来，对外国国家的审判和所作判决的可接受性的问题，已经成为考量法院地国家的司法权威和司法效率的重要指标。一旦处理不当，非但判决无法执行，反而可能导致国家之间外交关系的恶化。为了避免如此恶果，各国在国家豁免案件中，均特别注重被诉的外国国家的答辩意见和证据资料，而在送达程序的规则和实施等方面，也会尽量给予外国国家充分机会参加诉讼，从而为其提供正当和有效的程序保障。当送达的正当程序性保障功能充分完备时，即使外国国家未出庭，法院所作出的对其不利的缺席判决，至少不会因程序正当性的缺失而遭到质疑。因此对国家豁免立法中的送达规则以及送达实践的严格要求，也是出于对判决可接受性高度关切的目的。

2. 国家主权豁免案件的送达规则

综上所述，我国《外国国家豁免法》也十分注重送达的程序公正价值，以判决的可接受性为终极目标，来设计送达规则。

(1) 单列送达条款

《外国国家豁免法》第 17 条就人民法院向外国国家送达传票或者其他诉讼文书的方式进行了具体规定，而并非通过适用第 16 条的方式，依照《民事诉讼法》或者相关司法解释进行送达。单列送达条款的优势在于:第一,对外国国家的送达问题具有特殊性。如前所述,在国家主权豁免法出台之前,各国并无清晰明确的专门针对国家的送达规则。普通的送达程序在制定的时候只是针对私人被告,需要设置新的送达规则来平衡司法公正和外交政策之间的关系。① 外国国家作为特殊的被告在司法程序上仍是主权者的身份,其抽象的法律人格决定了送达文书实际接受程序的复杂。对外国国家实施的送达,应更加强调通过外交途径送达的方式,注重有效送达的实际效果。因此,现有的域外国家主权豁免立法和条约也几乎都明确规定了送达问题(见表3-4)。

表3-4 公约及各国国家主权豁免立法中的送达规则

国际公约/国内立法	区别送达对象	遵循先后次序	送达方式
《联合国国家及其财产管辖权豁免公约》[1]	否	是	依国际公约或原告与被告之间的特殊安排→采取外交途径或外国接受且法院地国不禁止的方式
《欧洲国家豁免公约》	否	否	外交途径

① See Joseph W. Dellapenna, *Suing Foreign Governments and Their Corporations* (2nd, *ed*), Transnational Publishers, Inc., 2003, p. 286.

续表

国际公约/国内立法	区别送达对象	遵循先后次序	送达方式
美国《外国主权豁免法》	是	是	对外国国家的送达:①原告与被告间的特殊安排→②国际公约→③附回执的信件邮寄送达给外国外交部→④外交途径
			对外国国家机构和部门的送达:①特殊安排→②向境内代理人当面送达或依国际条约送达→③被告指定方式或附回执的邮寄送达或依送达地国法
英国《国家豁免法》	否	否	外交途径或外国同意的送达方式
加拿大《国家豁免法》	是	否	对外国国家的送达:依外国国家同意的方式或国际条约或外交途径
			对外国机构的送达:该外国机构同意的方式或国际条约或①依法院地规则→②法院指明的方式
澳大利亚《外国国家豁免法》	是	否	对外国国家的送达:依条约或外交途径
			对外国独立实体的送达:依条约(明确其他送达方式一概无效)

〔1〕参见《联合国国家及其财产管辖权豁免公约》第2条第1款第2项(a)。

第二,我国现行《民事诉讼法》及其相关司法解释在对外国国家的送达程序上尚无明确规定。现有的普通域外送达规则和制度也一定程度上存在较模糊、可操作性一般,公开性和透明度不足等问题。[①] 因此,《外国国家豁免法》第17条通过单列送达方式的立法设计,对于人民法

① 参见何其生:《域外送达制度研究》,北京大学出版社2006年版,第210~213页。

院在实践中如何向外国国家进行送达的问题作出了明确的规定。

(2)具体送达规则

《外国国家豁免法》颁布前,我国在域外送达方面的主要法律依据《海牙送达公约》、双边司法协助协定和现行《民事诉讼法》第283条及相关司法解释。我国现行《民事诉讼法》第283条对我国法院向域外送达设置了11种送达方式,分别是根据国际条约规定送达、通过外交途径送达、委托使领馆代为送达、向诉讼代理人送达、向代表机构送达、向所在法人或者其他组织送达、向法定代表人或者主要负责人送达、邮寄送达、公告送达和电子送达等。如前所述,各国在对外国国家送达时,特别强调程序公正价值,给予外国国家充分的正当程序的保障,以增强法院的审判和判决的可接受性。以上理念经过了国际法主权理论的衡量和国内法上司法规则的检验,有其适当性和必要性。《外国国家豁免法》也秉持了强调程序正当性和判决可接受性的精神,在立足中国国情的基础上,选择了适当的送达方式,具体包括以下几个方面。

①无须区分送达对象

将规范和实践两个层面的送达问题结合来看,不区分送达对象模式的送达规定比以美国为代表的区分送达对象模式呈现更好的应用效果。而统一的送达规则能够给送达人提供更加清晰的程序规则和指引,避免给当事人和法官带来不必要的选择的麻烦。不区分送达对象模式相对简单明了,对外交途径送达的注重,既增强了送达的成功率从而降低原告的送达成本,又能够最大可能地引起外国国家的注意以及时提出豁免权辩护。《联合国国家及其财产管辖权豁免公约》第22条的送达条款亦未区分送达对象。我国《外国国家豁免法》第17条关于送达方式的规定也未区分送达对象,无论被告是外国主权国家本身还是国家机关、组成部分或其他基于授权行使主权权力的组织或个人,都按照相同的送达规则和送达顺序实施送达。

②适当设置送达方式的次序

美国《外国主权豁免法》采取了非常独特且严格的依循先后次序选择送达方式的立法模式，送达人在向受送达人实施送达行为时，必须严格地依照美国《外国主权豁免法》第1608条所规定的先后次序排列送达方式，不能颠倒顺序或同时采取两种或两种以上方式送达。然而，如此严格地依次序选择，实际减损了当初预设的效果，在司法实践中产生了不必要的麻烦。

相对来说，适当设置先后顺序的送达规则更加合理，送达人任意选择其中一种或多种送达方式，可以在保证送达效果的基础上，进一步提高司法送达效率。我国《外国国家豁免法》第17条就将依据条约的送达作为首选送达方式，既与《联合国国家及其财产管辖权豁免公约》规定保持一致，也实现了与送达相关的国际条约的衔接。当然，在具体司法实践中，对于向外国国家送达的方式还可结合条约规定予以进一步明确。具体来说，根据《海牙送达公约》第11条的规定："本公约不妨碍缔约国为送达或通知诉讼文件的目的采取上述条文规定的不同的传递途径，特别是在其各自机关之间的直接传递。"而根据《最高人民法院、外交部、司法部关于执行〈关于向国外送达民事或商事司法文书和司法外文书公约〉有关程序的通知》（外发〔1992〕8号）的规定，如果我国与其他国家或地区签订了双边或多边民商事司法互助协定，则该互助协定将优先适用。在我国与新加坡、法国、韩国等主要国家签订的双边民商事司法互助协定中，针对境外原告向我国境内被告送达司法文书，仍然坚持通过中央机关转递的原则。而《海牙送达公约》中我国未保留的送达方式，除属于《外国国家豁免法》第17条第1款第2项和第2款规定之情形外，仅有通过该外国指定中央机关送达或通过外交代表机构（使馆、领馆）送达。

根据《外国国家豁免法》第17条第1款以及《涉外国因素豁免程序

事项通知》的规定,应优先采用外国国家与我国缔结或者共同参加的国际条约规定的方式或被送达外国国家接受且我国法律不禁止的方式进行送达。需要注意的是,针对《联合国国家及其财产管辖权豁免公约》中所规定的“按照求偿方和被诉的外国国家之间关于送达诉讼文书的特殊安排”的送达方式,目前在商业交易领域,合同中约定送达方式及地址的操作并不少见。考虑到在我国实施送达的主体是人民法院,被送达对象为外国国家、国家机关或被授权行使主权行为的组织或个人,该种关于送达方式及地址的约定能否被认定为属于“被送达国家接受的送达方式”,有待司法实践进一步明确。可以预见,在具体司法运作时,如何判断某种送达方式是否属于“被送达国家接受的送达方式”的问题将会比较突出。在英国,此种替代方式的启动需要原告向对方提出请求,而被诉国家往往拒绝接受该类请求,①但由于其可以避免外交途径送达的烦琐,增加送达方式的灵活性,目前仍被部分域外立法例保留。因此,本书认为,在司法实践中,人民法院不妨在送达前先向被送达国家征求其对送达方式的意见,如其不反对则可以按照比较快捷和简单的方式实施送达。

③凸显外交途径送达

由于被送达对象的特殊性,以外国国家为被告的诉讼文书的送达更加求稳,因此通过外交途径送达成为最重要的送达方式之一。总体来看,国家豁免的法律问题和外交事务的双重属性,决定了通过外交途径送达可能更易被外国国家接受,而事实上的确如此。尽管一些国家豁免立法中也规定了其他可供同时选择的送达方式,但送达人一般首选外交途径送达。《外国国家豁免法》第 17 条第 2 款亦规定,通过第 1 款方式

---

① See Andrew Dickinson, Rae Lindsay & James P. Loonam, *State Immunity: Selected Material and Commentary*, Oxford University Press, 2005, p. 386.

无法完成送达的,可通过外交照会方式送达。具体操作程序可部分参考现行涉外商事审判中的涉外送达流程,如要求送达的诉讼文书须经省、自治区、直辖市高级人民法院及最高人民法院逐级审查,并将所涉案件的基本情况函告外交部,以便通过外交照会方式送达。外交部就外交照会是否送达以及何时送达的情况出具证明文件,人民法院应予采信。

④不宜采用的送达方式

在现有国家主权豁免的域外立法例及国际条约中,仅美国和加拿大的外国国家豁免法以及《联合国国家及其财产管辖权豁免公约》中采纳了邮寄送达的方式。《海牙送达公约》中的邮寄送达被部分国家提出保留而排除,我国便是其中之一。因此,根据国际法上的对等原则,其他缔约方原则上也可以禁止我国法院以邮寄方式向其国内当事人送达司法文书。在送达效果方面,邮寄送达经常无功而返,常常因为难以查清受送达人的地址和邮政编码而无法完成,且即使接受了《海牙送达公约》中的邮寄送达的国家,在对其政府或其他豁免主体实施送达时仍常遭到拒绝。如当事人拒收,邮政部门无权留置送达,材料最终仍将退回法院,导致办案周期延长,反而增加了诉讼成本。

此外,我国《外国国家豁免法》中也未规定采取公告的送达方式,其只适用于被告下落不明的情况,而起诉外国国家的案件不存在这种可能性。

(3)其他问题

①有关译本要求

在域外送达实践中,对译本的要求已成为习惯性做法。在对外国国家实施送达时,现有国家豁免法和实践都要求须附有翻译成被送达国家认可的语言的诉讼文书译本。我国早在 1992 年由司法部、最高人民法院和外交部联合下发的《关于执行海牙送达公约的实施办法》中就详细规定了在域外送达时的译本要求。该实施办法仅服务于执行《海牙送达公约》,因此原则上其效力并不能及于《外国国家豁免法》。《外国国家豁免法》第 17 条第 3 款明确规定,向外国国家送达的诉讼文书,应当依照该外国国家与我国缔结或者共同参加的国际条约的规定附上有关语言的译本,没有相关国际条约的,附上该外国国家官方语言的译本。

②外国国家出庭应诉与送达的关系

对此问题,英国《国家豁免法》第 12 条第 3 款规定:"已出庭的国家不得在诉讼中以未遵守上述(1)款规定而表示反对。"新加坡、南非、巴基斯坦等国家豁免法也有相同规定。《联合国国家及其财产管辖权豁免公约》第 22 条第 4 款规定:"任何国家在对其提起的诉讼中就实质问题出庭,其后即不得声称诉讼文书的送达不符合第 1 款和第 3 款的规定。"这些规定的目的在于,强调就实质问题出庭即丧失抗辩送达的效果,其中的逻辑非常简单,因为送达的本质目的在于让被告及时知悉其被诉以及案件的基本信息,既然被告就实质问题出庭,显然其已经知晓了被诉的事实。我国《外国国家豁免法》第 17 条第 5 款规定,外国国家在对其提起的诉讼中就实体问题答辩后,不得再就诉讼文书的送达方式提出异议。

(二)国家主权豁免案件的举证责任问题

1. 管辖豁免程序中的举证责任

(1)举证责任的程度

英美法系主要将举证责任分为两种类型,分别为证据提供责任(burden of producing evidence)和说服责任(burden of persuasion)。[①] 证据提供责任,是指当事人向法院提交相关证据材料以证明待证事实的责任,而说服责任则是指必须说服裁判者相信当事人所提交的证据,并相

① 参见周洪波:《证明责任分类的体系重构》,载《法制与社会发展》2020 年第 3 期。

信其主张为真实的责任。负有说服责任的当事人如就待证事实不能说服裁判者相信其主张为真实,则其将承担该主张不被裁判者采信或支持的不利后果。因此说服责任又被称为"不能说服的风险"。① 就裁判者被说服的"确信"程度而言,英美法又将说服责任分为"毋庸置疑""证据明确""证据优势"3 种不同程度。② 证据优势即"高度盖然性占优势的证明规则",当证据显示待证事实存在的可能性明显大于不存在的可能性时,法官可据此进行合理判断以排除疑问,在已达到能确信其存在的程度时,即使还不能完全排除存在相反的可能性,但也可以根据已有证据作出这一待证事实存在的认定。英美法系民事诉讼中比较通行的做法是采用优势证据的说服责任,目的在于最大限度减少错案总量且同等对待双方当事人,因此在民事诉讼中通常不会出现一方当事人需将待证事实证明到确定性程度,而另一方当事人无须承担任何举证责任的失衡局面。③

与英美法系的优势证据原则不同,大陆法系民事诉讼中占据主导地位的为高度盖然性证明标准。与英美法系中的盖然性优势标准相比,高度盖然性作为大陆法系自由心证制度下法官形成内心确信的最低限度标准,要求的盖然性标准要高得多。例如,德国要求"法官总是可以而且必须满足与实际生活一致的、使怀疑保持沉默而又不完全排除怀疑的确信程度"。④ 从两大法系证明标准的等级划分与百分比量化来看,英美

---

① 参见李杰:《论刑事案件法官心证的形成——基于庭审实质化视角下说服责任的考察》,载中国法院网,https://www.chinacourt.org/article/detail/2016/11/id/2351576.shtml。

② 参见王兆鹏:《美国刑事诉讼法》(第 2 版),北京大学出版社 2014 年版,第 633 页。

③ 参见[美]罗纳德·J. 艾伦:《证明责任》,蒋雨佳、强卉、张姝丽译,张保生校,载《证据科学》2012 年第 5 期。

④ See Kevin M. Clermont, Emily Sherwin, *A Comparative View of Standards of Proof*, 50 Am. J. Comp. L. 243,254 (2002).

法系的盖然性优势证明标准要求50%以上的确信度，而高度盖然性证明标准要求65% ~90%的盖然率。[①] 如果将“盖然性占优势”划分为具有绝对优势的盖然性和具有相对优势的盖然性，那么就此而言，大陆法系的“盖然性”仅指前者，而英美法系的“盖然性”则应当包括二者在内。[②]

在国际实践中，一般由主张豁免的一方当事人承担最终的说服责任，[③]如美国国会、哥伦比亚特区联邦巡回上诉法院曾将举证责任的分担概括为三步：第一步，被告必须初步证明其是外国国家，故可以援引《美国法典》第28编第1604节享有豁免；第二步，原告必须提出充分证据证明存在豁免例外；第三步，原告完成主张责任后，被告应有义务完成说服责任证明豁免例外并不适用。[④] 然而，在第二步原告的举证责任标准上，司法实践中存在不同观点，有案件认为需要原告提出充分证据证明其起诉符合美国《外国主权豁免法》下的管辖豁免例外，[⑤]亦有法院要求原告提供优势证据证明豁免例外适用，然后被告承担最终的说服责任证明豁免例外不适用，[⑥]理由是美国《联邦民事程序规则》第12(b)(1)条对确立管辖权的标准为优势证据。

本书认为，在国家主权豁免案件中，我国应该采用优势证据原则，主

---

① 参见毕玉谦：《证明标准研究》，载《诉讼法论丛》1999年第0期。

② 参见毕玉谦：《试论民事诉讼证明上的盖然性规则》，载《法学评论(双月刊)》2000年第4期。

③ See de Csepel v. Republic of Hungary, 808 F. Supp. 2d 113, 127 - 128 (D. D. C. 2011), rev’d in parton other grounds, 714 F. 3d 591 (D. C. Cir. 2013).

④ See H. R. REP. 94 - 1487, at 17 (1976); Arch Trading Corp. v. Republic of Ecuador, 839 F. 3d 193. (2016); In re Grand Jury Subpoena, 912 F. 3d 623, 632 - 633 (D. C. Cir. 2019); Phoenix Consulting Inc. v. Republic of Angola, 216 F. 3d 36, 40 (D. C. Cir. 2000); EIG Energy Fund XIV L. p. v. Petroleo Brasileiro S. A., 894 F. 3d 339, 344 - 345 (D. C. Cir. 2018).

⑤ See Robinson v. Gov’t of Malaysia, 269 F. 3d 133, 141 n. 8 (2d Cir. 2001).

⑥ See Swarna v. Al-Awadi, 622 F. 3d 123, 143 (2d Cir. 2010).

要原因有以下3点:一是符合国家主权豁免案件特点,该类案件法律关系复杂,可能涉及不同国家的历史发展、法律体系以及经济结构,并直接关系国家的根本利益,从证据证明标准视角看,往往涉及既可能相互冲突,又可能支离破碎的时间久远的证据,甄别技术十分复杂。为了解决纷争,法官只能采用程序相对简单的盖然性优势证据标准,以充分发挥法官的自由心证作用,尽快作出裁定。如果采用更高程度的证明标准,势必导致当事国提交大量繁杂的证据,大大增加法官认定事实的难度,增加司法成本,拖延案件的审理时间。[①] 二是符合现有国际司法实践习惯,在实践中,国际法院及各国国内法庭在认定事实上普遍采用盖然性优势证明标准。国际法院多年来的司法实践隐含了由低到高具有层级的证明标准,即初步证据标准、证据优势标准、清晰和令人信服的标准及排除合理怀疑的标准。[②] 国际法院在解决领土争端实践中,借鉴了英美法的传统,隐含适用了证据优势标准或盖然性权衡标准,并将其置于主导地位,[③]因此在与国际实践保持一致的角度,采用优势证据标准也是必然选择。三是符合经济社会发展趋势,高度盖然性证明标准建立在人的认知能力具有普通性、证据排除原则等理论之上。现代哲学、心理学的发展,已经表明人的认知能力互有差异,并且不可避免地会受到其他诸多因素的影响,同时,高度盖然性追求的是"常人认识模式",而随着科学技术的飞速发展,裁判者面对各类错综复杂的涉高科技证据,需具备足够的各领域专业知识才能作出准确的证明价值判断。在这样的发展趋势下,优势证据标准的可操作性更强。

---

① 参见姜作利:《试论WTO争端解决程序中适用盖然性优势证明标准的合理性》,载《比较法研究》2014年第6期。

② See James A. Green, *Fluctuating Evidentiary Standards for Self-defense in the International Court of Justice*, 58 Int'l & Comp. L. Q. 163,167 (2009).

③ 参见张卫彬:《国际法院解决领土争端中证明标准问题》,载《当代法学》2011年第5期。

(2)涉独立实体豁免的举证责任

在涉独立实体豁免举证责任的问题中,目前国际上有3种立法例。

第一,《联合国国家及其财产管辖权豁免公约》的立法设计。在《联合国国家及其财产管辖权豁免公约》下,由于独立实体不被预先推定为授权行使主权权力,其首先需证明其被授权行使且实际行使主权权力。但与英国《国家豁免法》有所区别,《联合国国家及其财产管辖权豁免公约》下独立实体不用预先证明主权国家在同样情形下也有权享受主权豁免。这也就意味着,独立实体在证明自身被授权且实际行使主权权力之后,证明责任转移到原告,原告想否决被告的主权豁免资格,需证明存在主权豁免例外。

第二,在美国《外国主权豁免法》下,独立实体需提供初始证据,证明其是政府的"代理机构或媒介"。此后,证明责任转移到原告,原告需证明存在美国《外国主权豁免法》第1605条至第1607条的主权豁免例外,以主张独立实体不能享有主权豁免。一般而言,独立实体通过股份持有等方式证明其直接由国家所有进而证明其是"代理机构或媒介"较容易,但原告要证明存在不适用主权豁免的例外情形则有一定的困难。此外,在认定是否应揭开公司面纱时一般适用优势证据标准。① 因为主权豁免案件中原告方更难收集证据证明外国国家已控制媒介使媒介丧失了独立性。②

第三,在英国《国家豁免法》下,包含的独立实体不是主权豁免的主体,因此独立实体需要首先提供证据证明其行为是行使主权权力的行

① See Owens v. Republic of Sudan, 864 F. 3d 751, 784 (D. C. Cir. 2017); Sachs v. Republic of Austria, 737 F. 3d 584, 589 (9th Cir. 2013), rev'd on other grounds sub nom., ÖBB Personenverkehr AG v. Sachs, 136 S. Ct. 390 (2015).

② See Crystallex International Corp. v. Bolivarian Republic of Venezuela, 932 F. 3d 126, 146 (3d Cir. 2019), cert. denied sub nom., Venezuela v. Crystallex International Corp., No. 19-1049 (US May 18, 2020).

为，且需要证明主权国家在同样情形下也有权享受主权豁免。如果独立实体不能证明则需承担不利后果，无法享有主权豁免。

本书认为，我国法院在适用《外国国家豁免法》时，可分配举证责任。需要注意的是，在我国坚持立案登记制的前提下，该类案件可能涉及外国国家主权权益，影响重大，因此建议参照《最高人民法院关于审理证券市场虚假陈述侵权民事赔偿案件的若干规定》第2条的规定，明确当原告起诉所涉被告明显属于外国国家的，原告应在起诉阶段提交初步证据材料证明被告存在豁免例外情形。人民法院受理该类案件虽不以外交部门认可或最高人民法院准许为条件，但仍负有比普通案件立案时更审慎的审查义务，原告也应当提交符合该类案件立案登记条件的必要材料。

2. 执行豁免程序中的举证责任

在举证责任承担方面，证明拟执行标的属于“用于商业活动的财产”的举证责任往往由寻求执行一方承担。但国家资产的具体信息由东道国控制且很难被授权调查取证，导致证明国家资产的具体使用目的并非易事。多数法域中，资产属于“商业资产”的举证责任往往由债权人承担。例如，在荷兰法下申请执行方承担举证责任，并且举证过程不会得到荷兰法院的任何协助，而东道国也没有义务披露关于资产的任何相关信息。[①] 又如，加拿大《国家豁免法》规定所有国家资产都存在既定的“主权资产假设”。这意味着一国在加拿大所持有的国家资产首先推定为“主权”资产，再由执行申请人提供充足证据来反驳资产的主权性假设。若证据足以推翻此种假设，证明该资产属于商业资产，则可获

① See Sebastiaan Barten & Marc Krestin, *State Immunity from Enforcement in the Netherlands: Will Creditors be Left Empty-Handed?*, Wolters Kluwer, http://arbitrationblog.kluwerarbitration.com/2017/04/25/state-immunity-from-enforcement-in-the-netherlands-will-creditors-be-left-empty-handed/.

得强制执行，反之则无法执行。[①] 同样，根据英国《国家豁免法》第 13 条第 5 款的规定，被执行国外交人员对资产性质的声明将被视为关于资产性质的充分证据，无须任何其他证据辅助证明其真实性。可见，在英国法下某一资产可单凭东道国外交人员的声明而被推定为“主权资产”。

此外，由于涉国家主权豁免案件的财产往往具有特殊性，这种特殊性可能会使投资者收集证据的手段和途径受到阻碍，也在一定程度上为原告举证增添了难度。例如，针对可能用于外交目的的资产，根据《维也纳外交关系公约》第 22 条、第 24 条、第 31 条的规定，使馆馆舍不得侵犯；使馆馆舍及设备、馆内财产、使馆交通工具免受搜查；使馆档案及文件不得侵犯；外交人员无作证义务，不得被强制质证。由于难以取得充分证据证明资产的商业目的，投资者通常难以完成举证责任。又如，在确定财产是否归属于中央银行方面，一些国家的做法是看该财产是否与中央银行有关而被其使用或持有，故在钱款存放在银行账户的情况下，若原告无法提出相反的证据，则这些存款即可享有强制措施豁免。

但澳大利亚和以色列的立法较特殊，澳大利亚《外国国家豁免法》第 32(3)(b)条以及以色列《外国国家豁免法》第 16(1)条规定，若某资产没有明显使用目的，则将直接推定该资产用于商业用途，后续由国家承担证明所涉资产用于主权目的的举证责任。此种举证责任立法与多数国家的立法截然相反，更多地体现了对个人寻求执行、实现权利救济的保护。

---

① 参见范晓宇：《投资仲裁裁决执行的国家豁免困境、成因及出路》，载《武大国际法评论》2021 年第 3 期。

(三)国家主权豁免案件的缺席审判问题

1. 外国国家缺席审判的审慎性原则

(1)对外国国家缺席审判的正当性

正当程序最根本的意义在于,若裁判程序本身是公平的,则即使当事人得到了不利结果,也会因为其权利得到充分保障而对这项结果给予肯定的评价。然而,由于民事诉讼中的当事人对自己的诉讼权利具有处分权,再加上实践中可能会客观存在阻碍当事人到庭的因素,所以经常会出现一方未到庭的现象。在实践中,各方当事人参与审判程序的形态和程度并不相同,但只要给予当事人充分参与诉讼、有听取和被听取的机会,就不违背正当程序。① 最典型的保障体现在缺席判决制度中,尽管在实体结果上可能有对缺席一方当事人不利之倾向,但在程序意义上,缺席判决制度是对原、被告双方之程序利益兼顾考虑的结果。同时与对席判决相比,缺席判决因缺乏实际的双方辩论过程而使事实真相的查明和对缺席当事人程序利益的维护变得尤为重要。因此,现有国家豁免法或条约中几乎都对缺席判决问题作了专门而特殊的规定,并且设置了比一般缺席判决更加严苛的程序条件,如更严苛的送达方式、管辖豁免的谨慎排除、更加宽裕的答辩期限和申请撤销期限等,以保障外国国家拥有更多获得参诉和救济的机会。

在对外国国家作出缺席判决的条件上,比较特殊的问题是法官对外国的管辖豁免事宜的主动审查,而普通的民事诉讼的法官出于司法的谦抑性通常不负有此类主动审查义务。立法之所以如此设计,是出于对国家豁免权正当程序的考量。传统民事诉讼具有平等主体的私法性质色

---

① 参见[日]谷口安平:《程序的正义与诉讼》,王亚新、刘荣军译,中国政法大学出版社 2002 年版,第 15 页。

彩,法官的任务是恢复受害当事人被对方所侵犯的权益,在此意义上,一项司法判决的效果通常仅限于双方当事人。然而,在涉外国国家诉讼中,因其独特的国家豁免问题关涉外交影响,故此类民事诉讼超越了“私人化”的特征。换言之,国家主权豁免案件涉及国家的全局利益和公共利益,因此维护这种利益以及当事人的程序利益是法官的职能。对于缺席判决的限制性安排,其目的在于通过满足正当程序来保障缺席判决的合理性和可接受性,尽量避免和减少对国家外交关系造成不利影响。

(2)对外国国家缺席审判的风险

对外国国家作出缺席判决会面临双重风险。第一重风险是源自被告特殊身份(国家豁免主体)的政治风险,第二重风险是源自程序意义上的判决难以执行的风险。① 如前所述,国家豁免权是关涉一国主权的重要内容,若处理不当,可能会对国家的对外关系和国家利益产生重要影响。尽管限制豁免论正在被越来越多的域外立法接受,但仍无权威机构或法律文件认定其已成为国际习惯法。即使是将限制豁免原则立法或践行于司法审判实践中的国家,其对待外国国家的豁免权问题仍是慎之又慎。在审判过程中,法院需要特别注重被告国家的答辩意见和证据材料,在存有疑虑时,可能还会征求外交部门意见,方可排除国家豁免因素继续审理。在国家未出庭时,事实真相更加难以查清,若轻易作出缺席判决,更易引起被告国家的抗议和报复,增加两国交恶的风险。另外,坚持绝对豁免原则的国家一般还特别看重被诉对其国家主权及名誉的不利影响,无论缺席判决在实体上是否正确,这些国家都会极力反对甚至提出外交抗议,更不会主动配合执行。因此,对外国国家作出缺席判决首先会面临巨大的政治风险。

---

① 参见郭玉军、王卿:《对国家做出缺席判决的风险及其预防措施——以现有国家豁免立法和司法实践为中心》,载《学习与实践》2011 年第 9 期。

在诉讼法理论和司法审判实践中,缺席判决是法官万不得已而为之的一种结案方式。其是在给予被告充分的主张或辩论机会而其却置之不理后所作出的判决,也是平衡当事人双方权利平等保护原则和诉讼效率原则的结果。然而,从追求事实真相的角度来看,一方当事人不应诉、不答辩,增加了查明事实真伪的难度,容易导致法官作出错误判决。此时,被诉国很可能会充分利用法院地国的撤销程序或提出执行豁免的抗辩。而对国家财产的执行豁免与管辖豁免不同,绝大多数国家对执行豁免采取更审慎的态度,因此缺席判决下实际被执行的概率将大大降低。此外,当缺席判决作出之后,如果进入对国家财产的执行程序,对外国国家财产的任何执行措施都必然会直接触及该国家的重要利益,因而也有极大可能对法院地国和有关外国之间的外交关系带来不利影响。[①] 若法院地国对被诉国的声明和意见未予理睬,强制执行缺席判决,很有可能引起对方国家采取对等措施。

2. 对外国国家作出缺席判决的程序条件

如前所述,在国家豁免诉讼实践中,外国国家经常无视法院的传票,既不向法院提出管辖异议,也不对原告的起诉状进行实质答辩。对此,现有国家豁免法和条约都明确规定可以对外国国家作出缺席判决,但需要遵守严格的条件和要求。其中,在程序方面,要满足送达有效、答辩期限已过、缺席事实的存在、管辖豁免的排除等诸多条件。这些程序条件的具体内容与《民事诉讼法》的一般性规定并不相同,从而形成了专门适用于外国国家主体的特殊程序性规定,对预防或减少缺席判决的外交影响和难以执行风险起到重要作用。

---

① See H. Lauterpacht, *The Problem of Jurisdictional Immunities of Foreign States*, 28 British Yearbook of International Law 243 (1951).

(1)有效送达

正当的缺席判决的必要前提是对缺席方当事人已经实施了有效送达。有效送达的目的在于保障受送达人拥有充分参加诉讼的机会,其最终效果在于实现程序过程本身的公正性、合理性,从而使缺席判决获得正当性。因此,未经有效送达即作出对缺席方当事人不利的缺席判决,程序存在严重瑕疵将导致该缺席判决无效。在涉外国国家诉讼中,对外国国家主体适用缺席判决时,有效送达作为正当程序保障的意义更为凸显,对缺席判决可接受性的影响也更大。

在对外国国家适用缺席判决时,法院需要首先确定送达的实施是不是合法。此外,法院还必须查明是否实际通知到了受送达人。这种对送达结果的关注即强调有效送达的效果。在实践中,送达是否有效可通过以下两个方面进行判断:第一,送达的实施是否符合国家豁免法所规定的送达方式和送达次序;第二,是否已经实际送达。鉴于前文中已经对第一个问题进行了较详细的论述,以下部分仅就第二个问题进行探讨研究。

①已经送达的确定

已经送达的确定非常重要,其直接关系缺席判决是否正当。同时,确定已经送达的日期是计算答辩期限的起算点,若被诉的外国国家未在法定的答辩期限内提出异议或答辩意见,则可能面临缺席判决的结果。对已经送达的确定问题,现有的国家豁免法中大多作出了明确规定,具体见表3-5。

表 3-5 公约及各国国家豁免立法的"送达确定"条款

法律文本名称	已经送达的确定
《联合国国家及其财产管辖权豁免公约》	第22条第2款规定:以第1款(C)(i)项所指的方式送达诉讼文书时(外交途径),外交部收到该项文书即视为该项文书已送达。 第22条第4款规定:任何国家在对其提起的诉讼中就实质问题出庭,其后即不得声称诉讼文书的送达不符合第1款和第3款的规定
《欧洲国家豁免公约》	第16条第3款规定:在该外交部收到时,第2款所述的文件应视为已完成送达。 第16条第6款规定:缔约国到庭应诉应视为已放弃对送达方法的异议
美国《外国主权豁免法》	第1608条第(c)项:在下列情况下即认为文件已经送达,(1)按(a)(4)项规定送达的,送达时间是经过认证的外交照会副本注明的发出日期。(2)按该条其他各款规定送达的,送达时间是证明文件、邮件回执或其他送达方式时的证明文件上所载明的接收日期
英国《国家豁免法》	第12条第1款规定:送达一经外国外交部接收,即视为有效送达
加拿大《国家豁免法》	第10条第5款规定:在按照第2款规定的方式送达起诉文书时,文书的送达日,应视为副外交部长或其依第2款指定的某人向有关法院证明该文件副本已转交给该外国国家之日
澳大利亚《国家豁免法》	第24条第3款、第4款规定:若传票和文件被送达给在外国国家内的外国国家的相应的部门或机关,送达自交付时生效;若传票和文件被送达给代表外国国家并拥有职权的其他人,送达自交付时生效。 第26条:当外国国家没有拒绝启动传票的送达,并出庭参与司法程序,则该法关于该送达的规定应被遵守

从表3-5可以看出,已经送达的确定多以诉讼文书的实际交付或收到为准。然而,这种交付或收到不能仅仅依赖外国国家的反馈信息,

还必须有书面的证明。美国和加拿大的国家豁免立法对该问题的规定比较详细,指明"送达时间是经过认证的外交照会副本注明的发出日期"或者其他证明文件、邮件回执等书面文件上所标明的接收日期。英国《国家豁免法》尽管没有直接规定已经送达时间的确定,但也在后续条文中规定本国外交部最高长官出具的证书可以证明已经送达的时间。① 在英国司法实践中,外交和联邦事务部特别注意送出日期,而非只依赖从被送达外国国家主体处获得的接收信息。采同样立法的还有新加坡、南非及巴基斯坦。根据我国《外国国家豁免法》第 17 条的规定及涉外司法文书送达的相关规定,采用第 17 条第 1 款方式进行送达的,如果未能收到送达与否的证明文件,且根据各种情况不足以认定已经送达的,应视为无法完成送达。此时可通过第 17 条第 2 款规定的外交照会方式进行送达,外交照会发出之日视为完成送达。

此外,外国国家主体参与法院司法程序的行为在很多国家的立法或实践中被认定为对已经有效送达的默认。对外国国家主体来说,参加司法程序有两种情形:第一种是为了就实体争议提出主张而出庭;第二种是单纯为了提出对送达或管辖权的异议而参与程序。第一种情形被视为外国国家默认了送达的有效性,自然不无道理;但第二种情形若也被认定为默认送达有效,实则剥夺了被告在程序方面的参诉权,显失公正。正是出于这一考虑,国际条约及现有域外立法对此问题的规定均十分谨慎,通常仅将默认有效送达的出庭限定在第一种情形之下,如《联合国国家及其财产管辖权豁免公约》第 22 条第 4 款明确规定:"任何国家在对其提起的诉讼中就实质问题出庭,其后即不得称诉讼文书的送达不符合

① 英国《国家豁免法》第 21 条规定:"国务大臣,或代表国务大臣出具的证书,对下列任何问题,都是不容置辩的确定的证明……(d)文书是否已依上述第 12 条第(1)款或(5)款的方式送达或收受,以及何时送达或收受。"新加坡《国家豁免法》第 18 条、南非《外国国家豁免法》第 17 条以及巴基斯坦《国家豁免法》第 18 条等均有类似规定。

第1款和第3款的规定。”我国《外国国家豁免法》第17条第5款也作出了“外国国家在对其提起的诉讼中就实体问题答辩后，不得再就诉讼文书的送达方式提出异议”的规定。

②送达被拒收的处理

如前文所述，在送达方式的设置上，现有域外国家豁免立法及司法实践均倾向尊重外国国家意愿，选择外国国家同意的方式，比如依外国国家参加的相关条约或特定安排，依据外国国家特别同意，或通过外交途径等。如果按照外国国家所同意的方式并依法实施送达，外国国家仍然拒绝接收，如何确定有效送达问题便成为法院面临的重要难题。特别是在英国法模式下，由于送达主要通过外交途径，如被送达国的外交部拒绝接受送达，可能会使司法过程陷入僵局。

为解决这一问题，英国《国家豁免法》规定，即使外国国家将合法送达的文书退回，外交和联邦事务部仍然可以强行证明文件已经送达。但是，通过外交途径退回送达的文书往往意味着法院要履行其主动审查国家豁免问题的职责。[①] 在南非，现行国家豁免法和司法实践中采取了与英国类似的做法。在1988年修改南非《外国国家豁免法》时，将送达的文书已被外国外交部“接收”改为送达的文书已“递送”至该外国国家外交部。后者更注重文书被发送或者送达的客观行为而非被送达人主观上的接受态度。故在已经送达的确定上，只需注意递送或者送达的行为是否作出及具体作出日期，而无须考量被告对送达的不合理意见。澳大利亚《外国国家豁免法》第24条通过外交途径送达的条文中，也特别强调文书被送达或者发出。此外，该法第24条第6款还规定：“根据本条，如果送达确实完成，那么依照本条的送达应被视为在境外和外国国家有

---

① See Andrew Dickinson, Rae Lindsay & James P. Loonam, *State Immunity: Selected Material and Commentary*, Oxford University Press, 2005, p. 385 - 386.

效。”该条规定意味着只要送达行为符合法律规定并实际完成，就可以确定为对被诉外国国家构成有效送达，而无论被送达的外国国家是否同意。

可见，在现有域外立法中，对已经送达的确认更加注重已经实施送达的客观结果，而不问受送达的外国国家是否接受，但前提是该送达行为必须符合国家豁免法的规定。具体而言，即在已经有成文国家豁免法的国家，对外国国家的送达必须以国家豁免法中规定的送达规则为准。如英国有学者指出，除非当事人另有协议，英国《国家豁免法》第12条中有关送达的程序性规定是强制性和排他性的。①

（2）答辩期限届满

缺席判决的原因包括被告未在答辩期限内就原告的起诉提出答辩意见。答辩期限既是一种程序性时效，有利于确保诉讼效率，也是作出缺席判决的一个重要考虑因素。现有各国国家豁免法和国际条约一般都规定了外国国家的答辩期限，但在具体确定方法上存在一些差异。《关于国家豁免的欧洲公约》第16条第4款规定，答辩期限为外国外交部接收到送达文书之日后两个月；第5款规定，如外国国家到庭应诉的期限系由法院指定时，则法院应给予不少于两个月的期限，自该国外交部收到起诉文件等诉讼文书之后起算。与此相似，英国、新加坡、巴基斯坦、南非和澳大利亚的《国家豁免法》均规定，答辩期限为两个月，自外国国家外交部接收送达文书之后开始起算。上述各规定确定了答辩期限的起算日，即自有效送达之后的两个月后开始起算，但并没有另行规定答辩期限的具体时限。因此可以推定被诉国答辩期限应当是“两个月+普通答辩期限”。换言之，仍然需要援引法院地国民事诉讼法律关于对

① See Hazel Fox Qc, *The Law of State Immunity*, Oxford University Press, 2008, p. 302.

不在本国境内被告设置的答辩期限的规定,然后在此基础上加上两个月的特殊延长期限,此为外国国家这一特殊主体的答辩期限。[①] 而民事诉讼法律中有关答辩期限可以延长的规定,同样适用于涉外国国家的诉讼。如此一来,外国国家的答辩期限实际上具有一定的弹性。如加拿大《国家豁免法》第10条第1款规定,“在有效送达之日之后至少60日内,不允许进一步开展以为判决为目的的相关程序”,“至少”一词实则赋予法官一定的自由裁量权,在具体个案中可对外国国家主体的答辩期限进行合理延长。当然,也有部分国家在外国国家答辩期限的设置上选择了比较严格的规定。如美国《外国主权豁免法》第1608条第4款规定,在起诉外国国家的任何诉讼中,“应当在按照本条规定送达文件后60天内,对原告起诉书作出答辩或者其他表示答复的抗辩”。单从该条文及其所用术语来看,无法判断法官是否有权对这60日的答辩期限作出延展。但结合美国联邦民事诉讼法相关内容分析,答案是肯定的。美国《联邦民事诉讼规则》第2条第1款第1项规定:“除美国制定法规定不同的期间外,被告应当在下列期间内送达答辩状:(A)从接到传唤状和起诉状之日起20日内……”这一期限在经有关当事人协商或在向法院申请后得以延长,但延长的时间则由法院根据个案情况确定。美国《外国主权豁免法》是美国《联邦民事诉讼规则》的特别法,特别法中没有特别规定的内容,仍需适用一般法的相关规定,故美国《联邦民事诉讼规则》中有关延长答辩期限的规则应该同样适用于国家豁免案件。此外,美国《外国主权豁免法》中所体现出的鼓励和争取外国国家出庭应诉以避免对其适用缺席判决的立法意图和强烈的公共政策,也使美国法院在对待外国国家的延长答辩期限申请时持慎重态度。在多米尼加国家航

---

① See Hazel Fox Qc, *The Law of State Immunity*, Oxford University Press, 2008, p. 302.

空公司案中，当时的多米尼加共和国政局不稳，导致被告多米尼加共和国国家航空公司答辩和应诉颇为困难，于是被告提出延长答辩期限的请求，案件的初审法院支持了被告第一次延长答辩期限的申请，但对被告以尚未指定公司法定代理人为由所提出的第二次延长答辩期限的请求则未予支持，进而判定其构成缺席的事实，并作出了缺席判决。① 由此可见，尽管美国《外国主权豁免法》将外国国家的答辩期限限制在 60 日内，但法院仍具有延长答辩期限的自由裁量权。只要被诉的外国国家及时提出正当理由请求延长答辩期限，很可能会得到法院的支持，并获得更多的时间准备答辩和应诉。

阿根廷《外国国家管辖豁免法》并未像上述国家那样明确外国国家的答辩期限，但却在第 4 条专列了延长答辩期限的规则，“根据外国国家的请求，法官可以审慎地延长被告答辩和抗辩的期限”。以色列《外国国家豁免法》第 13 条规定：“被诉的外国国家应当在其收到送达之日起 60 日内作出答辩，但法院可以将此期限延长。”具体如何延长，该法第 14 条采用了“适当时间”的措辞。可见，阿根廷和以色列的规定模式也赋予了法官延长答辩期限的自由裁量权，即法官可以根据个案中的具体情况适当延长答辩期间。

综上所述，在如何设定外国国家答辩期限的问题上，上述域外立法尽管存在或多或少的差异，但均有一个共同点，即答辩期限是一个可以延长的灵活性期限。这种规定模式使外国国家能够获得更多时间来准备应诉，在一定程度上保障外国国家的豁免权免受不正当侵犯，也为法院留有余地，增强了审理过程中的主动性，降低了案件审理对外交关系造成不良影响的可能性。尽管这样或许会增加法官审判的烦琐程度，亦

---

① See Compania Interamericana Export-Import S. A. v. Compania Dominicana De Aviacion, 88 F. 3d 948; 1996 U. S App, LEXIS 18141.

可能在一定程度上拖延诉讼进程,但与国家豁免问题及其政治影响相比,这种后果显得无足轻重。

为争取多数国家的签署,以《联合国国家及其财产管辖权豁免公约》为代表的国际公约对于程序问题往往采取更加灵活的处理方式。根据《联合国国家及其财产管辖权豁免公约》第23条第1款第2项之规定,“从按照第22条第1款和第2款送达传票或其他起诉文书之日算起,或视为已送达之日算起至少已经四个月”,法院才有可能对被诉的外国国家作出缺席判决。该条之规定虽然并未指明外国国家必须答辩的最低期限,但从其措辞中可以看出,实则为外国国家进行答辩设定了“至少4个月”的较充裕的时间。与现有国家豁免国内立法相比,该公约采取的是比较谨慎的规定方式。“至少”的表述为缔约方设立了强制性的最快作出缺席判决时间。这种规定模式与上述各国内法规定模式有所不同,实质上给予外国国家可以发表答辩意见的期限更长,以保障外国国家有更为充足的发表意见的机会,对国家豁免权的维护起到了重要的作用。

综上所述,现有域外立法对于外国国家主体作为被告时的答辩期限设置有如下特点:第一,外国国家主体的答辩期限不同于普通答辩期限,前者比后者更长;第二,《民事诉讼法》中的关于延长答辩期限的规定同样可以适用于外国国家主体的答辩期限,外国国家主体必须及时提出延长答辩期限的申请,否则将会丧失有关请求权,法院则可依据申请理由是否合理等具体个案情况,选择是否适当延长答辩期限;第三,国际条约和域外立法关于答辩期限的规定,显示出对外国国家主体适用缺席判决的谨慎态度。我国《外国国家豁免法》第17条第4款规定,向外国国家送达起诉状副本时,应当一并通知该外国国家在收到起诉状副本后3个月内提出答辩状;第18条第1款规定,经送达完成,外国国家未在我国法院指定期限内出庭的,法院应当主动查明该外国国家是否享有管辖豁免。对于外国国家不享有管辖豁免的案件,法院可以作出缺席判决,但应当在诉讼文书送达之日的6个月以后。相比普通民商事案件,上述规定明显给予外国国家以更长的答辩期限。此外,关于延长答辩期限的问题,《外国国家豁免法》虽未明确规定,但外国国家仍可依据《外国国家豁免法》第16条规定适用我国民事诉讼法律以及其他相关法律规定申请延期开庭,符合国际通行做法,这体现了我国对外国国家适用缺席判决的谨慎态度和对外国国家享有豁免待遇及充分发表意见的正当程序保障。

(3)管辖豁免的排除

对外国国家适用缺席判决还有一个特殊且必要的前提,即在特定案件中被诉的外国国家及其行为不享有管辖豁免权。在整个诉讼过程中,管辖豁免是一种特殊的程序问题,也是法院对实体争议进行审理和判决所需解决的先决问题。因此,管辖豁免的排除是对外国国家适用缺席判决的一个重要程序条件。

作为对抗法院管辖的理由之一,管辖豁免问题可通过以下两种方式被提出:一是作为被告的外国国家以管辖豁免为由向法院提出管辖权异议;二是法院主动审查被告是否应被管辖豁免。第二种方式下所形成的司法过程是出于对国家豁免问题的特别关切而专门设置的国家豁免诉讼特有程序。

①外国国家提出管辖豁免之请求

外国国家在接收文书送达之后,可向法院提出以管辖豁免为根据的管辖异议。然而,现有国家主权豁免的域外立法及国际条约并未对能够代表外国国家提出管辖权豁免的主体作出明确规定,除具备明确授权委托证明的代理人外,其他特殊主体能否代表外国国家提出管辖权豁免值得讨论,主要涉及以下两个问题。

第一,法院地国外交或行政机关能否代表被诉国提出管辖权豁免抗辩。当发生涉外国国家纠纷时,许多外国国家选择请求法院地国的外交机构或行政机构向法院代为转达管辖豁免的抗辩，由此产生来自法院地国机关的转达意见能否代表被诉国的问题。美国《外国主权豁免法》并未赋予国务院介入司法的权力，因此尽管法院往往会高度重视此种建议并谨慎审查案件中的国家豁免问题，①但是国务院作为“法庭之友”的豁免建议对法院来说并没有拘束力。② 对外国国家来说，美国国务院能否出庭介入并无任何保证。美国国务院时任法律顾问高洪柱曾公开表示，美国政府无须也不应在每一个案件中就被告是否享有豁免发声。③ 通常在外国国家的管辖豁免特别明显的情况下，美国国务院才可能会考虑出庭介入。即便美国国务院出庭向法院转达被告的国家豁免抗辩，因美国国务院并非被告的代理人，法院并不认为被告提出了正式的管辖异议动议。在不明沉船案中，美国政府出庭向法院转达西班牙的管辖权豁免抗辩。审理此案的克拉克法官查明，西班牙政府并未授权美国政府作为代理人代表其出庭，并认为美国议院或其他政府机构的意见最多是一种“法庭之友”或“正式建议”，④该法官还认为外国国家主体可以委托律师或大使或领事亲自出庭。由此可见，如果被诉的外国国家完全依赖美国国务院的外交介入，而不主动向法院提出管辖豁免之抗辩，就可能面临不利的后果。因此，美国国务院的外交介入仅为一种辅助手段。

第二，共同被告之间可否相互代理提出管辖豁免的抗辩。在涉及国家豁免问题的案件中，被告可能存在多个个体。例如，既有外国政府，也

---

① See Schermerhorn v. State of Israel, 235 F. Supp. 3d 249(D. D. C. 2017), aff'd, 876 F. 3d 351(D. C. Cir. 2017); Weinstein v. Islamic Republic of Iran, 831 F. 3d 470(D. C. Cir. 2016).

② See Samantar v. Yousuf, 560 U. S. 305, 323 n. 19, 130 S. Ct. 2278, 176 L. Ed. 2d 1047 (2010).

③ See Harold Hongju Koh, *Foreign Official Immunity After Samantar: A United States Government. Perspective*, 44 Vanderbilt Journal of Transnational Law 1141, 1160 (2011).

④ See Sea Hunt Inc. v. Unidentified Shipwrecked Vessel, 22 F. Supp. 2d 521(E. D. Va. 1998).

有国家机构或被授权行使国家主权权力的主体等。一般认为,位阶相对较高的主体能够代替同一案件中位阶较低的主体提出管辖权豁免抗辩,反之则不然。在福建马尾造船厂被诉案中,路易斯安那州东部地区法院在初审阶段支持了原告的动议,对被告作出了缺席判决。之后,福建马尾造船厂和福建省船舶业集团(以下合并简称两家福建公司)向初审法院提起撤销缺席判决的动议。在对撤销缺席判决动议进行证明的过程中,前述两家福建公司声称同时代表该案另一被告中国政府向法院提出管辖豁免抗辩。对此法官认为,两家福建公司不具备作为中国政府代理人提出管辖豁免的诉讼资格。①

②法院主动审查管辖豁免问题

就国家主权豁免的管辖问题来说,无论是在规范层面还是在司法实践中,即使当被诉的外国国家对法院的传唤置之不理,且未提出管辖豁免之抗辩,法院也负有主动审查国家管辖豁免问题的义务。只有经过详细的证据调查、法律推理,法院才能否定被告的管辖豁免。

第一,法院审查管辖豁免问题的义务。《联合国国家及其财产管辖权豁免公约》第 6 条的标题即为"实行国家豁免的方式",该条第 1 款规定:"一国应避免在其法院对另一国提起的诉讼行使管辖,以实行第 5 条所规定的国家豁免;并应为此保证其法院主动地确定该另一国根据第 5 条享有的豁免得到尊重。"根据此条,即使被诉的外国国家不提出管辖豁免抗辩,法院亦应主动对管辖豁免问题予以考虑和审查,而不能简单地仅凭原告一方的诉求而判决原告胜诉。此外,该公约第 23 条第 1 款的规定也包含了相同的要求,再次强调法院应谨慎审查管辖豁免问题。第 23 条第 1 款规定:"不得对一国作出缺席判决,除非法院已查明……

① See First Inv. Corp. v. Fujian Mawei Shipbuding, Ltd. E. D. La., Aug. 7. 2010 (2010 U. S. Dist. LEXIS 91055). Motion granted by First Inv. Corp. v. Fujian Mawei Shipbuilding Ltd., E. D. La. June27. 2011 (2011 U. S. Dist LEXIS 68648).

(c)本公约不禁止法院行使管辖权。”对此,国际法委员会的评论认为,此项规定意在进一步明确,法院应自行或主动启动对管辖豁免事宜的审查,以确定被诉的外国国家确实不享有管辖豁免,此条与本公约第6条相呼应,是实现第6条之目的的重要保障。①

我国《外国国家豁免法》第18条第1款明确规定,外国国家未在我国法院指定期限内出庭的,人民法院应主动查明外国国家是否享有管辖豁免。域外部分国家的立法和司法实践也明确法院负有主动审查管辖豁免问题的义务。如英国《国家豁免法》第1条第2款规定,“对在诉讼中未出庭的国家,法院亦应实施本条所赋予的豁免”;加拿大《国家豁免法》第3条第2款也有类似表述。美国《外国主权豁免法》第1608条第5款规定:“联邦法院或者州法院不得对外国及其政治区分单位或者外国的机构或部门作缺席判决,除非原告能够提出令法院信服的证据使其要求或权利得到确认。”这些规定意味着,即使作为被告的外国国家未应诉或答辩,法官也应主动审查被告的管辖豁免问题。在前文所提及的福建马尾造船厂被诉案中,尽管法院认定两家福建公司并无作为中国政府代理人的资格,但仍然明确根据美国《外国主权豁免法》,法院应当主动审查管辖豁免问题。② 荷兰智利案也明确法院应主动审查管辖豁免问题。该案初审阶段,荷兰鹿特丹地区法院在智利未出庭的情况下,对其管辖豁免问题未予考虑,而是继续审理案件并且判决原告胜诉。后上诉法院推翻了鹿特丹地区法院的判决,指出在智利未出庭情况下,原审法院未考虑其管辖豁免问题的做法是错误的。③

---

① See Andrew Dickinson, Rae Lindsay & James P. Loonam, *State Immunity: Selected Material and Commentary*, Oxford University Press, 2005, p.385 – 386.

② See First Inv. Corp. v. Fujian Mawei Shipbuilding Ltd., E. D. La. June 27. 2011 (2011 U.S. Dist LEXIS 68648).

③ See Thomas Henquet, *International Organisations in the Netherlands: Immunity from the Jurisdiction of the Dutch Courts*, NILR 2010, p.296, n.113.

第二,原告应提供充分的证据。尽管被诉的外国国家未提出管辖豁免之抗辩,法院仍负有主动审查管辖豁免问题的义务,原告也仍需对外国国家及其行为不享有管辖豁免进行举证并说服法官。这一点已体现在一些国家的立法和司法实践中,例如,澳大利亚《外国国家豁免法》第27条第2款规定,"使法院确定(satisfied),该外国国家在本案中不享有豁免权",以色列《外国国家豁免法》第14条也有类似规定:"若被诉的外国国家未在适当时间内作出答辩,则法院只有在确信(convinced)该外国国家根据本法确实不享有管辖豁免的条件下才可以对其作出缺席判决。"而法院对相关事实的确定或确信,需依赖原告所提供的证据和理由。

如前所述,美国《外国主权豁免法》第1608条第5款的规定也要求原告提出令法院信服的证据,才能使法院确认其要求或权利。该条款与美国《联邦民事诉讼规则》第55条第5款一脉相承,强调"除非在原告向法院提供了令法院信服的证据证实其诉讼请求或救济权利的情况下,否则对美国国家、公务员或者其他机关不得作出缺席判决"①。与第5款规定相比,第55条的其他条款中并未出现"令法院信服的证据"这一措辞,可见在一般情况下,缺席判决的作出只以原告说明其起诉合法而真实为前提,并不需要原告承担充分的证明义务,而当缺席判决的对象是美国国家时,原告需承担更重的、令法院信服的举证责任。同理,对外国国家适用缺席判决时,原告也必须说服法官作为被告的外国国家在该案中不享有管辖豁免。在国家豁免诉讼中,原告需对被告的特定行为是否属于美国《外国主权豁免法》中的管辖豁免例外情形(第1605条至第

---

① Rule 55 of Federal Rules of Civil Procedure: "...(e) Judgment Against the United States. No judgment by default shall be entered against the United States or an officer or agency thereof unless the claimant establishes a claim or right to relief by evidence satisfactory to the court."

1607条)进行充分证明。即使被告国家未能在法院出庭或者答辩,法院也不能简单否定其管辖豁免,而应当指示当事人进一步举证。[①] 这也正是一些案件中被告国家虽未出庭但原告的起诉仍被驳回的主要原因。在涉及国家豁免的案件中,通过对无充分理由的请求进行驳回的方式,可以防止法院对外国国家作出不当的缺席判决,从而避免可能带来的政治外交风险。

美国哥伦比亚特区联邦地区法院对伊朗被诉案作出的判决意见强调了原告提供充分证据的责任。在该案审理期间,伊朗始终未就诉讼向法院作出任何答辩或采取其他应诉措施,法院据此依据美国《外国主权豁免法》第1608条第5款和美国《联邦民事诉讼法》第55条第1款对伊朗作了未应诉记录。尽管被告伊朗政府存在故意缺席的嫌疑,但法院不得不在对伊朗作出缺席判决之前进行进一步调查。[②] 因为美国《外国主权豁免法》要求原告必须提出令法院信服的证据使其要求或权利得到确认,才能对外国国家作出缺席判决。莱特利尔诉智利案的审理和执行过程,也反映了原告寻求对外国国家进行缺席判决和执行的不易。历经5年时间,原告从美国法院处获得对智利的缺席判决及执行决定;然而16个月后,执行裁决又被上诉推翻。自始至终,除了两张抗议照会和随附的法律备忘录之外,智利政府并未参与任何司法程序。[③] 可见,在美国司法实践中,通常情况下,原告要想获得对外国国家的缺席判决,必须承担较重的举证责任。有司法统计称,在已经公布的涉及外国国家未应诉案件中,支持原告请求而对被告国家作出缺席判决的只占1/4。[④]

---

① See Dr. Pierre F. Walter Esq., *Sovereign Immunity Litigation in the United States and Canada*, Sirius-C Media Galaxy LLC., 2010, p. 80, 334.

② See Leonard I. Eisenfeld v. Iran, 172 F. Supp. 2d 1.

③ See Letelier v. Republic of Chile, 488 F. Supp. 665.

④ See Joseph W. Dellapenna, *Suing Foreign Governments and Their Corporations*, 2nd edition, Transnational Publishers Inc., 2003, p. 729.

3. 对外国国家缺席判决的送达和撤销

(1)缺席判决的送达

法院对外国国家作出缺席判决的,必须待缺席判决副本有效送达,该判决方能生效。缺席判决的送达本属于法律文书域外送达的一种情形,但出于对国家豁免问题的谨慎,一些国家对缺席判决文书的送达作了特别规定。如英国、新加坡和巴基斯坦等国的《国家豁免法》均明确要求,法院应将缺席判决副本通过本国外交部送达被告外交部,其他送达方式均不能适用。① 而且,从上下文来看,该规定不能被减损或者违背。这也就意味着,在这些国家,对外国国家送达缺席判决书时,不能采用有关送达条约或协议中的送达方式,只能通过外交途径。又如,加拿大《外国国家豁免法》第 10 条规定,对外国国家代理机构的缺席判决的送达采取法院指定的方式,对其他类型外国国家的送达适用外交途径,即由加拿大外交部副部长转交给被告。可见,加拿大也是将缺席判决文书的送达与其他文书的送达进行了区分规定,设置了不同的送达方式和送达途径。这种将缺席判决的送达与起诉状及其他诉讼文书的送达区分开来的做法,是出于保障外国国家及其政府实际知悉缺席判决的考虑,使其有充足时间准备相关救济措施。② 美国《外国主权豁免法》在这一问题上的规定与上述国家不同,其第 1608 条第 5 款规定:"联邦法院或各州法院不得对外国及其政治区分单位,或者外国的机构或者部门作缺席判决,除非原告能够提出令法院满意的证据使其要求或权利得到确认。任何此种缺席判决的副本应通过本条中的送达规则送达给外国国家或其政治区分单位。"需要特别注意的是,该条款第二句中有关缺席判

① 参见英国《国家豁免法》第 12 条第 5 款、新加坡《国家豁免法》第 14 条第 5 款、巴基斯坦《国家豁免法令》第 13 条第 5 款。

② See Crescent Oil and Shipping Services Ltd. v. Importang UEE and others, [1997] 3 All ER 428, [1998] 1 WL. R 919.

决的送达规则。从文义解释的视角不难发现，与英国、新加坡等国不同，美国《外国主权豁免法》并未将缺席判决的送达与其他诉讼文书的送达区分开来，而是适用统一的送达规则。《联合国国家及其财产管辖权豁免公约》第 23 条第 2 款也规定："对一国作出缺席判决，应通过第 22 条第 1 款所指的一种方式并按该款规定将判决书的副本送交该有关国家……"该条规定的目的在于，保障缺席判决书副本按照第 22 条列明的送达方式和程序送达外国国家，[1]并未就缺席判决的送达方式进行特殊化规定。此外，值得注意的是，第 23 条并没有明确要求缺席判决的送达完全依据第 22 条第 1 款所列送达规则，而是规定按照其中一种送达方式即可。本书认为，此规定暗含的意思是缺席判决的送达无须遵循第 22 条第 1 款中的送达次序。公约之所以如此规定，或许是因为方便实践操作，毕竟在传票、起诉状的送达及案件审理过程中，第 22 条第 1 款所列的送达方式中哪种不能有效送达、哪种可以已然明确，故公约如此规定更利于缺席判决的有效送达，也彰显了公约增强缔约方间司法协作和提高司法效率的作用。我国对缺席判决文书的送达与传票及其他诉讼文书的送达不作区别，均按照《外国国家豁免法》第 17 条规定的方式进行。

(2)缺席判决的撤销

如前所述，缺席判决的政治风险主要源于执行该判决会触及被告国家的根本利益。设置缺席判决的撤销制度，以阻却对被告国家不利的缺席判决执行，这也成为降低政治风险的一种重要方法。英国、新加坡、巴基斯坦、南非、澳大利亚、加拿大等国的《国家豁免法》中，均在"缺席判决"条目下专门设置了缺席判决的撤销规定。但在撤销缺席判决的申请

---

① See Andrew Dickinson, Rac Lindsay & James P. Loonam, *State Immunity: Selected Material and Commentary*, Oxford University Press, 2005, p. 153.

期限上,各国规定各有不同。英国、新加坡、巴基斯坦、南非四国的《国家豁免法》规定,撤销缺席判决的申请期限自被告的外交部收到缺席判决书副本之后的两个月后开始起算。也就是说,在被告的外交部收到缺席判决书副本日起的两个月后,诉讼法上所规定的撤销缺席判决的期限才开始起算。加拿大《外国国家豁免法》规定,外国国家需在其外交部收到缺席判决副本之日起的60日内提出撤销判决的申请。澳大利亚的豁免法则给予外国国家不少于2个月的撤销期限。《联合国国家及其财产管辖权豁免公约》第23条第3款规定:"申请撤销一项缺席判决的时限不应少于四个月,时限应从有关国家收到判决书副本或视为有关国家收到判决书副本之日算起。"可见,上述立法文件或条约中对缺席判决的撤销期限的规定,均与其中的答辩期限基本相同;而且均将此种缺席判决的撤销期限予以特殊规定,应当得到优先适用。除撤销期限外,现有国家豁免法和公约并未在其他有关缺席判决的撤销制度上设置特殊程序,因此一般适用民事诉讼法中的普通撤销程序。世界各国对缺席判决的撤销程序主要有两种类型:一种是异议程序,另一种是上诉程序。异议程序,是指缺席的一方当事人若对缺席判决不服,可在一定期间内向原审法院提出撤销缺席判决的申请,从而使原判决失去效力,诉讼恢复到缺席前状态。异议救济成功与否,关键在于缺席当事人能否说服法官认可其未出庭理由的正当性。这种异议程序给缺席的外国国家拖延诉讼提供了可乘之机,从而给对方当事人权利的救济造成了显而易见的障碍。因此,美国、德国等国家要求提出异议的缺席方为到庭一方提供担保。上诉程序则是指缺席的当事人通过向上一级法院提起上诉,申请撤销原审法院的缺席判决或者对其改判。以德国和日本为代表的一些国家,在当事人一方缺席时,仍然坚持由原告一方进行辩论,在此基础上以经过辩论的事实和证据作出缺席判决。在此种模式下,缺席判决实则与对席判决无异,因此采用与对席判决相同的救济方式,即通过上诉程序来救济。[1]

4. 我国外国国家缺席审判的制度设计

我国《外国国家豁免法》对外国国家作出缺席判决的条件予以了特别规定，而不仅依赖《民事诉讼法》。在缺席判决制度上，我国《民事诉讼法》第146条规定："原告经传票传唤，无正当理由拒不到庭的，或者未经法庭许可中途退庭的，可以按撤诉处理；被告反诉的，可以缺席判决。"第147条规定："被告经传票传唤，无正当理由拒不到庭的，或者未经法庭许可中途退庭的，可以缺席判决。"有学者认为，此种关于缺席判决的立法规定过于笼统，只规定了可以适用缺席判决的情形，却未对具体的适用要件和审理方式作出规定，导致了其功能的严重萎缩。[2] 而由于国家豁免案件的重要性和特殊性，对缺席判决的作出进行更加具体的规制更为适宜。因此，《外国国家豁免法》对外国国家的缺席判决问题进行了专门规定。该些规定详细合理，既符合我国本土实际，又适当参照现有域外立法或国际条约的有关规则或精神。具体而言体现在以下几个方面。

第一，外国国家的答辩期限。根据我国《民事诉讼法》第285条的规定，在我国领域内没有住所的被告的答辩期限为30日；被告申请延期的，是否准许，由人民法院决定。如前所述，现有国家豁免法和条约对外国国家的答辩期限都作了特别规定，如《联合国国家及其财产管辖权豁免公约》规定了"至少四个月"的答辩期限。《外国国家豁免法》将外国国家的"答辩期限"与现行《民事诉讼法》规定区别开来，给予了3个月的特殊规定，并同时规定"对于外国国家在中华人民共和国的法院不享有管辖豁免的案件，法院可以缺席判决，但应当在诉讼文书送达之日的

---

① 参见陈桂明、李仕春：《缺席审判制度研究》，载《中国法学》1998年第4期。

② 参见章武生、吴泽勇：《论我国缺席判决制度的改革》，载《政治与法律》2002年第5期。

六个月以后”，为外国国家提供了充裕的时间以发表包括管辖豁免抗辩在内的各种意见，在客观上预防或减少了缺席判决风险。

第二，法院主动审查外国国家的管辖豁免问题。如前所述，现有域外立法或国际条约规定，若外国国家未在答辩期限内提出管辖豁免之抗辩，受诉法院也有义务审查外国国家的管辖豁免，不能仅因外国国家不出庭而径直判决原告胜诉。这一做法体现了各国对待外国主权豁免问题的谨慎态度，也在诉讼程序上给予了外国国家正当程序的保障。这种立法宗旨和目的同样适合我国并体现在了我国国家豁免立法中。我国长期以来坚持一方辩论主义，即使被告不到庭，法院也应当对原告的诉讼请求、事实和理由进行审查，而不会径直判决原告胜诉。根据《外国国家豁免法》第 18 条第 1 款的规定，当外国国家在我国法院被诉时，由于管辖豁免问题直接关系到法院是否有管辖权，即使外国国家未在指定期限内提出管辖豁免之抗辩，外国国家未在我国法院指定期限内出庭的，法院应当主动进行审查。

第三，关于对外国国家所作缺席判决的送达方式和程序问题。我国并未将缺席判决的送达与起诉书的送达方式区别规定。根据《外国国家豁免法》第 18 条第 2 款的规定，缺席判决的送达方式与其他诉讼文书一致。对此，本书认为，原因有二：一是我国现行《民事诉讼法》及司法实践并未对缺席判决的域外送达方式采用特殊规定，而是统一适用“诉讼文书的送达”规则；二是《联合国国家及其财产管辖权豁免公约》的相关规则也没有特别规定缺席判决的送达方式。故不宜在缺席判决书的送达方式上另作特殊规定。现行规定与我国民事诉讼的长期实践、相应领域的国际发展趋势相一致，能够更好地避免在送达方面徒增问题。

此外，《外国国家豁免法》对外国国家缺席判决的撤销程序处理也与我国长期民事诉讼传统保持一致。我国《民事诉讼法》并未如英国、美国等国般设立缺席判决的异议制度，当事人对缺席判决不服的，允许上诉。如果缺席审判程序确实存在问题,二审法院可发回一审法院重审予以纠正。根据《外国国家豁免法》的相关规定,外国国家对我国法院缺席判决可提起上诉。

(四)国家主权豁免案件的上诉程序

就涉外国国家案件的处理方式,本书认为,结合《民事诉讼法》的相关规定,法院经审理认为,被告属于外国国家且其行为不属于《外国国家豁免法》规定的豁免例外情形的,应当裁定驳回原告对该被告的起诉。法院经审理认为,被告不属于外国国家,或其虽属外国国家但依据《外国国家豁免法》的规定不享有豁免的,由法院参照普通民商事案件审理标准,根据当事人双方的权利义务关系,作出相应判决。相对审判方式而言,国家主权豁免案件的上诉程序相对更加特殊,在此进行探讨。

1. 上诉期限的确定

在上诉期限问题上,针对普通涉外民商事案件,我国《民事诉讼法》第286条规定:"在中华人民共和国领域内没有住所的当事人,不服第一审人民法院判决、裁定的,有权在判决书、裁定书送达之日起三十日内提起上诉。被上诉人在收到上诉状副本后,应当在三十日内提出答辩状。当事人不能在法定期间提起上诉或者提出答辩状,申请延期的,是否准许,由人民法院决定。"本书认为,考虑外国国家为被告的案件的政治影响和复杂性,特别是缺席判决本身的风险,应当设置比普通涉外案件的30日上诉期限更长的特殊上诉期限,以保证被诉的外国国家有足够的时间进行救济,这一点在现有国家豁免法和条约中都有所体现。其中,《联合国国家及其财产管辖权豁免公约》第23条第3款为缔约方设置了一个最低标准,即"不少于四个月"。我国《外国国家豁免法》将上诉期限设定为6个月。《外国国家豁免法》第18条第3款规定,外国国家对中华人民共和国的法院缺席判决提起上诉的期限为6个月,从判决书送达之日起计算。对于答辩期限的设定,我国《民事诉讼法》将在中华人民共和国领域内没有住所的被告的答辩期限与上诉期限均设置为30日,两者相一致。《外国国家豁免法》规定的答辩期限虽为3个月,但明确外国国家未在我国法院指定期限内出庭的,缺席判决至少应当在诉讼文书送达之日的6个月以后作出,这与6个月的上诉期限也保持一致。

2. "飞跃上诉"制度设计

"飞跃上诉"旨在弥补三审制的不足,根据补强目标的不同,可分为两种模式:一是基于诉讼经济考量的效率提高型,以德国为代表,旨在使当事人就事实认定无异议且判决仅取决于特定法律问题的诉讼,更快地取得上诉法院的终局判决,以提高诉讼效率,节约诉讼成本;二是旨在促进法律统一与续造的政策形成型,以英国为代表,旨在为社会重大议题或受到先例约束的规则,提供检讨并由此形成新公共政策的机会。目前,我国已在知识产权审判领域建立了中国特色的"飞跃上诉"制度。该制度综合了"统一裁判标准、缩短纠纷解决周期"两方面目的,运行以来积累了丰富的实践经验,并实现了良好的效果。对于涉外国国家主权豁免案件,一方面,具有特殊的政治性,案件审理结果往往影响重大,裁判尺度和理念需要最高人民法院层级把握或审核;另一方面,该类案件的审理直接关涉外国国家对于中国司法公正与效率的体验与认识,是中国司法形象的直接展示。而"飞跃上诉"制度无疑是在确保司法公正的基础上提高司法效率的最佳制度设计,因此本书认为,可在国家主权豁免案件的审理中进行"飞跃上诉"的制度安排,当事人不服人民法院第一审裁定或判决的,直接向最高人民法院提起上诉。

(五)国家主权豁免案件的特殊程序

1. 层报程序

一方面,涉外国国家主权豁免案件属于重大敏感案件,理应按照最高人民法院《关于进一步完善"四类案件"监督管理工作机制的指导意见》,严格遵循重大敏感案件统一协调处置的要求,并按"三同步"原则和重大案件请示报告制度的要求逐级上报最高人民法院,并向当地党委及政法委进行专题汇报。另一方面,在对外公布的相应配套司法程序中,不宜将4类案件监督管理机制转化为相关条款,以避免将司法解释与政策法规混淆,从而引发一定争议。但考虑国家主权豁免案件的特殊性,建议在相应配套司法程序中明确该类案件的逐级报告制度。该问题的具体条款设计可参照最高人民法院于2021年发布的《全国法院涉外商事海事审判工作座谈会会议纪要》第49条规定的承认和执行外国法院判决的报备及通报机制,即人民法院在立案阶段发现案件涉及外国国家及其财产的,应在案件受理前逐级报最高人民法院备案;在案件审理过程中发现案件涉及外国国家及其财产的,应在查明案件涉及外国国家及其财产后10日内逐级报最高人民法院备案;在作出涉及外国国家及其财产民商事案件的裁定或判决前,应当将拟处理意见报本辖区所属高级人民法院进行审查;高级人民法院同意拟处理意见的,应将其审查意见报最高人民法院审核。最高人民法院应在收到拟处理意见6个月内予以答复,待最高人民法院答复后,方可作出裁定或判决。

2. 外交意见

《外国国家豁免法》第19条规定:"中华人民共和国外交部就以下有关国家行为的事实问题出具的证明文件,中华人民共和国的法院应当采信:(一)案件中的相关国家是否构成本法第二条第一项中的外国主权国家;(二)本法第十七条规定的外交照会是否以及何时送达;(三)其他有关国家行为的事实问题。对于前款以外其他涉及外交事务等重大国家利益的问题,中华人民共和国外交部可以向中华人民共和国的法院出具意见。"该条对外交部就国家主权豁免问题的相关意见的法律性质进行了明确，此后，最高人民法院在《涉外国国家管辖豁免程序事项通知》中对具体报审流程进行了规定。

在实践中，外交部如就某国家主权豁免案件出具相关意见，本书建议，意见中属于《外国国家豁免法》第 19 条规定的事实问题，人民法院应当采纳外交部意见，意见涉及法律问题的，人民法院应予尊重。这样的设定，既维护了我国司法国际公信力和权威性，也在一定程度上缓解了外交部门直面对抗的压力。同时，建议进一步明确外交部出具证明文件及意见的期限，以增加程序的规范性。此外，考虑最高人民法院和外交部之间已经建立了相关协调机制，本书建议，实践操作层面，最高人民法院和外交部可进一步明确，在涉外国国家案件审理过程中，人民法院可就相关问题提请外交部出具证明文件或意见，为保证该类案件审理效率，外交部应在 3 个月内予以答复。

五、国家主权豁免案件的执行问题

（一）国家主权豁免案件的执行豁免

1. 管辖豁免与执行豁免的区分

管辖豁免和执行豁免的关系有“一体说”和“区分说”两种理论。“一体说”认为，国家财产的执行豁免与国家行为的管辖豁免是结为一体不可区分的，关于管辖豁免的规定同样适用于执行豁免。如果在管辖问题上采取绝对豁免主义，那么自然不存在执行的问题；如果在管辖上采取限制豁免主义，那么在执行情况上也应完全如此。“区分说”认为，管辖豁免与执行豁免在性质、法律根据以及效果上都属于不同的领域，因而应该区别对待。“区分说”又分为“完全区分说”和“部分区分说”。“完全区分说”常常表现为对国家的管辖豁免和执行豁免采取截然相反的态度，即在管辖问题上采取限制豁免主义，而在执行问题上采取绝对豁免主义。“部分区分说”则表现为一方面对管辖豁免和执行豁免都采用了相对主义的立场，另一方面不同程度地对管辖豁免和执行豁免加以区别对待，对外国财产的强制措施问题采取更为严格的规定。

本书赞同“部分区分说”的观点。“一体说”无视管辖豁免和执行豁免客观上存在的差别，且可行性不强。“完全区分说”注意到了执行比管辖具有更大的不可违反性，因而在执行问题上采取绝对主义立场。这样做一方面不符合限制豁免主义的宗旨，另一方面人为地割裂了管辖和执行间的密切联系。没有执行保障的管辖无疑会失去司法强制性和权威性的基本属性，使管辖丧失实际价值而陷入矛盾的境地。管辖是执行的前提，执行是管辖的归宿，可管辖原则上就是可执行的，只是出于国际法上的特殊考虑，执行财产时需要更加谨慎，条件更加严格。目前，域外立法例并未达成统一认识，但大多数国家对外国执行的限制多于对裁决管辖的限制，通常规定放弃管辖豁免不影响执行豁免的享有，只有在明确放弃执行豁免权时外国国家财产才可能被执行。我国《外国国家豁免法》第 13 条规定，外国国家的财产在我国法院享有司法强制措施豁免。外国国家接受我国法院管辖，不视为放弃司法强制措施豁免。第 14 条则具体规定了执行豁免例外的情形。

2. 执行豁免财产的种类及认定

在国家豁免域外立法及国际条约中，以下财产往往享有执行豁免：某些国际组织的资金和其他财产；外国央行或货币主管部门自身账户所有财产；用于或意图用于与军事活动相关之用途的财产；外交使团为公务目的使用的财产；外国国家的文化财产；等等。由于执行豁免财产种类及认定的争议往往通过豁免例外的抗辩体现出来，故本书将在下一节中对该问题进行详细论述。

（二）国家主权豁免案件的执行豁免例外

执行豁免例外，是指在特定情形下国家资产不享有执行豁免权，可以被强制执行。

1. 执行豁免例外的种类

（1）放弃例外

执行豁免的放弃包括明示同意放弃和默示同意放弃。《联合国国家及其财产管辖权豁免公约》规定，一国可以国际协定、仲裁协议、书面合同及法院声明等书面形式明示同意放弃执行豁免，也可以通过拨出或专门指定财产用于清偿诉讼标的请求的方式默示放弃执行豁免。此外，针对执行豁免问题条文结构的设计，目前的立法主要有两种模式：一种是将执行豁免的放弃置于执行豁免例外中，如《联合国国家及其财产管辖权豁免公约》、美国《外国主权豁免法》等。因为执行豁免的放弃和例外应当是包含关系，国家的放弃是执行豁免例外的一种情况，没有必要将放弃与其他例外情形分开规定。另一种是将执行豁免的放弃和执行豁免的例外分开规定、平行立法，如以色列和澳大利亚。我国采取了《联合国国家及其财产管辖权豁免公约》的立法模式并参考了《联合国国家及其财产管辖权豁免公约》的上述安排，同时在国家豁免法中作出明示放弃和默示放弃的安排。《外国国家豁免法》第 14 条第 1 项和第 2 项规定,外国国家以国际条约、书面协议或者向我国法院提交书面文件等方式明示放弃司法强制措施豁免,或者外国国家已经拨出或者专门指定财产用于司法强制措施执行的,外国国家的财产在我国法院不享有司法强制措施豁免。对于明示放弃的形式,根据条文表述,外国国家可以以国际条约、书面协议、书面文件“等”方式作出,故本书认为,外国国家作出明示放弃并不一定需要书面形式,只要该口头声明是明确、自愿的,也应当认定为外国国家明示放弃执行豁免,例如一国在庭审过程中口头表示放弃对国家财产的执行豁免。

(2)商业资产例外

国际实践中普遍认为,国家对用于主权目的的财产享有执行豁免权,但对用于商业目的的财产不享有执行豁免权。1977 年德国宪法法院对菲律宾大使馆的裁决采用了这一做法。随后意大利和西班牙进行了效仿。澳大利亚、加拿大和英国的法律通常允许对正在使用或拟用于商业目的的外国国家财产采取执行措施。法国和美国法律也对用于主权目的和私人目的的财产进行了区分。《联合国国家及其财产管辖权豁免公约》第 19 条允许对位于法院地领土内的用于商业目的的财产进行判决后执行,且该财产必须“与被诉实体有联系”。我国《外国国家豁免法》第 14 条第 3 项规定,为执行我国法院的生效判决、裁定,外国国家位于我国领域内、用于商业活动且与诉讼有联系的财产不享有司法强制措施豁免。

参考案例

阿尔康公司诉哥伦比亚共和国案①

案例概要

英国法院认为,外国驻英国使馆用于使馆日常运行的银行账户,既用于购买商品和服务,也用于主权目的,由于账户不可分割,故其不属于英国《国家豁免法》第 13 条第 4 款规定的"正用于或拟用于商业目的"财产,应根据第 13 条第 2 款享受执行豁免。除非使馆的某个银行账户被外国国家专门指定用于商事交易,否则该账户不能享受执行豁免。

基本案情

阿尔康公司为实现缺席判决胜诉权益,就哥伦比亚大使馆在伦敦的银行账户申请第三方债务支付令。哥伦比亚大使出具银行账户非用于商业目的的证明。

① See Alcom Ltd. v. Republic of Colombia, [1984] AC 580; [1984] 2 WLR 750; [1984] 2 All ER 6.

裁判结果

高等法院认为，涉案银行账户并非全部或主要用于商业目的，如允许对整个银行账户采取执行措施将违反英国《国家豁免法》，遂解除对银行账户的第三方债务支付令。阿尔康公司不服上诉后，上诉法院撤销了一审判决。哥伦比亚不服提起上诉后，上议院又撤销了上诉法院的判决，恢复解除对银行账户的第三方债务支付令。

法院观点

一审高等法院霍布豪斯（Hobhouse）法官采纳了哥伦比亚大使的证明，认为用于使馆的银行账户从表面上来看（prima facie）是非商业性的；此外，即使该账户部分资金用于为使馆购买商品和服务，属于用于商业目的，该账户的其他用途，如支付大使费用、帮助受困国民等，并不属于用于商业目的。

上诉法院没有采纳哥伦比亚大使提交的证明，上诉法院认为，对英国《国家豁免法》第 13 条第 4 款的解读，应与第 17 条第 1 款和第 3 条第 3 款联系起来。第 13 条第 4 款规定对“正用于或拟用于‘商业’目的的财产”适用执行豁免例外，而第 17 条第 1 款规定的“商业目的”是指第 3 条第 3 款所称交易或行为的目的。第 3 条第 3 款所述“商业行为”包括：任何提供货物或服务的合同；任何贷款或其他为提供资金而进行的交易，以及就任何此类交易或任何其他财务义务而作出的任何担保或赔偿；任何国家参与或从事的其他交易或行为（无论是否具有商业、产业、金融、职业或其他类似性质）。由于案涉行为包括购买货物和服务，因此大使馆账户中的资金是用于“商业行为”目的，可采取执行措施。唐纳森(Donaldson)勋爵认为，账户里的全部资金都不是用于非商业目的，因为账户资金永远不可能被用于运行使馆，只能被用于购买货物和服务、参与交易，以确保使馆运行。上诉法院的认定标准其实在于资金使用性质的审查，而非对其目的的审查。

上议院迪普洛克(Diplock)勋爵首先强调了国际法和英国《国家豁免法》对于管辖豁免与执行豁免进行区分的特点，并进而明确，外国驻英国使馆用于使馆日常运行的银行账户，既用于购买商品和服务，也用于主权目的，由于账户不可分割，故其不属于英国《国家豁免法》第13条第4款规定的“正用于或拟用于商业目的”财产，应根据第13条第2款享受执行豁免。除非使馆的某个银行账户被外国国家专门指定用于商事行为，否则该账户不能享受执行豁免。但使馆银行账户被外国国家专门指定用于商事行为的事实，应由判决胜诉方(执行申请方)来举证证明，并且除非有相反证明，否则大使出具的账户并不用于也不打算用于商业目的的证明足以证明该账户不属于第13条第4款项下的财产。

评　析

无论是根据国际公约还是各国立法以及法院判决，一国驻外使领馆和外交使团的财产当然享有豁免权，这一方面是国家平等的表现，另一方面是外交使馆进行职务工作的需要。《联合国国家及其财产管辖豁免公约》第21条第1(a)款规定，一国外交代表机构、领事机构、特别使团、驻国际组织代表团、派往国际组织的机关或国际会议的代表团履行公务所用或意图所用的财产，包括任何银行账户款项不应被视为一国具体用于或意图用于政府非商业性用途以外目的的财产，因此应享有豁免权。

如果当事人请求法院强制执行的国家财产是使馆的银行账户财产,在大多数情况下得到的都是该财产享有豁免权的裁定。

在域外法实践中,除英国通过该案确立了使馆账户的豁免原则外,美国国会认为使馆和其相关建筑物属于第1610(a)条规定的享有执行豁免权的与"商业活动"无关的财产,而且美国法院一直以来也认为此类财产享有豁免权。譬如,美国法院在涉利比里亚案中指出,无论是根据《维也纳外交关系公约》,还是根据美国《外国主权豁免法》有关商业活动的条款,得出的结论都一样,即利比里亚驻美国大使馆的银行账户是供外交使馆所用的财产,不能成为执行民事判决的对象。① 法国司法实践亦持该观点,在Noga案中,瑞典公司获得了有利于自己的裁决后在法国法院提起执行之诉,试图执行俄罗斯驻法国大使馆、俄罗斯驻联合国教科文组织常设代表团以及俄罗斯政府在法国的商务代表在巴黎的银行账户资产,但这些资产被法院认定享有执行豁免。巴黎上诉法院指出,当事人之间的合同条款并没有显示出借款国有明确放弃执行豁免权的意图以及承认民间商业公司可以阻碍该国驻外使馆和使团的运作。我国《外国国家豁免法》第15条第1项明确,外交代表机构、领事机构、特别使团、驻国际组织代表团或者派往国际会议的代表团用于、意图用于公务的财产,包括银行账户款项,不视为用于商业活动的财产,由此可见,该些财产不属于执行豁免例外范畴。

值得注意的是,如果使馆某账户确定仅用于商业目的,则其不能享有执行豁免,如奥拉斯康电信控股公司诉乍得共和国案②中,乍得共和国在伦敦花旗银行的银行账户系乍得共和国用于收取石油供应合同收

---

① See LETCO v. Liberia, 650 F Supp 73 (SDNY 1986), 659 F Support 606 (DDC 1987).

② Orascom Telecom Holding SAE v. Republic of Chad & Ors, [2008] EWHC 1841 (Comm).

益,以及向世界银行和欧洲投资银行偿还贷款的账户。乍得共和国虽主张账户余额最终会汇入中央银行用于主权目的,并且由大使出具账户非用于商业目的的证明,但英国高等法院认定,该账户用于收取货物或服务合同收益,并偿还贷款,故对乍得共和国大使出具的证明不予采信,认定该账户属于用于商业目的。

(3)中央银行例外

在对中央银行财产执行豁免问题上,不同司法管辖区的规定差别较大。目前,各国对外国中央银行财产的豁免主要有3种模式。

第一种模式是整体豁免,以英国为代表。英国《国家豁免法》禁止把外国中央银行的资金视为用于或意图用于商业目的财产而免除执行豁免。该法第14条第4款规定,属于外国中央银行或其他货币权威机构的财产,不得视为该法第13条第4款所规定的用于或意图用于商业目的之财产;在该中央银行或其他货币权威机构为一单独实体的情况下,则该条第1款至第3款对其适用,所指外国国家应认为是中央银行或货币权威机构。该条款确保了中央银行或货币权威机构无论是单独实体还是履行主权权力,其财产都与国家财产一样享有执行豁免或临时措施的豁免。由此可见,按照英国法的规定,外国中央银行的所有财产都被视为非商业用途的财产,应享有绝对的执行豁免。正如在哈萨克斯坦共和国主权财富基金案中英国法院所解释的一样,英国《国家豁免法》第14条第4款规定,中央银行的财产不得被视为用于商业目的。因此,无论该财产是否实际用于商业目的,该财产在法律上绝对不受执行豁免。法院认定,根据哈萨克斯坦共和国法律,中央银行作为"信托管理人"对国家主权财富基金的管理足以使其自身获得英国《国家豁免法》条款所指的基金"财产"权益。无论主权财富基金是否持有该资产的全部经济利益,只要中央银行对这些资产存有利益就会使该些资产享有执行豁免。[①] 值得一提的是，在管辖豁免问题上，英国法院却认为中央银行作为单独实体只享有有限豁免。作为单独实体，中央银行仅在履行主权权力的情况下才享有管辖豁免。发行货币、规范和监督国家外汇储备的行为被视为政府行为。而中央银行签发信用证和本票的行为以及以私法形式将一个公司的股份从普通银行转移到中央银行的行为都被英国法院视为商业行为而不得享有管辖豁免。

第二种模式是部分豁免，即规定在没有明确放弃豁免的情况下，外国中央银行或货币当局自己持有的财产不得被扣押和执行，而中央银行的财产若用于投资、金融交易，则不享有执行豁免。如美国《外国主权豁免法》第 1611 条 b 款 1 项确立了对中央银行的资金进行特别保护的条款。"银行为自身利益所拥有的财产，包括与中央银行活动有关的财产，区别于仅用于为其他机构或外国国家的商业交易融资的财产……而且，对外国国家的财产采取执行措施将引起外交上的重大问题。"该款规定中央银行为其自身利益所拥有的财产，免受美国法庭的执行，除非该中央银行明示放弃豁免。除对中央银行以及具有中央银行性质的财产的定义外，第 1611 条 b 款还规定了中央银行的放弃问题。第 1611 条 b 款只允许明示放弃执行豁免，但并未提及判决前扣押的放弃。由此可见，美国《外国主权豁免法》为中央银行提供特殊保护的范围小于英国《国家豁免法》。根据美国立法，中央银行"为自己账户持有"的所有财产享有执行豁免，但中央银行账户中用于为私人方的商业交易融资的资金无法被豁免。

值得一提的是，《联合国国家及其财产管辖权豁免公约》第 21 条第 1(c)款规定，中央银行或其他货币权威机构的财产享有执行豁免。该措

---

① See AIG Capital Partners v. Kazakhstan, ICSID Case No. ARB/01/6, Judgment of the English High Court on Enforcement, para. 26.

辞对豁免财产范围的规定是相当宽泛的，但各国国内法律可通过狭义解释方式，在中央银行从事实质上的私人商业行为时，拒绝给予豁免。因此《联合国国家及其财产管辖权豁免公约》实际上属于限制豁免的立法模式。

第三种模式是不享有执行豁免，以大陆法系的法国和德国为代表，他们认为，外国中央银行的财产不具有特殊地位，不享有执行豁免。在1975年约瑟夫诉尼日利亚中央银行案中，德国法院准予冻结尼日利亚中央银行在德国开立账户中的资金。① 瑞士联邦法庭也曾否认利比亚中央银行的资产享有豁免权，对于外国中央银行资产一般可被视为货币储备而不受强制执行的说法不予采纳。② 澳大利亚和加拿大同样不为中央银行财产提供特殊的执行豁免，明确中央银行用于商业目的的财产不可豁免。

在实践中，为了保持司法管辖区作为金融和银行中心的吸引力，中央银行越来越多地被要求在免予执行方面给予特别保护。澳大利亚法律改革委员会在1984年的报告中引用了权威评论员的观点，认为美国和英国法律对中央银行的特殊待遇"至少部分是出于保护纽约和伦敦作为外国储备投资中心地位的愿望"。随着中央银行在主权财富基金方面作用的扩大，与外国中央银行有关的竞争问题可能已超出吸引外汇储备投资的范围。

我国《外国中央银行财产司法强制措施豁免法》第1条明确规定："中华人民共和国对外国中央银行财产给予财产保全和执行的司法强制措施的豁免……"《外国国家豁免法》第15条明确规定："下列外国国家

---

① See Youssef M. Nada Establishment v. Central Bank of Nigeria, reprinted in 16 IL. M. 501 (1977).

② See Swiss Void Rule on Libya, The New York Times (Jun. 23, 1980), https://www.nytimes.com/1980/06/23/archives/swiss-void-rule-on-libya.html? smid = url-share.

的财产不应被视为本法第十四条第三项规定的用于商业活动的财产……(三)外国和区域经济一体化组织的中央银行或者履行中央银行职能的金融管理机构的财产,包括现金、票据、银行存款、有价证券、外汇储备、黄金储备以及该中央银行或者该履行中央银行职能的金融管理机构的不动产和其他财产……”由此可以看出,在中央银行财产执行豁免问题上,我国相关立法态度从“限制的绝对豁免”①向彻底的“限制豁免”转变。

参考案例

友邦资本诉哈萨克斯坦共和国案②

案例概要

英国商业法院在友邦资本诉哈萨克斯坦共和国案中认为,中央银行拥有财产权益的任何资产都应该享有豁免资格,无论中央银行持有该财产的用途或目的是什么。

---

① “限制的绝对豁免”认为,除“自愿接受”和适用“对等原则”外,国家在他国法院享有绝对的豁免,国有企业在他国法院一般不享有豁免。参见叶研:《“限制的绝对豁免”:中国国家豁免的实践特色与立法进路》,载《国际经济法学刊》2022 年第 1 期;王虎华、罗国强:《〈联合国国家及其财产管辖豁免公约〉规则的性质与适用》,载《政治与法律》2007 年第 1 期;Huang Jin & Ma Jingsheng, *Immunitues of States and Their Property: The Practice of the People's Republic of China*, Hague Academy of International Law, Association of Attenders and Alumni, Hague Yearbook of International Law, Martinus Nijhoff Publishers, 1990, p. 179。

② See AIG Capital Partners Inc & Anor. v. Kazakhstan, [2005] EWHC 2239 (Comm) (20 October 2005).

基本案情

该案原告作为投资者，从国际投资争端解决中心获得针对东道国哈萨克斯坦共和国的一份仲裁裁决。该裁决要求哈萨克斯坦共和国向其支付约995万美元赔偿金。原告申请英国法院对托管哈萨克斯坦共和国国家基金在英国存款和证券的第三方签发收款令，以执行裁决。哈萨克斯坦共和国中央银行提出，所涉财产是其委托第三方代管的中央银行财产，享有英国《国家豁免法》第14条第4款规定的强制措施豁免。原告提出，该案所涉财产的所有者及最终受益人是哈萨克斯坦共和国，且该财产在第三方管理的账户内被频繁交易以获取投资收益，因而它不应属于第14条第4款规定的中央银行财产。

裁判结果

英国商业法院判决驳回投资者对于哈萨克斯坦共和国中央银行财产的执行申请。

法院观点

英国商业法院认为，英国《国家豁免法》第14条第4款规定的中央银行财产应解释为中央银行"拥有财产权益的任何资产，无论中央银行持有该财产的用途或目的是什么"。同时，如果中央银行在某一财产上享有财产权益，而母国在同一财产上也享有其他权益，则该财产仍享有强制措施豁免。同时法院认为,哈萨克斯坦共和国国家基金在第三方管理的账户内进行交易并不意味着它是“用于或有意图用于商业目的的财产”,而是经哈萨克斯坦共和国国家银行授权,为增加其政府收入与稳定经济而使用的财产。哈萨克斯坦共和国中央银行作为国家基金的信托管理人,对第三方代管的国家基金存款和证券享有合同处置权与收益权。中央银行在该财产上的权益足以使它被视为属于英国《国家豁免法》第14条第4款规定的中央银行财产。

评 析

英国商业法院阐述了英国《国家豁免法》第14条第4款执行豁免权与《欧洲人权公约》第6条第1款个人诉诸司法权之间,以及其与《关于解决国家与他国国民之间投资争议公约》(以下简称《华盛顿公约》)第54条要求的缔约方执行仲裁裁决义务之间的关系。《华盛顿公约》要求缔约方执行有关仲裁裁决的义务不影响中央银行财产享有执行豁免。英国《国家豁免法》赋予中央银行财产强制措施豁免并不意味着相关裁决无效或废止,当事人可以寻求外国国家其他财产以执行裁决。英国商业法院对英国《国家豁免法》第14条第4款予以从宽解释,有利于保护中央银行在英国享有财产权益的财产免予被扣押与执行以承担母国责任。同时,英国商业法院对中央银行与母国间的密切联系亦给予相当程度的包容,未援引“揭开公司面纱”制度。这一解释与《联合国国家及其财产管辖豁免公约》附件提出的中央银行“财产”应当理解为比“所有或占有更广泛”的意义基本趋同。[①]

(4)其他执行豁免例外财产

除商业财产作为执行豁免的例外得到大多数国内立法和国际公约的支持外,各国国内立法还规定了多种不同类型的例外情形,包括与确立通过继承和赠与获得的财产的判决有关的执行、违反国际法所得的财产、包含契约义务和由此而产生收益的财产、从事恐怖行为或资助恐怖活动的财产等。

2. 可执行财产的要件

(1)财产所在地

由于国家商用财产是法院地国执行的主要对象,从领土管辖权与豁免权的关系来看,只有处于法院地国的商业财产才有可能被强制执行,如标的财产在法院地国的实际有效控制之外,则法院地国便无法执行,法院地国无权执行被执行国在第三国境内的财产,更勿论该国在其本国领域内的财产了。

(2)与诉基行为存在联系

对于执行财产是否必须与诉基行为存在一定联系,各国实践并不一致,国际法上亦无统一规则。我国《外国国家豁免法》第14条规定:“有下列情形之一的,外国国家的财产在中华人民共和国的法院不享有司法强制措施豁免……(三)为执行中华人民共和国的法院的生效判决、裁定,对外国国家位于中华人民共和国领域内、用于商业活动且与诉讼有联系的财产采取司法强制措施。”国际法委员会亦认为,只有财产与外国国家商业活动相联系时才可成为强制措施对象,但是英国、德国等国持

① 参见王蕾凡:《中央银行及其财产管辖豁免:国际法与国家实践》,载《环球法律评论》2021年第5期。

有不同立场。事实上,美国与法国最开始是坚定的诉因联系论者,但随着实践的发展,两国在该问题上均作出了极大的转变。美国律师协会工作组报告认为,如果对一商业行为案件判决的执行仅限于与同一商业行为有关的财产,则过分限制了对外国国家的执行,在外国国家不愿自动履行判决时,应给予胜诉原告实现判决的更大机会,不应要求被扣押或执行的财产与争议有关。相似地,法国最高法院在阿尔及利亚国家石油公司案中认定,“公共实体的资产,无论是否享有法人资格,都可以被公共实体的所有债权人没收,这些资产属于专门用于私法部门活动的一组资产的一部分”。① 本书认为,要求被执行财产与诉基行为之间存在一定的联系并无必要。首先,债务人必须以其全部财产作为其债务的总担保是债法上的基本规则,如要求财产必须与诉基行为之间存在一定联系无异于与该基本规则相悖。其次,国际法上理论和实践对国家及其财产豁免方面的保护已较为充分,在私法关系中无须再设置任何特权。据此,本书认为,否定商业财产与诉基行为之间必须存在一定联系有利于合理地平衡私法关系中双方当事人的利益,促进国际民商新秩序的建立。在实践中,我国可依据《外国国家豁免法》第 21 条的规定,在外国对我国国家财产实施强制措施不考虑是否与诉讼有联系,根据对等原则对该国财产实施强制措施时,也不再考虑是否与诉基行为存在联系。

(3)“公共秩序”因素考量

在《联合国国家及其财产管辖权豁免公约》草稿中,曾有专门关于“公共秩序”的条文规定:一国如果不能在诉讼中要求豁免,则有义务执行另一国法院针对其作出的最后判决,除非此项义务与该国的公共秩序抵触。但该条并未被公约最后修订版所接受。我国《外国国家豁免法》

---

① See *France*: *Court of Cassation Decision in Sonatrach v. Migeon*(*Sovereign Immunity and State Enterprises*), International Legal Materials, 26(4), p. 998 – 1003(1987).

也采用了目前国际实践的主流做法，未以"公共秩序"作为执行的阻碍因素。如果法院能普遍地不受地域限制地对某一国财产采取强制措施，那么"公共秩序"就有很大的价值，因为被诉国可以法院终局判决违反本国公共秩序为由拒绝或禁止执行在其国内的国家财产；但如果法院仅能对在其本国领域内的外国财产采取强制措施，那么"公共秩序"则基本上无用武之地，因为被执行国即便认为判决违反其本国"公共秩序"也无法阻止法院地国采取强制措施，因为它的管辖和执行是自足的。因此，在《外国国家豁免法》第 14 条第 3 项明确法院强制措施仅限于我国领域范围内的情况下，在执行部分加入"公共秩序"的规定确无必要。

(4)判决前和判决后强制措施的区分

《联合国国家及其财产管辖权豁免公约》并未对强制措施作出判决前和判决后的区分，只笼统规定为"在法院诉讼中免于强制措施的国家豁免"，即对判决前和判决后的强制措施采取同一立场，并未对判决前强制措施予以更大的限制。我国《外国国家豁免法》也采用了相同的立法例。但在实践中，本书建议，人民法院就对外国国家财产进行判决前的强制保全措施采取更审慎的态度，因为采取财产保全措施的前提是确保胜诉权益得以实现，而对于涉外国国家的案件来说，外国国家在很大程度上不会发生财产转移或流失等导致无法赔付原告当事人的情形，因此采取财产保全一般并无必要，相反易造成国与国之间的关系紧张，对各国之间的正常经贸关系也可能带来严重不利影响。当然由于国际形势变化较快，世界经济下行压力明显，区域性、行业性金融危机接连爆发，阿根廷、土耳其、斯里兰卡等国家破产事件时有发生，因此对强制措施不作判决前和判决后的区分，会更利于保持法律的完满性和相对稳定性，避免在特殊情况下缺少必要的应对措施。但实践中，人民法院应慎重审查当事人对外国国家采取保全措施的申请。此外，在必要情况下，人民法院还可依据职权决定采取财产保全或先予执行措施。

3. 强制执行程序与强制执行措施

(1)强制执行程序

从国际司法实践来看，涉外国国家案件的判决生效后，还需要经过“合理期限”后法院才能发出扣押或执行令，并且除非破产，否则该合理期限不可能被无限延长。这一规定与国内债法相同，目的在于谋求执行双方利益的合理平衡。一方面给予被执行国一段合理时间来履行判决，另一方面使执行国能及时保证有关当事人的胜诉权益得到实现。正如有学者所言，在国家财产的强制执行问题上，设置履行宽限期可以缓冲全球经济一体化与主权皇冠下的国家利益之间的冲突，同时它也是一个桥梁，可以将国际争端解决的法律方法和其他如政治方法等结合起来，以期减少和避免国家间的摩擦。

在不同案件中，法院会因每个案件的细微差别而确定不同的期限为“合理期限”，该合理期限为1~3个月。如遇特殊情况，法院还可考虑给予被告更长的宽限期限。只要判决作出，经过合理期限后，法院就可以同意原告申请，认定判决履行已经过合理期限。此处需要注意的是，法院宣布判决已通知被告且已经过合理期限，并不意味着该命令构成扣押或执行令。

(2)强制执行措施

关于强制执行措施，目前域外立法共有3种立法例：一是给予被执行国2~3个月的宽限期，由其自由决定用哪些财产来履行判决；若在宽限期内未履行，则法院地国可对其财产予以强制执行，此时应先由原告提交材料证明哪些财产可供扣押或执行，再向法院申请扣押令或执行令。二是给予被执行国2~3个月的宽限期，由其自由决定用哪些财产来履行判决；若在宽限期内未履行，则可将执行判决之请求诉诸国际争端解决机制(如国际法院)，这将启动与执行请求特定问题相关的争端解决程序。三是由于强制执行措施问题的复杂性和微妙性，对之不予规定。

综上所述,大多数域外立法例并未规定强制执行措施。仅有采用第一种立法体例的国家明确了该类案件可采用的强制执行措施,而且即便有所规定,鉴于国家主权豁免案件的特殊性,所采取的强制措施亦与普通执行案件有所不同。为了执行涉外国国家案件的判决,美国法院有权行使其固有权力,包括要求外国国家提供诉讼费用担保,甚至以外国国家藐视法院为由要求外国国家支付民事罚款。美国法院有权执行金钱判决、扣押外国国家财产,但无权强制外国国家履行具体的行为。在美国法院作出扣押令后,利害关系人可以申请作为加入诉讼人反对扣押令。

我国目前的《外国国家豁免法》采用了第三种立法例,即未对强制执行措施进行规定。但根据该法第16条的规定:"对于外国国家及其财产案件的审判和执行程序,本法没有规定的,适用中华人民共和国的民事诉讼法律以及其他相关法律的规定。"似有与普通民事案件强制执行程序相同之意。对此,本书认为,可在之后的实践中予以进一步明确。

小　结

国家主权豁免案件司法程序的设计应兼顾外国国家豁免案件的特殊性和涉外民商事诉讼程序的体系性。在立案阶段,本书认为,国家主权豁免案件应采用特定中级人民法院集中管辖的模式,并建议在立案登记制前提下,对于被告明显属于外国国家的,明确原告应在起诉阶段初步说明被告存在豁免例外情形。在主权豁免审查环节,本书建议,人民法院以答辩期届满为标准指定被告出庭时间,按照依当事人申请审查为主、依职权审查为辅的审查程序来审查被告是否享有豁免待遇。在审判环节,本书认为,人民法院应对外国国家缺席审判采用审慎态度,并严格限定相应条件,体现对外国国家主权的充分尊重。针对国家主权豁免案件的特殊性,本书还提出了构建外交意见采纳制度、案件层报和备案制度以及飞跃上诉制度的建议,以期确保审判质量、效率和效果相统一。在执行环节,本书解读了可执行财产的范围,并详细探讨了强制执行措施和强制执行程序的制度设计。通过外国国家豁免诉讼程序的构建,健全国家豁免这一外交和司法领域急需的法律制度体系,为《外国国家豁免法》的实施奠定基础,为统筹推进国内法治和涉外法治提供保障。

第四章

我国反外国制裁司法救济机制的完善

前　言

《反外国制裁法》第 12 条和《阻断办法》第 9 条建立了反外国制裁的司法救济制度。反外国制裁司法救济机制的运行，既要站在国际法体系下考量，也要站在中国立场上思考，依照我国的法律法规特别是涉外法律法规以及我国缔结、参加的国际条约处理相关涉外诉讼，全方位统筹以有效维护国家主权、安全、发展利益，保护我国公民、组织的合法权益。本书基于反外国制裁的国际背景，参考比较域外司法实践，明确我国反外国制裁司法救济机制的功能定位和基本原则，从程序和实体两方面细化明确涉反外国制裁司法救济案件的审理机制，完善集中管辖、审查层报、期间和送达、飞跃上诉等具体特殊审理程序，注意协调处理外国法院裁判、国际商事仲裁的承认与执行，明确对歧视性限制措施、制裁条款效力、损失赔偿责任等核心实体性问题的认定。

一、反外国制裁司法救济机制的实践背景和规范基础

(一)反外国制裁司法救济机制的实践背景

1. 国际制裁的实践情况

在国际关系领域中,“制裁”的概念可以用3种方法来定义:第一种方法以目的为导向,措施侧重应对违反法律规范的行为;第二种方法侧重措施的发起者的身份,并将这一概念限制于国际组织采取的措施;第三种方法在国际关系理论上占有突出地位,它根据所采取措施的类型来定义制裁,并将其解释为经济制裁,如针对某些国家的进出口限制,或针对特定个人或实体的资产冻结。① 制裁有时被理解为对因违背国际法而负有责任的国家施加不利的法律后果,以迫使其停止违背国际法的行为。② 在全球化背景下,伴随多边体制和国际关系的变化,美国和欧盟出台了大量域内法和行政命令,对外国实体和个人实施经济制裁措施,尤其是未获联合国或者其他国际组织和国际法授权的单边经济制裁成为近年来主要的制裁方式。可以说,单边经济制裁已经成为部分国家或

① See Ruys & Tom, *Sanctions, Retortions and Countermeasures: Concepts and International Legal Framework*, Research handbook on UN sanctions and international law, Edward Elgar Publishing, 2017, p. 19 – 51.

② See Richard Gordon, Michael Smyth & Tom Cornell, *Sanctions Law*, Bloomsbury Publishing, 2019, p. 1 – 7.

者国家集团对其他国家或实体施以影响的重要手段,从而引发一系列反制裁连锁反应。[①] 单边经济制裁和反制裁的盛行,在一定程度上反映出当前的多边体制、国家间争端解决机制和国际规则已无法解决国家间日益严重的政治、贸易和经济冲突。

制裁按照手段划分,可以分为武力制裁、外交制裁、经济制裁、金融制裁、贸易制裁等。依据 2021 年美国财政部海外资产控制办公室(Office of Foreign Asset Control, OFAC)发布的《制裁评估报告》,自 2001 年后,经济制裁已经成为美国应对国家安全、外交政策和经济利益威胁的首选工具之一(美国 OFAC 2000 ~ 2021 年度制裁的数量见图 4 - 1)。[②]美国经济制裁的执行措施经过了从早期以单一的贸易管制为主到如今以金融制裁为核心的发展历程。贸易制裁措施一般是指禁止交易和进出口管制,通过贸易配额、关税和非关税壁垒等方式,阻碍美国国内主体和第三国主体与被制裁对象的贸易往来;金融制裁是以阻碍受制裁方的资金流动为核心内容的强制性制裁措施,包括冻结或没收财产、切断融资渠道、禁用美元支付结算体系等。金融制裁本质上是美国依托自身在国际金融结算体系的地位和金融机构天然的避险偏好,通过将制裁方驱逐出美国主导的全球支付结算体系来施加经济压力。金融制裁通过限制资金从目标国政府、实体、个人流入或流出等,将制裁对象隔绝于全球金融体系之外。

---

① 参见陈梦:《单边经济制裁和反制裁的法律规制——兼评〈反外国制裁法〉》,载《经贸法律评论》2022 年第 4 期。

② See U. S. Department of the Treasury, The Treasury 2021 Sanctions Review, U. S. Department of the Treasury (Oct. 2021), https://home.treasury.gov/system/files/136/Treasury - 2021 - sanctions-review.pdf.

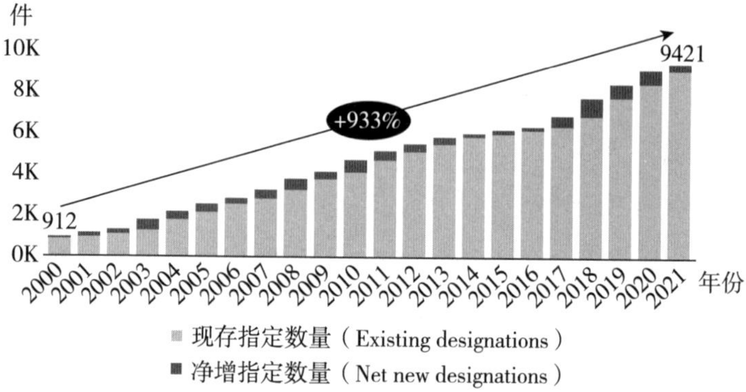

图 4-1　美国 OFAC 2000～2021 年度制裁的数量

数据来源:美国财政部 2021 年制裁报告(The Treasury 2021 Sanctions Review),载 https://home.treasury.gov/system/files/136/Treasury-2021-sanctions-review.pdf。

按照方式划分,可以分为直接制裁和次级制裁。次级制裁,是指禁止第三国主体与制裁对象之间的经济活动,从而与禁止国内实体和个人与制裁对象之间的经贸往来的直接制裁相区别。次级制裁,实质上是发起国凭借其国际优势地位将其单边制裁转化为多边制裁的强制手段,具有较强的破坏力和影响力,所涉企业通常倾向遵守,甚至形成过度遵守制裁政策的局面,以避免被高额罚款和技术、市场的禁入。近年来,美国次级制裁的适用日益频繁,颁布的有关制裁伊朗、俄罗斯、叙利亚、委内瑞拉等国的法案均包含次级制裁的规定。

按照性质划分,国际层面的制裁可分为经联合国授权的制裁和单边制裁,前者在合法性方面整体不存在争议,而后者的合法性则存在较大争议。[①]《联合国宪章》第七章授权安理会可以采取武力和非武力行动

① 参见马光:《论反制裁措施的国际合法性及我国反制裁立法的完善》,载《法治研究》2022 年第 1 期。

维护国际和平与安全,但没有出现"制裁"的用语。① 根据《马克斯·普朗克国际公法百科全书》的定义,国际法上的制裁,是指对违反国际法的行为负有责任的对象施加不利的法律后果,以迫使其停止违反国际法的行为。② 也有学者将制裁定义为针对违反国际法的行为而采取的强制措施,以执行依法有权以所在社会或社区的名义采取行动的机构之决定。③ 也有学者指出,国际法意义上的制裁是指国家或国际组织以单独或集体方式,迫使被制裁国家(地区)改变其政策,或至少表明对被制裁国家(地区)的某种意见或立场的一种国际强制措施。④ 按照制裁对象,可以分为全面制裁(普遍制裁)和聪明制裁(定向制裁)。

2. 反外国制裁的法律实践比较研究

面对国际社会日益严峻的制裁,各国和地区采取了广泛的反制裁机制。以应对金融制裁的反制裁措施为例,国家层面主要采取在外交领域展开协商和谈判、在金融领域加强国内金融和贸易政策扶持、在立法领域加快制定阻断法律、在争议解决领域诉诸法律救济等措施。由于反外国制裁司法救济机制的研究基于法律依据和法律适用,在此仅论述在立

---

① 《联合国宪章》第 39 条规定:"安全理事会应断定任何和平之威胁、和平之破坏、或侵略行为之是否存在,并应作成建议或抉择依第四十一条及第四十二条规定之办法,以维持或恢复国际和平及安全。"第 41 条规定:"安全理事会得决定所应采武力以外之办法,以实施其决议,并得促请联合国会员国执行此项办法。此项办法得包括经济关系、铁路、海运、航空、邮、电、无线电及其他交通工具之局部或全部停止,以及外交关系之断绝。"第 42 条规定:"安全理事会如认第四十一条所规定之办法为不足或已经证明为不足时,得采取必要之空海陆军行动,以维持或恢复国际和平及安全。此项行动得包括联合国会员国之空海陆军示威、封锁、及其他军事举动。"

② See Max Planck Encyclopedia of Public International Law, https://opil. ouplaw. com/display/10. 1093/law:epil/9780199231690/law - 9780199231690 - e1711? prd = OPIL#law - 9780199231690 - e1711 - div1 - 3.

③ See Masahiko Asada, *Economic Sanctions in International Law and Practice*, Routledge, 2020, p. 4.

④ 参见霍政欣:《〈反外国制裁法〉的国际法意涵》,载《比较法研究》2021 年第 4 期。

法领域加快制定阻断法律以及在争议解决领域诉诸法律救济两种法律层面的主要手段。

(1)立法领域加快制定阻断法律

受制裁方在国内制定阻断和反制裁措施相关法律,防止本国国民受到外国法律和命令的约束以免受外国制裁措施。除个别国家因政治原因采取顺从立法如日本立法主动限制本国出口外,全球各国及地区对于单边经济制裁的立法措施主要分为阻断型立法和对抗型立法两种类型,为反外国制裁司法救济措施形成规范基础(见表4-1)。

表4-1　域外反外国制裁立法实践

国家或组织	立法实践
联合国	《国家对国际不法行为的责任条款草案》(Draft Articles on State Responsibility of States for Internationally Wrongful Acts)
欧盟	1996年《反对第三国立法域外适用效果及行动条例》(No 2271/96 protecting against the effects of extra-territorial application of legislation adopted by a third country, and actions based thereon or resulting therefrom)
俄罗斯	2018年《针对美国和其他国家不友好行为的措施(反措施)的法律》[On Retaliation Measures (Countermeasures) for Unfriendly Actions by the United States of America and/or Other Foreign State]
英国	1980年《保护贸易利益法》[Protection of Trading Interests Act, c. 11(1980)(UK)]、《2019年防止第三国立法域外适用(修正案)(脱欧)条例》(Protecting Against the Effects of the Extraterritorial Application of Third Country Legislation Regulations 2019)

续表

国家或组织	立法实践
加拿大	1984 年《外国域外措施法》[Foreign Extraterritorial Measures Act, R. S. C., ch. F-29(1985)(Can.)]
澳大利亚	1979 年《外国反托拉斯判决(限制执行)法案》[Foreign Proceedings (Excess of Jurisdiction) Act]、1984 年《外国诉讼程序法》[No. 3 of 1984(Austl.)]
墨西哥	《保护贸易和投资免受违反国际法的外国法律规制法》
日本	《保护公司免受美国 1916 年法案之利润返还的特别措施法》

一是阻断型立法。颁布阻断法予以封堵,以英国、澳大利亚、加拿大和欧盟的阻断立法为代表。例如,1979 年颁布的澳大利亚《外国反托拉斯判决(限制执行)法案》、1980 年出台的英国《保护贸易利益法》、1984 年制定的加拿大《外国域外措施法》和 1996 年制定的欧盟《阻断条例》等。针对他国具有域外适用效果的制裁立法或措施,制定抵销性的反制裁法,以阻断外国制裁法对本国国民的适用,保护本国国民免受次级制裁立法的不利影响。①

欧盟阻断立法是这方面的典型。在 20 世纪 90 年代美国颁布《赫尔姆斯—伯顿法》和《达马托法》两部具有域外效力的经济制裁法案的背景下,欧盟从立法层面削弱美国制裁的不利影响。欧盟的反制裁措施主要是针对美国的次级制裁而实施的,其中最重要的法案是 1996 年欧盟针对美国域外制裁法规制定的欧盟《阻断条例》。2018 年,美国重启对伊朗的全面制裁后,欧盟重启并修订了其《阻断条例》,出台了第 2018/1100 号条例(以下简称欧盟《附录修正案》)和第 2018/1101 号条例(以

---

① 参见沈伟、邵辉:《论阻断诉讼的法律风险及其司法控制》,载《中国应用法学》2022 年第 2 期。

下简称欧盟《阻断条例实施细则》),并颁布了配套的欧盟《关于修订版阻断条例的使用指引》(Guidance Note-Questions and Answers: adoption of update of the Blocking Statute),[①]构建了欧盟的阻断法体系。欧盟《阻断条例》主要规定了除非获得欧盟委员会的特别批准,否则欧盟主体不得遵守条例列明的美国制裁法案,即欧盟不承认美国法院基于其制裁法规所作出的裁决。欧盟《阻断条例》还要求欧盟企业在受到美国次级制裁影响时,应及时向欧盟委员会报告,同时允许欧盟主体向造成损害的个人或实体请求赔偿相关法律费用。

在英国"脱欧"前,英国的制裁和反制措施基本与欧盟一致。在"脱欧"后,英国必须重新协调之前的欧盟法案在英国的执行情况。2019 年颁布的英国《2019 年防止第三国立法域外适用(修正案)(脱欧)条例》(Protecting Against the Effects of the Extraterritorial Application of Third Country Legislation Regulations 2019)修订了一些国内立法,例如,1996 年英国《美国法域外适用(制裁古巴、伊朗和利比亚)(贸易利益保护)令》(Extraterritorial US Legislation Order 1996)。该条例明确,"脱欧"后欧盟阻断法和英国的阻断条例将在英国继续有效。[②] 英国在欧盟阻断法的基础上,更激进地将遵守外国制裁法的行为定为刑事犯罪。在英国,违反英国贸易利益保护法律构成刑事犯罪。英国贸易利益保护法律通过以下方式保护英国主体,包括禁止直接和间接地遵守被禁止的制裁;要求英国主体在发现其经济和/或财务利益受到被禁止的制裁影响后在一定时间内通知负责商业贸易的国务卿;允许追回因适用被禁止的制裁而造成的损失;如果不遵守制裁将对他们的利益或英国的利益造成

① See Guidance Note-Questions and Answers: adoption of update of the Blocking Statute C/2018/5344.

② 英国《2019 年防止第三国立法域外适用(修正案)(脱欧)条例》第二部分为修订从属立法,第三部分为修订的直接保留的欧盟立法。

严重损害,允许受保护主体向负责商业贸易的国务卿请求授权以遵守被禁止的制裁。英国贸易利益保护法律保护法规中列出的所有英国个人和企业,包括:居住在英国的英国国民;在英国的非国民居民;在英国注册的任何法人;提供海运服务的英国国民;任何提供海上运输服务并由英国国民控制的法人,且该船只在英国注册;在英国境内的任何其他自然人,包括在其领海或领空内,或在英国管辖或控制下的任何飞机上或以专业身份行事的任何船只。英国商业贸易部就此在官方网站发布了关于保护贸易利益的指南。① 英国反外国制裁立法规定也影响了许多其他国家的相关立法,例如,爱尔兰、荷兰和瑞典也将遵守美国制裁法归为刑事犯罪。

二是对抗型立法。制定反制裁法予以针锋相对,以俄罗斯的反制裁法模式最为典型。作为美国和欧盟的主要制裁对象,俄罗斯的反制措施比较强硬和典型。俄罗斯的反制措施前期主要以行政法令为主。2018年6月4日,俄罗斯总统普京签署通过了《关于影响(反制)美国和其他国家不友好行为的措施》[On Retaliation Measures(Countermeasures) for Unfriendly Actions by the United States of America and/or Other Foreign State],正式以立法形式针对美国的制裁实施反制措施。从国家立法的高度对经济制裁进行反制,为反制提供了国内法依据,即本国可以针对其他国家对其实施的制裁采取一系列报复措施。② 该法赋予了总统针对外国制裁行为采取相应反制措施的权力,如停止或暂停与不友好国家或实体在特定领域的国际合作,禁止从其进口或向其出口特定产品和原材料,禁止其参与国家、地方工程或采购项目或私有化进程等。为应对

---

① See Guidance Protection of Trading Interests, https://www.gov.uk/guidance/protection-of-trading-interests.

② 参见杜涛、周美华:《应对美国单边经济制裁的域外经验与中国方案——从〈阻断办法〉到〈反外国制裁法〉》,载《武大国际法评论》2021年第4期。

美国和欧盟的制裁，俄罗斯财政部还专门成立反制裁司，负责制定和落实相关反制措施并在降低外国制裁带来的危害方面与各部门进行协调。① 俄罗斯2020年6月8日通过No. 171 – FZ联邦法案修订了《俄罗斯联邦仲裁程序法典》(Russian Arbitrazh Procedure Code)，增加了联邦法院专属管辖权和禁诉令的相关规定，主要为受外国制裁的俄罗斯公民和法人提供诉讼管辖依据。其中，最有争议的内容是规定俄罗斯商事法院对涉及受制裁的俄罗斯公民和法人的纠纷具有专属管辖权。这意味着外国仲裁庭和法院针对这些纠纷作出的裁决和判决在俄罗斯将无法执行。即使当事人已经签订争议解决条款，受外国制裁的俄罗斯当事人仍可以依据这一法案向俄罗斯商事法院提起诉讼，而法院可以无视当事人的纠纷解决条款受理该案件。伊朗也采取了较强硬的反制裁措施。2020年12月，伊朗发布了议会通过的《反制裁战略法》，该法律共有9项条款，规定了伊朗核计划的具体措施，包括出于和平目的生产丰度为20%及超过20%的浓缩铀、启用新型离心机、设计建设新的重水反应堆等内容，并强调如果伊核协议签署国违反协议内容、伊朗同国际银行的关系没有完全正常化、没有完全消除伊朗石油及化工产品的出口障碍且伊朗无法快速获取石油收入，则伊朗将在该法生效2个月后，暂停自愿履行《核不扩散协定》的附加议定书，进而对抗欧洲国家、美国的制裁。②

(2)争议解决领域诉诸法律救济

受制裁方在具体的争议解决领域诉诸法律救济中，可以分为采取国际争端解决机制、在制裁国申诉或诉讼和在被制裁国提起诉讼3种路径。

---

① 参见《俄总理批准财政部成立反制裁司》，载环球网2018年7月21日，https://world. huanqiu. com/article/9CaKrnKaCsi。

② 参见《伊朗外长阿拉格齐：伊朗将执行〈反制裁战略法〉》，载央视网，http://m. news. cctv. com/2020/12/17/ARTI2j6DchZhKEVB2dSK72bM201217. shtml。

一是采用国际争端解决机制。可以诉请 WTO、国际法院等国际组织裁决，例如，1996 年欧盟曾在 WTO 启动争端解决程序，指控美国制裁古巴的《赫尔姆斯—伯顿法》违反 1994 年《关税及贸易总协定》(General Agreement on Tariffs and Trade，GATT)、《WTO 服务贸易协议》(General Agreement on Trade in Services，GATS)，伊朗也曾向国际法院诉称美国对伊朗的制裁违反了《伊朗和美国经济关系和领事权利友好条约》(1955 年)，俄罗斯、委内瑞拉也曾将美国制裁措施诉诸 WTO。2022 年 12 月 12 日，我国将美国对华芯片等产品的出口管制措施诉诸 WTO 争端解决机制。我国商务部条约法律司负责人表示，"美方近年来不断泛化国家安全概念，滥用出口管制措施，阻碍芯片等产品的正常国际贸易，威胁全球产业链供应链稳定，破坏国际经贸秩序，违反国际经贸规则，违背基本经济规律，损害全球和平发展利益，是典型的贸易保护主义做法。中方在世界贸易组织提起诉讼，是通过法律手段解决中方关注，是捍卫自身合法权益的必要方式。我们希望美方放弃零和博弈思维，及时纠正错误做法，停止扰乱芯片等高科技产品贸易，维护中美正常经贸往来，维护全球芯片等重要产业链供应链稳定"。[①] 这是我国运用国际争端解决机制展开反制裁维护自身合法利益的重要举措。虽然由于诉讼成本等原因实践效果有限，但是国际争端解决方式在国际法理论上符合逻辑，且从国际法上的合法性角度来看非常重要。未来可以进一步利用国际争端解决机制，适时启动相关争端解决程序，在多边框架下维护本国安全和利益。

二是在制裁国申诉或诉讼。在行政层面，例如，虽然美国制裁法律和行政法令中并无统一的申请除名规定，但 OFAC 对于其管理的制裁清

① 参见《商务部条法司负责人就中国在世贸组织起诉美滥用出口管制措施限制芯片等产品贸易答记者问》，载商务部官网，http://www.mofcom.gov.cn/article/xwfb/xwsjfzr/202212/20221203373159.shtml。

单规定了申请除名的程序,当事人可通过邮寄信件或发送电子邮件的方式向 OFAC 申请除名。① 当事人也可以根据美国联邦法规第501.807 条相关除名的原因②,在邮件中写明申请除名的具体理由,此外,其他可能除名的一些情况示例包括:行为的积极改变、SDN 清单的消亡、列入制裁名单的基础不再存在或者指定是基于错误的身份,所以理论上受制裁方可以依照程序向美国政府申请解除制裁或除名。③ 在司法层面,被制裁的当事人可以根据情况诉至制裁国法院,但是由于制裁涉及外交政策和国家安全一般获胜难度很大。以美国为例,当事人一般是从违宪(如正当程序)角度来挑战 OFAC 的决定,但美国法院在诉讼管辖权层面通常要考虑是否为美国公民、是否进入美国领域、是否与美国建立“实质性联系”、在美国有无财产,还要考量是否已经穷尽行政救济手段,从而设置门槛,此外,美国法院在诉讼管辖权层面最终还会因国家利益而具有倾向性。比如,2021 年 7 月 6 日中国香港特别行政区纺织服务生产商溢达集团就美国商务部将其旗下子公司昌吉溢达纺织有限公司列入实体清单向美国华盛顿特区地方法院提起诉讼,但最终 2021 年 10 月 6 日,法院作出裁定驳回了原告的临时禁令动议。④ 但是在此前也有成功的案例,比如,2021 年 1 月 14 日,美国国防部据第 13959 号行政命令将小

① 参见《提交从 OFAC 名单中删除的申请》,载 OFAC 官网,https://ofac.treasury.gov/specially-designated-nationals-list-sdn-list/filing-a-petition-for-removal-from-an-ofac-list,最后访问日期:2024 年 10 月 21 日。

② See 31 CFR 501.807 Procedures governing delisting from the Specially Designated Nationals and Blocked Persons List.

③ 参见《提交从 OFAC 名单中删除的申请》,载 OFAC 官网,https://ofac.treasury.gov/specially-designated-nationals-list-sdn-list/filing-a-petition-for-removal-from-an-ofac-list,最后访问日期:2024 年 10 月 21 日。

④ 参见《溢达集团就其子公司被列入实体清单一案起诉美国商务部》,载溢达集团集团官网 2021 年 7 月 6 日,https://www.esquel.com/zh-hans/news/esquel-group-sues-department-commerce-over-erroneous-inclusion-us-entity-list。

米公司指定为“中国涉军企业”(CCMC 清单),2021 年 1 月 29 日,小米公司起诉美国国防部及其部长、财政部及其部长违反美国行政程序法以及美国《宪法第五修正案》的相关规定,要求法院撤销该违宪的指定,并颁布初步禁令以禁止被告执行该指定,后在 5 月 11 日小米公司与美国国防部共同向法院提交联合状态报告,美国国防部同意将小米公司从 CCMC 清单中移除。①

三是在被制裁国提起诉讼。在被制裁国提起的诉讼需要依照本国相应法律法规赋予的诉权,比如,我国可依照《反外国制裁法》第 12 条和《阻断办法》第 9 条,在我国提起反外国制裁的追偿诉讼。另外,如果没有相关反制裁法律支持或者当事人出于其他原因考量,可以不基于反外国制裁相关法律提起特定的反外国制裁诉讼,而是基于当事人双方的基础法律关系提起诉讼。

参考案例1

欧盟诉美国《赫尔姆斯—伯顿法》案②

案例概要

1996 年欧盟在 WTO 启动争端解决程序,指控美国制裁古巴的《赫尔姆斯—伯顿法》违反 GATT、GATS,这是涉及 GATT 第 21 条最早的案件。虽然并未作出实质判定报告,但就管辖权予以确认,WTO 承认其成

① See Xiaomi Corp. v. Dep't of Def. , Civil Action No. 21 - 280 (RC), Accessed May 20, 2021, https://ecf. dcd. uscourts. gov/cgi-bin/show_public_doc? 2021cv0280 - 21.

② See WTO Doc. WT/DS38/1, 13 May 1996.

员充分享有对国家安全自行判断的“自决权”，但当成员实施相关贸易限制措施涉嫌违反 GATT 第 21 条、GATS 第 14 条及《与贸易有关的知识产权协定》(Agreement on Trade-Related Aspects of Intellectual Property Rights，TRIPs)第 73 条项下的义务时，GATT/WTO 当然对涉国家安全的贸易争端享有管辖权。

基本案情

1996 年 5 月 3 日，欧盟请求与美国就 1996 年《赫尔姆斯—伯顿法》以及美国国会颁布的有关对古巴实施贸易制裁的其他法律进行磋商。欧盟委员会声称，美国对古巴原产商品的贸易限制以及可能拒绝发放签证和禁止非美国国民进入美国领土的行为不符合美国根据 WTO 协定承担的义务。欧盟委员会指控美国违反了 GATT 第 1 条、第 3 条、第 4 条、第 11 条和第 13 条以及 GATS 第 1 条、第 3 条、第 6 条、第 16 条和第 17 条的规定。其还声称，即使美国的这些措施可能没有违反 GATT 或 GATS 的具体规定，但它们仍然抵销或损害了其根据 GATT 和 GATS 预期获得的利益，并妨碍了 GATT 目标的实现。欧盟于 1996 年 10 月 3 日向 WTO 请求成立专家组。

欧盟认为，美国《赫尔姆斯—伯顿法》的域外适用不符合美国在 GATT 及 GATS 项下的义务。美国认为，该条款具有“自我判断”的性质，WTO 争端解决机构(DSB)无权审理该争端，而欧盟则持相反观点，赞成对该条款进行限制性解释，在其请求下 DSB 成立专家组。

裁判结果

DSB于1996年11月20日的会议上成立了一个专家组。双方于1997年4月在WTO争端解决机构之外达成《谅解备忘录》(DSU)。1997年4月25日,专家组主席通知DSB,应欧洲共同体的要求,专家组已暂停工作。

评 析

1996年欧盟诉美国《赫尔姆斯—伯顿法》案是涉及GATT第21条最早的案件。

关于WTO的管辖权。根据GATT第21条,如果对一成员援引第21条的例外规定所采取的措施有争议,另一成员有权通过GATT第23条提供的争端解决机制寻求救济,并最终解决该争议。WTO承认其成员充分享有对国家安全自行判断的"自决权"。但当成员实施相关贸易限制措施涉嫌违反GATT第21条、GATS第14条及TRIPs第73条项下的义务时,GATT/WTO当然对涉国家安全的贸易争端享有管辖权。因为在涉及安全例外的WTO案件中,争端解决机构实际上解决的是以国家安全为由实施的贸易限制所引起的争端,其本质上仍是贸易争端而非政治争端。

双方尽管于1997年4月在DSB之外达成DSU,但立场清晰地表明了对第21条法律性质针锋相对的观点。后续2019年乌克兰诉俄罗斯过境措施案中,专家组从管辖权、法律要件及法律解释三个方面对安全例外条款作出了正式规制，否定了安全例外由主权国家自行行使完全自主判断权的观点。鉴于现代地缘政治格局的不断演变和日益增长的国家安全关切，目前对GATT第21条缺乏共识的情况值得深入分析。①

参考案例2

中国诉美钢铝232关税措施案②

案例概要

中国就美钢铝232关税措施诉至WTO，WTO专家组报告裁定美国相关措施违反WTO规则，驳回美国援引WTO安全例外条款进行的抗辩，明确了WTO对国家安全事项享有管辖权，且对GATT第21条安全例外条款予以阐明。

基本案情

2018年3月，美国政府根据1962年美国《贸易扩展法》(Trade Expansion Act)第232条，对钢铁产品征收25%的进口关税，对铝产品征

---

① 参见郑玲丽：《国家安全视域下美国出口管制法嬗变及中国应对——以WTO中美出口管制案为例》，载《武大国际法评论》2023年第6期。

② See United States-Certain Measures on Steel and Aluminium Products, WT/DS544/R, 2022.

收10%的进口关税。同时,美国免除部分国家的上述关税,并对一些豁免国家的钢铁和铝产品进口实施配额。这些措施是在美方认为进口钢铁和铝产品有可能损害1962年美国《贸易扩展法》第232条规定的所谓"美国国家安全"之后实施的。

2018年10月,中国、欧盟、加拿大、墨西哥、挪威、俄罗斯、土耳其7个WTO成员诉至WTO,要求设立专家组就此措施是否违反WTO相关规定进行审查。申诉方称,美国的措施是保障措施和/或禁止的"灰色地带"措施,违反了GATT第19条和WTO《保障措施协定》以及其他一些条款。美国援引了GATT中的"安全例外"条款。

裁判结果

2022年12月9日,WTO就中国诉美钢铝232关税措施WTO争端案(DS544)发布系列专家组报告,裁定美国的相关措施违反WTO规则,驳回美国援引WTO安全例外条款进行的抗辩。专家组得出以下结论。

(1)关于中国依据GATT第2条提出的主张,对钢铁产品征收25%的附加关税和对铝产品征收10%的附加关税不符合美国减让表中规定的待遇,违反了GATT第2条第1款(b)项和第2条第1款(a)项……

(2)关于中国依据GATT第1条提出的主张:(1)对钢铁和铝产品的国家豁免赋予澳大利亚、阿根廷、巴西和韩国的产品优惠待遇,而其他成员的同类产品并未立即和无条件地享受这种优惠,这与GATT第1条第1款不一致;(2)对钢铁和铝衍生产品的国家豁免赋予澳大利亚、阿根廷、巴西、韩国、加拿大和墨西哥的产品优惠待遇,而其他所有成员的同类产品并未立即和无条件地享受这种优惠待遇,这与 GATT 第 1 条第 1 款不一致。

(3)关于中国依据 GATT 第 10 条提出的诉求,专家组认为没有必要对中国有关排除产品关税程序的管理的诉求作出裁定。

(4)关于中国依据 GATT 第 19 条和《保障措施协定》提出的诉求,专家组认定,涉案措施是根据 GATT 第 19 条以外的其他规定寻求、采取或维持的,即 GATT 第 21 条,属于《保障措施协定》第 11.1(c)条的含义。因此,专家组认定《保障措施协定》不适用于涉案措施。

(5)关于 GATT 第 21 条,专家组认为,涉案措施不属于 GATT 第 21(b)(iii)条所定义的"在战争或其他国际关系紧急状态时期采取的措施"。因此,专家组认为,涉案措施与 GATT 第 1 条第 1 款和第 2 条第 1 款的不一致之处,不属于 GATT 第 21(b)(iii)条的合理范畴。

2023 年 1 月 26 日,美国通知 DSB,决定就专家组报告中的某些法律问题和法律解释向上诉机构提出上诉。但上诉机构尚未发布报告。

裁判观点

专家组认为,关于 GATT 第 21(b)条,GATT 第 21 条题为"安全例外",规定如下:本协议的任何内容不得解释为(a)要求任何缔约方提供其认为披露将违背其基本安全利益的任何信息;或者(b)阻止任何缔约方采取其认为保护其基本安全利益所必需采取的任何行动。(i)与可裂变物质或衍生此类物质的有关材料;(ii)有关武器、弹药和战争装备的贩运以及直接或间接为供应军事机构而进行的其他货物和物资的贩运;(iii)在战争或其他国际关系紧急状态期间采取的措施;或者(c)阻止任何缔约方为履行《联合国宪章》规定的维护国际和平与安全的义务而采取任何行动。

GATT 第 21(b) 条的全部内容应以这样的方式赋予其意义和效果,即保留成员方在第(i)项至第(iii)项所述条件和情况下为保护其基本安全利益而采取其认为必要的行动的权利和自由裁量权。专家组并不认为 GATT 第 21(b) 条具有美国所主张的"自我判断"或"不可诉"性,也不认为该条款包含"单一相关条款",将各条款的条件和情况完全保留给援引该条款的成员方进行判断。基于这一结论并根据 DSU 的相关要求,专家组进而评估了美国援引 GATT 第 21(b) 条对涉案措施的行为。

第 21(b) 条中的"其认为"一词,并不使这些子款具有美国所主张的"自我判断"性质。尽管美国声称其"提供了其认为"所涉措施属于第 21(b)(iii) 条的"信息",但根据 DSU 对此类信息的审查需要客观确定与第(iii)项下相关"国际关系紧急情况"有关的因素,这些因素有别于第 21(b) 条下留给成员方考虑的因素。美国提及了国内当局在支持根据第 232 条采取行动的决定时综合考虑的因素,如涉及国内钢铁和铝工业的情况、全球产能过剩。

美国提出的进口对国内钢铁和铝生产商的影响因素,包括美国国内当局根据第 232 条考虑"国家安全",更多地属于第 21(b) 条规定的"美国认为为保护其基本安全利益所必需的行动"。但是,根据其通常含义,第(iii)项要求在客观评估相关证据和论据的基础上,对相关行动是否是在"国际关系紧急情况"下采取的进行明确调查。

专家组并不认为涉案措施属于 GATT 第 21(b)(iii) 条所定义的"在战争或其他国际关系紧急状态时期采取的措施"。因此,专家组认为,涉案措施存在与 GATT 第 1 条第 1 款和第 2 条第 1 款不一致的情况,不属于 GATT 第 21(b)(iii) 条的合理范畴。

评 析

中国诉美钢铝 232 关税措施 WTO 争端案(DS544)专家组报告明确了 WTO 对国家安全事项享有管辖权,且对 GATT 第 21 条安全例外条款予以阐明。安全例外条款是国家政治安全利益与贸易利益较量权衡下的折中方案。但美国对中国进行出口管制与 WTO 国家安全例外条款不符。

该案后续:美方阻挠裁决生效,逃避执行义务,拒绝取消违规关税措施。对此,中方针对美钢铝 232 关税措施采取反制措施,我国关税司于 2018 年 4 月 1 日发布,自 2018 年 4 月 2 日起我国对原产于美国的部分进口商品中止关税减让义务。美国也将中国针对美钢铝 232 关税措施所采取的反制措施诉诸 WTO。2023 年 8 月 16 日,DSB 专家组公布裁定报告,认定中国对美国的钢铁铝材产品征收关税违反了 WTO 规则,要求中国取消相关措施。这意味着,中国对美国发起的钢铝关税的反制措施也遭到 WTO 的否定。中方依据 WTO 相关规则,提起上诉,以维护自身权益。

由此可见,诉至 WTO 在一定程度上可以保护我国的国家利益,反抗外国制裁,但是在强制执行力和与反制裁的衔接上仍然存在一定的短板。

参考案例3

小米公司诉美国国防部及其部长、财政部及其部长案①

案例概要

小米公司通过在制裁国提起行政诉讼获得司法救济,法院认定小米公司并不符合“中国涉军企业”的定义,以此获得了初步禁令(preliminary injunction),并要求美国国防部将其从CCMC清单中移除。

基本案情

美国在《1999年国防授权法》第1237(b)(4)(B)条对“中国涉军企业”作出明确定义,该条款后经2001财年及2005财年《美国国防授权法案》(National Defense Authorization Act, NDAA)予以修订。修订后的“中国涉军企业”被定义为:(1)美国国防情报局1990年9月编号VP-1920-271-90以及1995年10月编号PC-1921-57-95出版物(及后续更新)中列明的任何实体;(2)任何隶属于中国人民解放军、中国政府部委或由中国人民解放军、中国政府部委、中国国防工业基地所属单位所有或控制的参与商业服务、制造、生产或出口活动的实体。其中,“人民解放军”是指中国的海陆空部队、警察、中国政府的情报部门,以及上

① See Xiaomi Corp. v. Dep't of Def., Civil Action No. 21-280 (RC).

述机构的任何成员。

2020年12月，时任美国总统特朗普发布《第13959号行政命令》，根据美国《1999年国防授权法》第1237节的规定启动CCMC清单措施，指示美国国防部制定相应名单，由OFAC负责实施。被列入CMCC清单的企业将不能通过美国资本市场实施部分种类的融资活动，美国公民和企业也将禁止参与这些企业的投资，已有投资应当在限期内出售。

基于《第13959号行政命令》，美国国防部、财政部于2021年1月14日将小米公司、箩筐技术有限公司、广东高云半导体科技股份列入CCMC清单。美国时间2021年3月14日，禁止美国投资者自由交易小米公司证券；2021年3月15日到2022年1月14日，仅允许美国投资者以剥离为目的交易小米公司证券；2022年1月15日后，美国投资者不得购买、出售和持有小米公司证券。2021年1月29日，小米公司起诉美国国防部及其部长、财政部及其部长违反美国行政程序法以及美国《宪法第五修正案》的相关规定，要求法院撤销该违宪的指定，并颁布初步禁令以禁止被告执行该指定。2021年2月17日，小米公司向美国哥伦比亚特区地区法院提交初步禁令的申请，以阻止美国国防部将小米公司指定为"中国涉军企业"命令的执行，以及该指定所产生的、对小米公司证券或衍生品的交易及持有限制。

裁判结果

2021年3月12日，美国哥伦比亚特区地区法院，批准了小米公司的初步禁令，并且下令：美国国防部不得执行或实施美国国防部根据《第13959号行政命令》指定小米公司为"中国涉军企业"的行为及该行为所产生的限制。

2021年3月14日,OFAC在其官网上通过发布第880条问题回复的方式,回复了“经修订的《第13959号行政命令》中的投资禁令是否适用于小米公司?”也就是说,在美国哥伦比亚特区地区法院下达进一步的命令之前,《第13959号行政命令》的禁令不适用于小米公司。①

2021年5月11日,小米公司与美国国防部发布《联合状态报告》(Joint Status Report),双方就该诉讼达成和解:鉴于法院此前已经生效的初步禁令,美国国防部决定不进行上诉,并且同意作出将小米公司从CCMC清单中移除的决定,且小米公司与美国国防部将会就该决定的具体条款进行进一步协商。②

2021年5月25日,美国哥伦比亚区地区法院作出最终判决,解除了美国国防部对小米公司“中国涉军企业”的认定,正式撤销了美国投资者购买或持有小米公司证券的全部限制。

评 析

小米公司诉美国国防部及其部长、财政部及其部长案(以下简称小米公司案)胜诉的核心在一定程度上是由于美国《行政程序法》的救济。美国《行政诉讼法》赋予法院宣布违反法律规定的政府行为违法并予以撤销的权利,即使涉及美国国家安全的行政命令。小米公司案中,美国

① 参见《美临时禁令对华投资制裁的适用及启示》,载中国国际贸易促进委员会官网,https://www.ccpit.org/a/20210623/20210623cz93.html。

② 参见《合规大事件:44个中国涉军企业被美国国防部移除CCMC清单始末》,载浩天律师事务所官网2021年7月1日,https://www.hylandslaw.com/content/details18_1942.html。

国防部无法提供实质性证据证明其对“中国涉军企业”的认定与搜集的证据之间存在合理的联系，法院认定小米公司并不符合“中国涉军企业”的定义，美国国防部主张小米公司“隶属”于中国政府、军队，但却无法依据所述的两个事实（小米公司在5G和人工智能方面投入了大量资金；小米公司CEO雷军被中国工业和信息化部授予“中国特色社会主义杰出建设者”称号）证明该隶属关系。以此获得了初步禁令，之后要求美国国防部将其从CCMC清单中移除。

关于初步禁令适用条件的法律分析。小米公司要获得初步禁令必须证明：第一，在实体审理上胜诉的可能性极大；第二，若不颁布初步禁令将遭受不可挽回的损害；第三，损害权衡后支持初步禁令的颁布；第四，禁令的颁布促进美国公共利益的保护。前两个因素是关键所在。当美国政府作为被告时，第三个因素和第四个因素合并适用。小米公司证明了其被列入CCMC清单的命令是任意的、不符合规定的，极有可能违反美国《行政诉讼法》的规定，且美国国防部将其列入上述名单的行为超出第1237条的授权。小米公司主张若不采取初步禁令，他们将遭受不可挽回的损失，包括公司声誉上的损失、募集资金的减少、合同的取消、市场份额的减少、招聘和留住人才的困难。法院总结认为小米公司充分证明了其将面临巨大的、严重的且不可挽回的经济损失以及声誉损害。美国国防部未能证明小米公司已经或将任何一项被其指控的技术转移给中国政府。法院认为，美国国家安全的公共利益未遭受实际损害，且维持美国国防部的违法行为不属于公共利益。①

① 参见《美临时禁令对华投资制裁的适用及启示》，载中国国际贸易促进委员会官网，https://www.ccpit.org/a/20210623/20210623cz93.html。

参考案例4

伊朗梅利银行诉德国电信案①

案例概要

伊朗梅利银行诉德国电信案是欧洲法院首次对欧盟《阻断条例》发表官方意见,明确当欧盟经营者为了遵守美国的某些制裁措施而终止合同时,欧盟《阻断条例》为合同当事人提供了潜在的诉讼理由。根据相关欧盟成员国的法律,受制裁影响的主体可以提起民事诉讼,要求给予惩罚,其中可能包括使合同终止、无效或获得赔偿。

基本案情

原告伊朗梅利银行(Bank Melli Iran)在德国汉堡设有分行,其核心业务是与伊朗进行外贸结算。被告德国电信(Telekom Deutschland GmbH)是德国最大的电信服务提供商德国电信集团的子公司。该集团在全球拥有超过27万名员工,其中有5万多人在美国,其营业额的50%来自美国。原告与被告签有一份框架合同,委托被告向其位于德国的所有机构提供通信服务。2018年5月8日,时任美国总统特朗普决定美国退出《联合全面行动计划》,重启对伊朗的制裁。2018年8月6日,伊朗

① See Bank Melli Iran v. Telekom Deutschland GmbH Case C – 124/20.

梅利银行再次被列入 OFAC 编制的 SDN 清单,新制裁于 2018 年 11 月 5 日生效。2018 年 11 月 16 日,德国电信向梅利银行发出了终止所有合同的通知。

为此,伊朗国民银行起诉至一审法院德国汉堡地区法院,请求法院命令被告继续履行合同义务,认为按照欧盟《阻断条例》第 5 条德国电信不得拒绝为其提供服务。因为该条规定,欧盟经营者“不得主动或故意疏忽地、直接或通过子公司或其他中间人间接遵守任何基于这些(附件中的外国)法律或由这些法律所产生的包括外国法院要求的在内的任何要求或禁令”,而美国对伊朗的经济制裁就属于被欧盟阻断的法律之一。

裁判结果

一审法院德国汉堡地区法院受理案件后于 2018 年 11 月 28 日颁布了临时禁令,并判决德国电信继续履行合同直至合同到期。

梅利银行不服一审法院的判决,向汉萨高等地区法院提起上诉,汉萨高等地区法院决定中止诉讼程序,并根据《欧洲联盟运行条约》(Treaty on the Functioning of the European Union, TFEU)将相关问题提交给欧盟法院(European Court of Justice, ECJ)进行先决裁决。

ECJ 就汉萨高等地区法院的先决裁决申请发布意见,回答了与欧盟《阻断条例》第 5 条第 1 款理解与适用相关的 4 个问题。

法院观点

一审法院德国汉堡地区法院要求德国电信继续履行合同直至合同到期,但却认为德国电信在合同到期后终止继续向伊朗国民银行提供服务并不违反欧盟《阻断条例》第5条之规定。梅利银行不服一审法院的判决,向汉萨高等地区法院提起上诉,声称因为被告的动机是试图遵守该法附件所列的一项外国制裁立法,所以被告发出的终止通知违反欧盟《阻断条例》第5条第1款,应被认定为无效。被告则辩称,欧盟《阻断条例》第5条并未改变一方合法终止合同的权利,这一终止是否合法也不取决于终止的理由,合同和德国法律都没有要求其披露终止合同的原因,因此其终止合同的动机无关紧要。

汉萨高等地区法院认为,ECJ对欧盟《阻断条例》第5条的解释是解决当前争端的先决条件,因此决定中止诉讼程序,并根据TFEU将相关问题提交给ECJ进行先决裁决。

2021年5月12日,ECJ佐审官(Advocate General)霍根(Hogan)就汉萨高等地区法院的先决裁决申请发布意见,回答了与欧盟《阻断条例》第5条第1款理解与适用相关的问题。①

ECJ最终确认了以下重要原则:

(1)当欧盟经营者为了遵守美国的某些制裁措施而终止合同时,欧盟《阻断条例》为合同当事人提供了潜在的诉讼理由。根据相关欧盟成员国的法律,受影响的人可以提起民事诉讼,要求给予惩罚,其中可能包括使合同终止、无效或获得赔偿。

---

① See Bank Melli Iran v. Telekom Deutschland GmbH Case C-124/20.

(2)在这种民事诉讼中,举证责任可以倒置。如果某一个成员国法院所掌握的证据初步表明,某一个欧盟经营者终止有关合同,就是为了遵守美国制裁的法律,那么就应该由欧盟经营者"以必要的法律标准"证明其行为没有寻求遵守这些法律。

(3)如果ECJ承认处于这种情况的欧盟经营者因寻求遵守美国相关的制裁法律而终止了合同,ECJ可以"权衡"如果欧盟经营者被迫恢复该合同是否会遭受"不相称的"经济损失。这一评估的重要因素之一是,欧盟经营者是否向欧盟委员会申请了偏离和回避适用欧盟《阻断条例》的授权。也就是说,欧盟《阻断条例》阻止当事人服从美国域外制裁法,但为避免造成欧盟个人或实体的重大损失,允许他们遵守美国域外制裁法。①

评　析

该案是ECJ佐审官首次就欧盟《阻断条例》的适用澄清立场,影响该法第11条所列的5类欧盟经营者如何处理与受美国制裁对象之间的交易,对我国反外国制裁法司法救济机制具有重要的参考意义。②该案表明,欧盟阻断法的实施客观上存在一系列尚待解决的法律问题。欧盟阻断法的设计初衷是希望通过索赔机制形成所有欧盟经营者一致抵制美国制裁的效果,然而现实情况并不乐观,其显然未能从实质上改变欧盟经营者自愿遵守美国制裁法律的现状。一方面,是因

---

① 参见杨永红:《欧盟阻断法与美国域外制裁之法律博弈》,载《欧洲研究》2022年第1期。

② 参见漆彤:《欧盟〈阻断法〉的适用困境及其对我国的启示——以伊朗梅利银行诉德国电信案为例》,载《财经法学》2022年第1期。

为欧盟《阻断条例》与次级制裁之间的制度对立，令当事人陷入“矛盾”的选择困境。而欧盟《阻断条例》第11条采取了非常明确的列举方式，列举了5类欧盟经营者，既包括国民也包括居民，并由此而产生如该案中的第三国企业（伊朗梅利银行）告欧盟本土企业（德国电信）的情况。另一方面，是因为欧盟《阻断条例》所规定的损害赔偿机制的可实现性存疑。尽管欧盟《阻断条例》第6条授权欧盟经营者向“任何直接或间接导致其损失的个人或法人，或代表其行事的中间人”追偿“因实施附件中指定的法律或基于附件所采取的行动或由此引起的任何损害，包括法律费用”，但索赔是基于侵权还是违约尚不明晰。当前对欧盟《阻断条例》的适用，主要是基于第5条所提起的“违约之诉”，尚未出现按照第6条追索条款提起的“侵权之诉”案件，随着今后国际环境的变化，欧洲可能会陆续出现对第6条的侵权之诉和第9条的行政或刑事处罚的法律适用。①

（二）反外国制裁司法救济机制的规范基础

为维护我国国家主权、安全、发展利益，保护公民、组织的合法权益，我国逐步建立起了中国特色的反外国制裁法律体系，有效应对制裁和解决相关法律冲突。2021年我国出台了《反外国制裁法》，作为《阻断办法》的上位法，该部法律作为核心与《对外贸易法》《反垄断法》《国家安全法》《出口管制法》等法律，以及商务部的《不可靠实体清单规定》《阻断办法》，逐渐形成一个体系严密、层级多元、效力相称的反外国单边措施的防御性、保护性法律体系（见表4-2）。除反外国制裁专项法律法规和相关部门法中的反制裁法相关条款外，反外国制裁司法救济机制还

---

① 参见叶研、张晓君：《从欧盟实践看中国阻断法体系的法律适用》，载《法律适用》2021年第10期。

应当遵循《涉外民事关系法律适用法》等涉外法律以及我国加入的《纽约公约》等国际条约。

表4－2　我国反外国制裁相关法律法规文件

效力级别	制定机关	发布时间	法律法规、规范性文件名称
法律	全国人大常委会	2021年6月10日	《反外国制裁法》
		2020年10月17日	《出口管制法》
		2022年12月30日	《对外贸易法》
		2015年7月1日	《国家安全法》
行政法规	国务院	2025年3月23日	《实施〈中华人民共和国反外国制裁法〉的规定》
部门规章	商务部	2021年1月9日	《阻断外国法律与措施不当域外适用办法》
		2020年9月19日	《不可靠实体清单规定》

目前反外国制裁法律体系具体包括以下方面。

1. 全国人大常委会于2021年6月颁布的《反外国制裁法》。该法的出台及时弥补了我国在反制裁方面的法律空缺，为之前商务部等相关部门出台的规章和外交部实施的行政措施提供了法律依据。《反外国制裁法》全文共16条，规定了我国的外交基本政策和原则立场、采取反制措施的情形和反制措施适用的对象、反制措施、反制工作机制、有关组织和个人的义务等内容。① 框架上与俄罗斯《针对美国和其他

① 参见黄进主编：《中国涉外法治蓝皮书》，法律出版社2022年版，第30页。

国家不友好行为的措施(反措施)的法律》结构相似,但内容有很大不同。《反外国制裁法》强调了中国制定反制措施的前提是“外国国家违反国际法和国际关系基本准则”作出的干涉中国内政的行为,即国际不法行为。这不仅为该法进行了定性也为其合法性提供了基础。《反外国制裁法》第4条授权国务院有关部门制定制裁对象清单,对象包括个人、组织。其本质上是通过立法形式为行政机构设立反制措施提供法律依据,具体实施需要行政机关出台进一步的标准和程序规则。根据《反外国制裁法》第6条,国务院可设立的反制措施包括不准入境、冻结财产、限制交易和其他必要措施,内容上不仅总结了目前国际上通行的经济限制措施,也给了国务院较宽松的自由裁量权。更重要的是,《反外国制裁法》第12条规定,“任何组织和个人”执行或协助外国制裁措施的,“我国公民、组织可以依法向人民法院提起诉讼,要求其停止侵害、赔偿损失”。该条作为追偿诉讼的基础,使因制裁而受损的我国公民、组织可以寻求司法救济。《反外国制裁法》不仅约束境内组织和个人,同时规定如果境外公民执行针对中国的经济制裁措施,则中国公民可以依法索赔。这一做法参考了欧盟和英国《保护贸易利益法》中的索赔条款,不仅约束责任国公民,还约束第三国公民,以对抗美国的次级制裁。而其与外国法律的冲突也体现于此。参加国际贸易的个人和实体无论是遵守外国经济制裁法律还是遵守中国反制措施,均可能被对方国家主管机关处罚或者被受损害的中国公民求偿。[①] 作为我国第一部系统性反对外国制裁的综合性法律,《反外国制裁法》条文比较原则,宣示性和授权性条款较多,相关外国制裁工作协调机制、反制清单及反制措施的确定及具体执法程序的各制度仍

① 参见陈梦:《单边经济制裁和反制裁的法律规制——兼评〈反外国制裁法〉》,载《经贸法律评论》2022年第4期。

有待进一步在实践中予以细化。就目前的施行效果来看,中国国内法的域外影响力尚未进入国际话语,仍然是国内规范。① 为确保立法设计的反制措施在国际法治轨道上落地实施,还须进行相应的制度建设和规则完善。

2. 国务院于 2025 年 3 月颁布的《实施〈中华人民共和国反外国制裁法〉的规定》。该规定主要包括以下内容:一是完善反制措施。明确《反外国制裁法》第 6 条中各项具体内涵。二是细化反制程序。明确国务院有关部门在实施反制过程中有权开展相应调查和对外磋商。三是加强部门协同。规定国务院有关部门按照各自职责和任务分工,负责承担反外国制裁相关工作,并加强协同配合和信息共享。四是强化措施执行。规定对不依法执行反制措施的,国务院有关部门有权责令改正,禁止或者限制其从事政府采购、招标投标以及有关货物、技术的进出口或者国际服务贸易等活动,禁止或者限制其从境外接收或者向境外提供数据、个人信息,禁止或者限制其出境、在我国境内停留居留等。

3. 商务部于 2021 年 1 月颁布的《阻断办法》。《阻断办法》的核心是阻断特定法律在中国境内的效力和执行,禁止相关主体遵守外国的特定法律以及允许相关主体就外国特定法律给其带来的损失进行索赔等。该法适用于"美国对第三国经济制裁影响到中国"的情况,第 7 条第 1 款规定不得遵守被列入"禁令"的外国法律,第 9 条规定了由于禁令而遭受损失情况下的司法救济途径。

4. 商务部于 2020 年 9 月颁布的《不可靠实体清单规定》。不可靠实体清单制度是针对美国对中国企业采取的歧视措施的报复性反制,被列

① See Beibei Zhang & Wei Shen, *When International Commercial Arbitration Meets China's Sanction Laws: Living Together but Remaining Apart?*, Journal of International Dispute Settlement, Vol. 13:4, p. 665 – 688(2022).

入清单的实体将被限制或禁止与中国开展进出口贸易和向中国境内投资，并限制或禁止其入境或停留，还可视情节轻重给予罚款处罚。该《规定》第 2 条第 1 款规定其适用于阻断“美国直接制裁中国”的情况，尽管并未提供司法救济途径，但却在第 10 条规定了国家公权力机关对违反该法的处罚方式。

5.《对外贸易法》《国家安全法》《出口管制法》《反垄断法》等法律中，也规定了一些保护我国贸易、反外国制裁的条款。这些条款构成了我国对外反制裁举措的法律依据。例如，《对外贸易法》第 7 条规定，“任何国家或者地区在贸易方面对中华人民共和国采取歧视性的禁止、限制或者其他类似措施的，中华人民共和国可以根据实际情况对该国家或者该地区采取相应的措施”。《出口管制法》规定了与《不可靠实体清单制度》有所区别的“管控名单”机制。需要注意的是，出口管制和反外国制裁从制度构建上存在差异。反外国制裁的主管部门为外交部，由其来宣布对特定主体制裁和反制裁。出口管制是对两用物项、军品、核以及其他与维护国家安全和利益、履行防扩散等国际义务相关的货物、技术、服务等物项出口，采取禁止或者限制性措施。我国出口管制管理体系包括两用物项出口管制管理体制、军用管制管理体制和核出口管制管理体制。两用物项主要由商务部会同物项相关部门进行管理，军品出口由国家国防科技工业局与中央军事委员会装备发展部根据分工进行管理，核出口则由国家原子能机构、商务部会同其他部门进行管理。

二、反外国制裁司法救济机制的功能定位

我国《反外国制裁法》制定说明强调，制定该专门法律是为了“应对某些西方国家对我实施的所谓‘单边制裁’”“充实我国对外斗争法律‘工具箱’”。[①] 因此，反外国制裁的司法救济机制具有其独特的政治定位和实践功能，主要体现为国际层面针对外国国家的反制功能和国内层面针对我国主体的救济功能。

（一）反制功能

反制功能是反外国制裁司法救济机制的核心和主要功能，即通过个案纠纷的诉讼程序，对执行或者协助执行外国国家对我国公民、组织采取歧视性限制措施的任何组织和个人追究法律责任，阻却相关制裁措施的实际效力，从而实现对特定制裁措施的反制。通过构建司法救济机制，让外国制裁的实施主体面临来自我国的潜在法律合规风险以及经济成本，将遵守外国制裁与承受中国反制措施之间的实体性法律冲突转换为组织（企业）的内部合规控制或者个人裁量的约束条件，进而影响其决策行为，形成我国反制裁机制和外国制裁机制在具体商业场景下

---

① 参见沈春耀：《关于〈中华人民共和国反外国制裁法（草案）〉的说明》，载中国人大网，http://www.npc.gov.cn/npc/c2/c30834/202106/t20210611_311958.html。

的抗衡，构成内生性的制度型反制，该制度不啻为反制裁的有效法律“工具”。

反外国制裁的追偿诉讼对涉及经济利益的制裁行为产生震慑作用，因此在金融、反垄断领域有较大的适用空间。比如，英国《保护贸易利益法》①除禁止英国法院承认和执行外国法院作出的惩罚性赔偿判决外，英国主体还有权要求被告赔偿因执行美国反垄断诉讼惩罚性赔偿判决所遭受的损失，当相关主体在英国拥有可被执行的财产时，其通过美国反垄断诉讼获得的惩罚性赔偿便会被英国当事人追偿。② 因此，制裁国的私主体考虑到诉讼成本和被追偿的经济损失等因素，便不会继续提起反垄断诉讼。该追偿机制有效地震慑了美国的私人主体，降低了美国的私人主体在美国提起反垄断诉讼的概率。

可以预判的是，在我国反外国制裁司法救济机制的有效运行下，对中国市场依赖性较高的企业，会慎重考虑两边的风险成本。如果不遵守外国的禁令，在外国引发的结果是承担经济上的责任，而我国的追偿诉讼所导致的结果也是损害赔偿，两害相权取其轻，市场主体会直接根据经济因素进行成本收益分析。如果在外国的结果不仅是经济上的责任，还可能引发更大的惩罚，其可能仍会采取歧视性限制措施。另外，在中国业务量不大的企业，可能会逐步退出中国市场以避免自己在中国违法经营所导致的不必要的风险。因此，面对制裁国的歧视性限制措施，救济国应统筹安全和发展、短期成本和长期利益，综合运用多种反制手段，才能更加充分发挥司法救济机制的反制功能。质言之，司法救济只是反外国制裁“工具箱”中的一种手段，是否使用、何时使用以及如何使用，

---

① See Protection of Trading Interests Act, c. 11(1980)(UK).

② 参见刘桂强：《阻断法的当代发展与价值选择》，载《中国应用法学》2022 年第 2 期。

应综合评估各种反制措施的对外反制效力，以实现最佳威慑效果为标准，择一或配套运用。也正是基于此，启动反外国制裁的司法救济程序，不能仅仅视为维护私人权益的自由选择，而应由相关职能部门依职权行使最终决定权。

（二）救济功能

救济功能是私主体通过本国法院的诉讼程序寻求停止侵害和赔偿损失。① 相较反制功能而言，私人救济功能是反外国制裁司法救济机制的次位和补充功能，这既与司法救济作为一种反外国制裁法律工具箱有关，也与司法救济本身的属性相关。本质上，救济功能体现了通过形式上的私人诉讼实现本国外交利益最大化的目的取向。

在实践中，遭受制裁的主体在国际层面也可以通过本国诉至WTO、国际法院等国际组织寻求救济，但是目前多边体制、国家间争端解决机制和国际规则未能有效解决制裁相关争端，因此各国均将国内司法救济措施作为维护本国主体合法权益的一种重要路径。在反外国制裁的救济机制方面，欧盟《阻断条例》第6条②、墨西哥《保护贸易和投资免受违反国际法的外国法律规制法》第5条③、加拿大《外国域

① 《反外国制裁法》第12条第2款规定："组织和个人违反前款规定，侵害我国公民、组织合法权益的，我国公民、组织可以依法向人民法院提起诉讼，要求其停止侵害、赔偿损失。"

② See Council Regulation (EC) No 2271/96 of 22 November 1996. protecting against the effects of extra-territorial application of legislation adopted by a third country, and actions based thereon or resulting therefrom, Article 6.

③ See Ley de Protección al Comercio y la Inversión de Normas Extranjeras que Contravengan el Derecho Internacional, D. O. ,22 de Octubre de 1996. aeticulo 5.

外措施法》第9条[①]等，均设置了私人诉讼的“追索权”。[②] 我国《反外国制裁法》亦设置了通过诉讼请求停止侵害、赔偿损失的司法救济方式。

有学者认为，允许私人直接在本国法院发动损害赔偿之诉，事实上是将具有报复性的国家间反制措施的发动权，从国家向私人主体转移和让渡。[③] 但需要指出的是，这种发动权转移并非全部或实质转移。如前所述，以赔偿损失为中心的私人追偿诉讼，其有效性往往局限于被诉主体在国内市场的利益大小，利益大则威慑强，效力明显；利益小则威慑弱，效力有限。此外，司法救济本身具有程序性、中立性、被动性等属性，并且受到程序正义等基本诉讼原则的约束，其生效判决之效力也往往限于涉诉两造之间，更遑论实际的执行效果亦有赖于被诉主体可被控制的相关财产。

反外国制裁司法救济机制具有以下程序性特点：一方面，要求主体上由受损害的民事主体启动；另一方面，这种私主体的启动仅具有形式效力，法院是否受理、基于何种考量受理、以何种程序受理，应保留充分的裁量空间与最终的决定权，以防止私人随意发起诉讼，导致减损该司法救济机制在外交事务上的主动性反制价值。可资对照的是，如澳大利亚《外国程序(超越管辖)法》[④]没有规定私人的诉讼程序。因此，司法层面可以完善立案审查、层级报送等具体机制，对于反外国制裁法的私人

---

① See Foreign Extraterritorial Measures Act, R. S. C., ch. F – 29 (1985) (Can.), Article 9.

② 这主要是针对美国1996年《赫尔姆斯—伯顿法》中特殊的制裁规定的反制措施，并不是针对一般情况下的制裁行为。

③ 参见沈伟、邵辉：《论阻断诉讼的法律风险及其司法控制》，载《中国应用法学》2022年第2期。

④ See (Australia) Foreign Proceedings (Excess of Jurisdiction) Act 1984, Act No. 3 of 1984 as amended.

诉讼应进行必要的筛选，既保障当事人的诉权，又确保法院审查裁量空间，以充分实现反外国制裁的实际效力。

三、反外国制裁司法救济机制的基本原则

基于前述讨论，本书认为，反外国制裁司法救济机制是涉外交事务的特别诉讼，有别于普通涉外民商事诉讼，该特定程序的展开应当坚持中央事权原则，保障其正确性；坚持威慑原则，保障其功能发挥；坚持比例原则，保障其适当适度。

（一）中央事权原则

本质上，反外国制裁是外交事务，属于中央事权，[①]反外国制裁司法救济首先应当遵循中央事权原则。《反外国制裁法》第1条规定的立法目的是维护国家主权、安全、发展利益，保护我国公民、组织的合法权益，在一定程度上具有规范基础。

反外国制裁司法救济所处理的纠纷具有外交事务属性。外交，是指一国与其他国家或国际组织交往的权利，是以国家的名义进行的，一般属于典型意义上的中央事权。[②] 不同于普通民事诉讼解决

---

① 参见《宪法》第62条、第67条、第81条和第89条。

② 参见姚国建：《中央与地方双重视角下的司法权属性》，载《法学评论》2016年第5期。

的是平等主体之间的利益纠纷，反外国制裁司法救济映射的是国家制裁和反制裁政策，解决的是两国制裁政策之间的矛盾，涉及国家外交政策及事宜。比如，欧盟国家司法机关在处理涉及经济制裁的案件时，虽然存在不同的倾向，但是并未刻意避免在文书中使用外交政策论据。①

反外国制裁司法救济机制需要与国务院相关外事部门（如外交部门、商务部门等）的政策机制相协调。《反外国制裁法》第4条规定，国务院有关部门为我国反制行政措施的决定机关，第10条第1款规定，国家设立反外国制裁工作协调机制，负责统筹协调相关工作。反外国制裁司法救济机制是司法机关发挥司法职能，保障国家权益构建的机制。法院在审理反制裁案件时，要合理把握法律斗争与合作的平衡关系，精准掌握对外政策和熟练运用国际法规则，充分协调外交部、商务部等部门在外交和对外经贸事务方面的职能。② 因此，有必要在中央建立反外国制裁工作协调机制，统筹行政机关、司法机关的相关工作，并建立信息共享、决策协商等机制，提升反外国制裁的执法和司法质效。③

（二）威慑原则

基于反制功能，《反外国制裁法》本质上是以法律形式表现的国际政治经济斗争的工具，中国对《反外国制裁法》的每一次适用，都会对中国的外交事务和对外经济政策带来影响。司法救济能否发挥反制功能，根本上取决于该诉讼程序的有效性，从而个案的有效性以及司法救济机

---

① See Tamás Szabados, *Economic Sanctions in EU Private International Law*, Hart Publishing, 2019, p. 100.

② 参见刘桂强：《阻断法的当代发展与价值选择》，载《中国应用法学》2022年第2期。

③ 参见黄进主编：《中国涉外法治蓝皮书》，法律出版社2022年版，第34页。

制的潜在和长期的威慑作用才能显现。质言之,反外国制裁司法救济的重点,不在于事后对每个个案提供及时和合理的损害赔偿,而在于为受到制裁直接或间接影响的我国当事人保留诉诸本国司法救济的路径,从而使遵守制裁措施的各主体内化相应的守法成本,事前阻却或减少制裁措施的实施。

反外国制裁司法救济机制的威慑原则具体表现为:一是确保本国反制裁法的域外适用范围。从法理上看,一国针对本国事务进行立法规范属于其主权范畴,但反制裁涉及他国或公民的域外行为,并且即使反制裁法仅在本国范围内实施仍然会对他国国民产生影响,反制裁法具有很强的域外效力。① 因此,反外国制裁司法救济机制运行应符合国际规则,从而在国际层面得到认可和产生效力,在具体法律适用方面应当依照我国的涉外法律法规以及我国缔结、参加的国际条约处理相关涉外诉讼,有效维护国家主权、安全、发展利益,保护我国公民、组织的合法权益。二是确保诉讼程序的效率。这要求私主体形式启动反外国制裁司法救济的成本不能过高,应合理设定诉讼费标准或者准许缓交和减免费用,审理时限应侧重效率,避免程序空转,从而及时有效地解决实体纠纷。三是确保诉讼结果的可执行性。反外国制裁司法救济裁判结果为实施歧视性限制措施的主体停止侵害或者赔偿损失,相关判决不能仅仅停留在纸面上,而应具有实际的强制执行力,要么义务人应当自觉履行,要么法院能够通过强制执行兑现胜诉权益,实现对我国主体合法权益的维护。

---

① 参见陈梦:《单边经济制裁和反制裁的法律规制——兼评〈反外国制裁法〉》,载《经贸法律评论》2022 年第 4 期。

(三)比例原则

本书所指的比例原则属于广义的比例原则,既指向对公民权利限制的比例原则①,也指向国际法上对国际不法行为的相称原则②,亦指反外国制裁法的司法救济机制应统筹考虑遵守外国制裁措施与造成我国主体损害之间的因果关系和损失大小、私人损害赔偿与国家外交和发展利益、个案赔偿与类案追诉之间等诸多平衡因素。

反外国制裁司法救济机制的比例原则,具体可通过以下机制予以完善:一是明确具体案件判定标准。针对其他国家的制裁行为或其他实际情况判定我国司法救济层面的反制裁策略。我国司法机关应当在遵循国际法基本原则和程序正义的基础上,综合考虑立法意图、具体案件相关利益的影响程度、纠纷与中国本土市场的联系、法律冲突情形等因素,来最终决定如何适用《反外国制裁法》和其他反制裁规章。③ 歧视性限制措施的认定应结合个案进行考量,依据国际法发展和国际形势变化来及时调整相关标准。④ 具体损失赔偿金额也应当按照成本收益分析进行个案和潜在影响评估,以有效、均衡威慑相关主体不再采取歧视性限制措施。二是注重与行政豁免的衔接。《阻断办法》第 8 条和第 9 条规

---

① 狭义的比例原则是公法上的概念,是对限制公民权利的国家权力的限制,是审查国家权力行使的合理性的重要依据。参见梅扬:《比例原则的适用范围与限度》,载《法学研究》2020 年第 2 期。

② 如国际争端解决中的报复,联合国《国家对国际不法行为的责任条款草案》第 51 条规定,反措施必须和所遭受的损害相称,并应考虑国际不法行为的严重程度和有关权利。《国家对国际不法行为的责任条款草案》于联合国国际法委员会第 53 届会议 2001 年 11 月通过,摘自第 53 届联合国大会官方记录[Supplement No. 10 (A/56/10), chp. IV. E. 1]。

③ 参见陈梦:《单边经济制裁和反制裁的法律规制——兼评〈反外国制裁法〉》,载《经贸法律评论》2022 年第 4 期。

④ 参见胡子南、李梓元:《中国构建和完善海外权益保护机制的基础条件、挑战及对策》,载《国际贸易》2022 年第 6 期。

定,中国公民、法人或者其他组织可以向国务院商务主管部门申请豁免遵守禁令,并可据此免予追偿诉讼。① 这是行政层面在纠纷发生前设置的豁免制度。该种申请主要适用于我国企业和个人可能因违反外国法律而遭受严重损失的情况,以减少法律冲突给我国相关实体带来的事实影响。在司法救济阶段,应当注意与行政豁免的衔接。比如,欧盟《阻断条例》将比例原则作为该条例实施的基本原则,该条例规定成员对于违反条例规定的行为所采取的处罚措施应当是有效的、成比例的和劝阻性的,如果不遵守外国的法律和措施将严重损害个人或欧盟的利益,可授权个人完全或部分遵守外国法律。② 在 ECJ 审理的伊朗梅利银行诉德国电信案③中,ECJ 认为,如果欧盟经营者因遵守相关的美国制裁法律而终止合同,法院可以权衡如果欧盟经营者被迫恢复该合同是否会遭受不相称的经济损失。

---

① 《阻断办法》第 8 条规定:"中国公民、法人或者其他组织可以向国务院商务主管部门申请豁免遵守禁令。申请豁免遵守禁令的,申请人应当向国务院商务主管部门提交书面申请,书面申请应当包括申请豁免的理由以及申请豁免的范围等内容。国务院商务主管部门应当自受理申请之日起30 日内作出是否批准的决定;情况紧急时应当及时作出决定。"第 9 条第 1 款规定:"当事人遵守禁令范围内的外国法律与措施,侵害中国公民、法人或者其他组织合法权益的,中国公民、法人或者其他组织可以依法向人民法院提起诉讼,要求该当事人赔偿损失;但是,当事人依照本办法第八条规定获得豁免的除外。"

② See Council Regulation (EC) No 2271/96 of 22 November 1996. protecting against the effects of extra-territorial application of legislation adopted by a third country, and actions based thereon or resulting therefrom.

③ See Bank Melli Iran v. Telekom Deutschland GmbH Case C – 124/20.

四、反外国制裁司法救济机制的程序性问题

制裁法和反制裁法是两国之间直接的甚至是强制性的法律冲突，当事人往往陷于两难困境。就司法救济而言，程序问题适用法院地法是各国国际私法之通例。前已述及，反外国制裁的案件涉及外交事务，有别于普通涉外案件，因而应将反外国制裁司法救济机制定性为涉外交事务的特别诉讼，建立不同于普通涉外民商事案件的特别诉讼程序规则，就具体的管辖、立案审查、送达等具体特殊审理程序予以完善，并注重与外国法院裁判、国际商事仲裁的承认与执行相协调。

（一）管辖法院

1. 管辖基础

对于反外国制裁的司法管辖，我国《民事诉讼法》《反外国制裁法》等相关法律中，对于反外国制裁相关诉讼是否属于专属管辖没有明文规定。[①] 但俄罗斯采取的是专属管辖。[②] 在诉讼竞争的背景下，跨国平行诉讼或仲裁将更加普遍，并可能在一定情境下触发“判决竞争”（race for

---

① 2023 年 9 月 1 日，十四届全国人大常委会第五次会议审议通过了《关于修改〈中华人民共和国民事诉讼法〉的决定》。

② 俄罗斯 2020 年 6 月 8 日通过 No. 171—FZ 联邦法案修订的《俄罗斯联邦仲裁程序法典》（Russian Arbitrazh Procedure Code），增加了联邦法院专属管辖权和禁诉令的相关规定，主要为受外国制裁的俄罗斯公民和法人提供诉讼管辖依据。

a judgment)[①]。根据2024年1月1日施行的《民事诉讼法》第276条的规定,因涉外民事纠纷,对在中华人民共和国领域内没有住所的被告提起除身份关系以外的诉讼,如果合同签订地、合同履行地、诉讼标的物所在地、可供扣押财产所在地、侵权行为地、代表机构住所地位于中华人民共和国领域内的,可以由合同签订地、合同履行地、诉讼标的物所在地、可供扣押财产所在地、侵权行为地、代表机构住所地人民法院管辖。除前款规定外,涉外民事纠纷与中华人民共和国存在其他适当联系的,可以由人民法院管辖。该条第1款规定的6种连结点是特定化、明确化的适当联系管辖依据;而第2款规定则是兜底式的"其他适当联系"之管辖依据,人民法院结合个案的具体情况,足以认定涉外纠纷案件在6种连结点以外与我国存在其他适当的、必要的、合理的联系,可以依据第2款规定行使管辖权,以保护中外当事人的合法权益,维护我国的主权、安全、发展利益。[②] 该条第2款确立的适当联系原则,具有重要意义。适当联系原则在基于最低限度联系为基础的"长臂管辖"和建立在充分合理的联系的必要管辖之前寻求一种中间平衡状态。在反外国制裁诉讼中,可以基于对我国主体的相关权益保护,根据当事人的国籍、住所、合同签订地、履行地、诉讼标的物所在地、可供扣押财产所在地等连结点。通过适当联系的检验,成为管辖基础。

2. 管辖层级

反外国制裁案件的一审应由相关中级人民法院和专门法院受理。这既符合《民事诉讼法》法院管辖级别的基本定位要求,同时也考虑相关利益的涉及广度、覆盖群体、外交政策依据和案件审理难度等多重

---

① See Peter E. Herzog, *Brussels and Lugano, Should You Race to the Courthouse or Race for a Judgment*, American Journal of Comparative Law, Vol.43, p.379–400 (1995).

② 沈红雨、郭载宇:《〈民事诉讼法〉涉外编修改条款之述评与解读》,载《中国法律评论》2023年第6期。

因素。根据《民事诉讼法》第 19 条的规定,中级人民法院可管辖重大涉外案件和最高人民法院确定由中级人民法院管辖的案件。反外国制裁司法救济具有涉外重大性且涉及域外适用,涉及重大国家利益、社会公共利益,宜由中级人民法院审理。可以参照《民事诉讼法》承认与执行外国法院判决、裁定的管辖规定,由中级人民法院和专门法院管辖。①

3. 集中管辖

结合案件特点,考虑诉讼便利和审理能力,应采取集中管辖模式,由最高人民法院指定相应区域中心城市(如北京、上海、广州、重庆、武汉、西安等)的中级人民法院和专门法院作为涉制裁案件集中管辖法院,并划分管辖法院的管辖地域范围。根据《民事诉讼法》第 276 条所规定的管辖权的连结点。如果连结点所在地并非相应集中管辖法院,则应根据便于当事人诉讼的原则,由片区所属管辖法院受理。理由在于:一是适法统一的要求,便于案件的审理和执行,避免由全国各地法院分散管辖可能会导致的裁判不统一;二是司法能力配套的要求,反外国制裁案件对于法官专业化要求高、涉及涉外程序,为有效实现反外国制裁法的反制、救济功能,由核心区域的法院集中管辖更易形成该类案件的专业化审理机制,提高审理质效;三是效率性的要求,可预计的反制裁案件总体数量不会太多,一定程度的集中审理能够形成规模效应,积累类案办理经验并节约司法资源,也有利于最高人民法院指导协调。

4. “飞跃上诉”机制

针对涉制裁案件的上诉案件,直接由最高人民法院涉外审判庭或相

---

① 《民事诉讼法》第 298 条规定:“外国法院作出的发生法律效力的判决、裁定,需要人民法院承认和执行的,可以由当事人直接向有管辖权的中级人民法院申请承认和执行,也可以由外国法院依照该国与中华人民共和国缔结或者参加的国际条约的规定,或者按照互惠原则,请求人民法院承认和执行。”

关巡回法庭集中受理。“飞跃上诉”机制已经在我国知识产权案件的实践中取得了良好成效。① 通过提高涉制裁案件的二审法院的级别，可在中央层面有效协调对外事务的处理，统一裁判标准，统筹国内法治和涉外法治，加强国家对外法治斗争的司法保障。直接由最高人民法院二审案件，有助于最高人民法院亲历审判形成决策，使其能够充分把握该类案件的发展走向，符合中央事权原则，便于最高人民法院、商务部、外交部中央层面的交流协商。同时，鉴于该类案件的特殊性，案件数量亦不会太多，不会造成最高人民法院的案件压力。②

参考案例1

沙皇格勒媒体公司诉谷歌有限责任公司（美国）、谷歌有限责任公司（爱尔兰）、谷歌公司（俄罗斯）案③

---

① 根据全国人大常委会2018年10月作出的《关于专利等知识产权案件诉讼程序若干问题的决定》，最高人民法院知识产权法庭可直接受理不服知识产权法院、中级人民法院第一审裁判而提起上诉的案件。在维持四级两审制基本制度构架不变、不新设法院、不改变审级的前提下，通过提高二审法院层级，建立了国家层面知识产权案件的上诉审理机制。2022年《最高人民法院关于〈全国人民代表大会常务委员会关于专利等知识产权案件诉讼程序若干问题的决定〉实施情况的报告》指出，该机制运行3年以来，裁判标准进一步统一，审判质效进一步提高，司法公信力和国际影响力进一步提升，对国家创新驱动发展战略和知识产权战略实施的司法保障进一步加强。

② 参见方斯远：《我国飞跃上诉的制度构建：兼论有限三审制的改革路径》，载《中国法学》2020年第5期。

③ See Tsargrad Media v. Google LLC（USA）, Google Ireland Ltd. and Google Case No. A40－155367/2020.

案例概要

俄罗斯法院判定,被制裁主体无法在实施制裁的司法管辖区获得司法救助和保护其权利,俄罗斯合法拥有对境外实体的专属管辖权。

基本案情

2020年,谷歌公司(俄罗斯)以沙皇格勒媒体公司(Tsargrad Media)账号的实际所有人马洛费耶夫(Malofeev)先生是OFAC和欧盟制裁名单上的受制裁人员为由,关闭了沙皇格勒媒体公司的账号,并禁止其访问任何其他谷歌服务。沙皇格勒媒体公司向莫斯科仲裁法院提起诉讼。①

谷歌公司(俄罗斯)对俄罗斯法院的管辖权提出异议,辩称其一般服务条款规定英国法院对涉及谷歌有限责任公司(爱尔兰)的争议以及美国加利福尼亚州法院对涉及谷歌有限责任公司(美国)的争议的管辖权。作为回应,沙皇格勒媒体公司提出了与制裁相关的修正案,并主张俄罗斯法院对争议拥有专属管辖权,因为欧盟和美国对沙皇格勒媒体公司的受益所有人马洛费耶夫先生实施的制裁(因此适用于沙皇格勒媒体公司)造成了"诉诸司法的障碍"。

沙皇格勒媒体公司表示没有在外国司法管辖区对谷歌公司(俄罗斯)提起诉讼,是因为在英国或美国提起的任何诉讼都是徒劳的,并指出

---

① See tsargrad. tv, https://tsargrad. tv/articles/neverojatno-no-fakt-google-perechislil-milliard-na-russkuju-specoperaciju_521852.

以下两个假设论点证明:(1)由于制裁,沙皇格勒媒体公司不可能在英国和美国聘请法律顾问。为了支持这一论点,沙皇格勒媒体公司提交了一封来自国际律师事务所的律师函,声称该公司需要先获得 OFAC 和英国金融制裁实施办公室(Office of Financial Sanctions Implementation,OFSI)的批准,然后才能向沙皇格勒媒体公司提供法律服务。(2)欧盟和美国的制裁不允许马洛费耶夫先生出国参与英国或美国法院的诉讼程序。①

裁判结果

俄罗斯法院接受了对沙皇格勒媒体公司对谷歌公司(俄罗斯)的索赔的管辖权,判决谷歌公司(俄罗斯)重启沙皇格勒媒体公司的账号,否则将对谷歌公司(俄罗斯)进行递增式处罚,直到其履行判决为止。

法院观点

莫斯科市仲裁法院认为,沙皇格勒媒体公司提出了"压倒性的证据",证实其不可能在实施制裁的司法管辖区获得司法救助和保护其权利。因此,法院接受了对沙皇格勒媒体公司对谷歌公司(俄罗斯)的索赔的管辖权。

美国和欧盟的经济制裁法案的域外效力违反 1965 年 12 月 21 日

① See *Overview of the Latest Court Practice on the Russian Sanctions-Related Amendments—Is Winter Coming*?, Herbert Smith Freehills LLP(Nov. 26, 2021), https://hsfnotes.com/arbitration/2021/11/26/overview-of-the-latest-court-practice-on-the-russian-sanctions-related-amendments-is-winter-coming/#more-13309.

《联合国宣言》中国家主权原则；谷歌公司(俄罗斯)在俄罗斯执行美国和欧盟的经济制裁法案违反了俄罗斯的公共政策。最后，法院要求谷歌公司(俄罗斯)重启沙皇格勒媒体公司账号，否则将对谷歌公司(俄罗斯)进行递增式处罚，直到其履行判决为止。

评 析

俄罗斯法院认为，在俄罗斯执行欧盟经济制裁法案违反俄罗斯的公共政策。由此可以看出，俄罗斯司法系统基本采取了防御式的司法模式，即旨在阻断外国制裁法案在俄罗斯境内的影响，让相关公司停止执行外国制裁法案。除非外国公司拒绝执行俄罗斯法院的判决，否则俄罗斯法院一般不会采取较严厉的惩罚。目前，俄罗斯司法系统也没有在公布的案例中，支持俄罗斯被制裁公民向境外公司或者个人提起有关经济制裁的损害赔偿请求。俄罗斯《关于影响(反制)美国和其他国家不友好行为的措施的法律》本质上只是通过立法的形式来确认总统的权力，具体的实施标准和程序还需要根据特定的总统令来实现。尽管俄罗斯修正案的出台为俄罗斯商事法院管辖有关制裁纠纷案件提供了依据，但从目前的实践案例可以看出，俄罗斯司法系统对于适用俄罗斯《关于影响(反制)美国和其他国家不友好行为的措施的法律》还较谨慎，重在督促外国公司停止在俄罗斯境内遵守外国制裁法案。①

① 参见陈梦：《单边经济制裁和反制裁的法律规制——兼评〈反外国制裁法〉》，载《经贸法律评论》2022 年第 4 期。

参考案例2

某海洋工程公司与S设备公司侵权责任纠纷案①

案例概要

我国某海洋工程公司与某外国设备公司签订船舶建造合同，后某外国设备公司因第三国制裁中止履行合同义务，我国法院首次适用《反外国制裁法》受理诉讼并促成和解。

基本案情

2023年，我国某海洋工程公司与某外国S设备公司签订船舶建造分包合同，约定由某海洋工程公司负责建造某外国S设备公司所属“A某”轮的设备模块，结算金额约1945万美元（约合人民币1.4亿元）。2024年6月7日，某海洋工程公司按约将模块建造完毕并完成船舶总装。

2024年6月12日，第三国将我国某海洋工程公司列入制裁清单。某外国S设备公司以执行第三国行政令为由中止支付1186万美元尾款，并关闭对话渠道。我国某海洋工程公司为维护自身权益，向南京海事法院申请诉前扣押“A某”轮，南京海事法院于2024年9月18日作出扣押船舶裁定。

2024年10月11日，我国某海洋工程公司依据《反外国制裁法》第

① 参见南京海事法院民事调解书，（2024）苏72民初2157号。该案入选人民法院案例库（入库编号：2025-10-6-504-001）。

12 条向南京海事法院提起诉讼,要求某外国 S 设备公司赔偿建造款及其他相关费用损失人民币 8600 余万元。南京海事法院依法受理了该案。

调解结果

该案系《反外国制裁法》施行后,首起当事人依据该法第 12 条提起的反外国制裁侵权诉讼。南京海事法院依法行使管辖权,适用中华人民共和国法律开展审理工作。该案中,法院一方面用足用好法律武器,坚决反制外国政府对我国企业的无理遏制打压,另一方面贯彻依法平等保护理念,妥善化解涉外商事纠纷。

针对我国某海洋工程公司要求诉前扣押案涉船舶的申请。南京海事法院依法适用《海事诉讼特别程序法》中船舶“活扣押”的规定,即在严格限制船舶离港离境的前提下,允许船舶原地继续改建,避免对造船工期、国际融资的不利影响,以敦促某外国 S 设备公司重启对话渠道,更加积极地采取行动解决双方争议。

鉴于南京海事法院立案受理了该案诉讼,某外国 S 设备公司向第三国申请支付许可后,向南京海事法院账户支付反担保金人民币 9974.3 万元以解除船舶扣押。在法定答辩期限内,法院向某外国 S 设备公司释明中国法下协助执行外国单边制裁的法律后果,双方当事人主动申请法院组织调解。南京海事法院随即组织双方开展多轮磋商,在 39 日内促成双方达成调解协议,同时约定调解协议后续可能产生的纠纷交由南京海事法院管辖并适用中国法。

南京海事法院于 2024 年 11 月 19 日作出(2024)苏 72 民初 2157 号民事调解书。法院依据某海洋工程公司的申请,通过执行程序从反担保金中将和解款项划拨给某海洋工程公司。

调解指引

(1)在合同履行过程中,外国政府对中国企业采取歧视性限制措施,列入所谓“制裁清单”,外国企业以执行该歧视性限制措施为由拒绝履行合同义务,中国企业有权依据《反外国制裁法》第12条要求对方停止侵害、赔偿损失,人民法院对此类案件依法具有管辖权。

(2)涉反制裁案件审理过程中,要秉持保护中国企业合法权益的司法理念,坚决反对外国政府对我国公民、组织采取的歧视性限制措施。要切实发挥《反外国制裁法》的法律威慑力,创新工作方式,掌握纠纷化解主动权。同时,对于主观无恶意且明确表示愿意停止执行或协助执行外国国家采取的歧视性限制措施的当事人,人民法院应当加大调解力度,积极运用调解这一“东方经验”,充分发挥政治智慧、法治智慧、审判智慧、对外工作智慧,做细做实调解工作,高效化解涉外纠纷,切实维护供应链产业链的稳定性和可预期性。

(二)立案审查

1. 诉讼主体资格审查

关于原告诉讼主体资格,根据《反外国制裁法》第12条的规定,可以发起反外国制裁追偿诉讼的原告为合法权益受侵害的我国公民和组织。发起反外国制裁追偿诉讼的私人主体需满足一定要件限制,主要分为两个层次:一是原告为我国公民和组织。将索赔主体限于具有“中国国籍”,避免发生伊朗梅利银行诉德国电信案[①]中第三国企业诉欧盟本土

① See Bank Melli Iran v. Telekom Deutschland GmbH Case C – 124/20.

企业的情况，更有利于保护本国相关实体的利益。① 国籍的判定时点，应限定为权益受损或制裁行为发生之时，避免当事人国籍变化引起不必要的争议。就法人而言，我国法人国籍的确定采用法人成立地和准据法复合标准，故只有依据中国法律并且在中国境内设立的法人才能取得中国法人的资格。二是原告的合法权益受损。与一般民事侵权诉讼的原告主体资格无本质区别。原告需提供必要的事实和法律依据，初步举证证明出现外国国家或者私主体实施的行为严重损害中国企业、其他组织或者个人的合法权益，致使中国公民、法人或者其他组织遭受损失。

关于被告资格的确定，根据《反外国制裁法》第 12 条的规定，反外国制裁追偿诉讼的被告为执行或者协助执行外国国家对我国公民、组织采取的歧视性限制措施的任何组织和个人。一是被告主体本身，《反外国制裁法》的目的是要求外国停止对中国的单边经济制裁措施。若被告为中国公民、组织，则容易导致其陷入遵守外国制裁法和中国反制措施的两难境地。在实践中，可以通过中国公民和组织在不严重减损国家利益的情况下向主管机关申请行政豁免，优先遵守外国制裁法并免除《反外国制裁法》或《阻断办法》的追责。若诉讼中被告为外国政府机构或政府官员，我国法院在受理案件时可能会面临管辖豁免障碍，对此应根据《外国国家豁免法》并结合具体情形进行限制豁免。② 二是被告与原告之间的关系，《反外国制裁法》第 12 条赋予私人寻求救济的权利，为防止滥诉，被告须为具体行为的实施者，即被告执行或者协助执行了外国

---

① 参见漆彤：《欧盟〈阻断法〉的适用困境及其对我国的启示——以伊朗梅利银行诉德国电信案为例》，载《财经法学》2022 年第 1 期。

② 根据 2023 年 9 月 1 日第十四届全国人民代表大会常务委员会第五次会议通过的《外国国家豁免法》，其中采取了限制豁免的立场，如第 7 条规定，将商业活动引起的诉讼作为豁免的例外。

国家对我国公民、组织采取的歧视性限制措施，表现为被告与原告之间存在近因关系，比如存在基础法律关系或具体行为导致原告权益受损。

2. 层报制度

由于制裁案件的涉外交事务属性，应建立层报制度，并通过最高人民法院与相关行政部门形成协商机制。涉制裁案件的层报制度构建的法理基础主要是考量外交和政治复杂性、法律适用统一必要性以及与相关层报制度协调性。由于涉制裁案件涉及外交因素且影响重大，结合目前司法实践，有必要将内部请示制度升格为报核制度，加强统一归口管理，将涉制裁案件相关层报机制制度化，确保涉制裁诉讼的稳定性。事实上，即便是在普通的涉外民商事案件审理中，最高人民法院也规定了承认和执行外国法院判决的报备及通报机制和仲裁司法审查案件报核机制，涉制裁案件完全可以予以参照。① 比较而言，对于涉制裁案件，域

---

① 参考承认和执行外国法院判决的报备及通报机制，《全国法院涉外商事海事审判工作座谈会会议纪要》第49条规定，“各级人民法院审结当事人申请承认和执行外国法院判决案件的，应当在作出裁定后十五日内逐级报至最高人民法院备案。备案材料包括申请人提交的申请书、外国法院判决及其中文译本、人民法院作出的裁定。人民法院根据互惠原则进行审查的案件，在作出裁定前，应当将拟处理意见报本辖区所属高级人民法院进行审查；高级人民法院同意拟处理意见的，应将其审查意见报最高人民法院审核。待最高人民法院答复后，方可作出裁定”。参考仲裁司法审查案件报核机制，《最高人民法院关于仲裁司法审查案件报核问题的有关规定》第2条第1款和第3条规定：“各中级人民法院或者专门人民法院办理涉外涉港澳台仲裁司法审查案件，经审查拟认定仲裁协议无效，不予执行或者撤销我国内地仲裁机构的仲裁裁决，不予认可和执行香港特别行政区、澳门特别行政区、台湾地区仲裁裁决，不予承认和执行外国仲裁裁决，应当向本辖区所属高级人民法院报核；高级人民法院经审查拟同意的，应当向最高人民法院报核。待最高人民法院审核后，方可依最高人民法院的审核意见作出裁定。”“本规定第二条第二款规定的非涉外涉港澳台仲裁司法审查案件，高级人民法院经审查拟同意中级人民法院或者专门人民法院认定仲裁协议无效，不予执行或者撤销我国内地仲裁机构的仲裁裁决，在下列情形下，应当向最高人民法院报核，待最高人民法院审核后，方可依最高人民法院的审核意见作出裁定：(一)仲裁司法审查案件当事人住所地跨省级行政区域；(二)以违背社会公共利益为由不予执行或者撤销我国内地仲裁机构的仲裁裁决。”

外司法实践亦通过报请向上级法院寻求意见,比如欧盟在处理首例涉欧盟《阻断条例》的伊朗梅利银行诉德国电信案①时,汉萨高等地区法院作为上诉法院,考虑到该案的复杂性和重要性,也提请欧洲法院对相关问题进行“初步裁定”(preliminary ruling)。②

针对涉制裁案件层报机制的具体构建,需要进一步明确层报事项节点、审核期限、内部审核对接部门和外部沟通机制:(1)层报事项节点。结合涉制裁案件的特点,设置不同的层报内容和审核级别。在立案环节,收案法院应当出具案件受理必要性意见,通过当地高级人民法院层报至最高人民法院,并设置专门的案号或案由类别;在审理环节,收案法院应当出具案件初审报告,通过当地高级人民法院层报至最高人民法院;在裁判环节,收案法院应当出具拟处理意见,通过当地高级人民法院层报最高人民法院审核。(2)审核期限。考虑司法救济的及时性和有效性,受案法院的层报应在合理期间得到最高人民法院的明确答复。一方面,司法救济能依法及时填补胜诉原告的损失,形成有效威慑;另一方面,最高人民法院需要统筹考虑各种利益权衡,稳妥作出意见。对于追偿诉讼的答复时间应以收到请示报告后3个月内为宜。(3)协调机制。对内,可以由法院审判业务部门联系外事部门进行内部审核;对外,应当就反制裁在中央层面建立专项的沟通机制,由最高人民法院与国务院外交部、商务部等行政部门进行磋商。

---

① See Bank Melli Iran v. Telekom Deutschland GmbH Case C - 124/20.

② 参见叶研、张晓君:《从欧盟实践看中国阻断法体系的法律适用》,载《法律适用》2021年第10期。

参考案例

俄罗斯国家银行信托等诉鲍里斯·明茨等案①

案例概要

在 OFSI 授予许可的前提下,被制裁主体可以拥有诉诸法院的权利,不仅能够获得支付律师费的许可,也有权获得对其索赔的判决,还可以获得支付诉讼费用、担保费用或法院命令的损害赔偿的许可。

基本案情

原告俄罗斯国家银行信托(PJSC National Bank Trust)等向被告鲍里斯·明茨等索偿约 8.5 亿美元,理由是被告与原告俄罗斯国家银行信托的代表合谋与被告有关的公司进行非商业交易,以毫无价值或近乎毫无价值的债券取代贷款。他们获得针对部分被告的财产冻结令。

在此过程中,英国对该案中的原告二俄罗斯银行奥特克里蒂金融公司(PJSC Bank Otkritie Financial Corporation)进行了制裁,其资产被冻结,禁止交易。被告称,原告一俄罗斯国家银行信托也受到同样的资产冻结,因为它由至少两名被制裁主体"拥有或控制",即俄罗斯总统弗拉基米尔·普京先生和俄罗斯中央银行行长埃尔维拉·纳比乌利娜女士。

① See PJSC National Bank Trust & anor v. Mints & ors, [2023] EWHC 118 (Comm); PJSC National Bank Trust & anor v. Mints & ors, [2023] EWCA Civ 1132.

这一论点是基于:原告一俄罗斯国家银行信托是俄罗斯中央银行拥有99%股权的子公司,其在这些诉讼中可能追回的任何款项都将支付给俄罗斯中央银行,而法律要求俄罗斯中央银行将其75%的利润直接转移到俄罗斯联邦预算。俄罗斯总统普京受到制裁,纳比乌利娜女士早前也受到了制裁。如果俄罗斯国家银行信托如此被"拥有或控制",那么它也会受到2018年英国《制裁和洗钱法案》(Sanctions and Anti-Money Laundering Bill, SAML)规定的冻结资产的制裁。

被告指出,就原告提出的诉讼事由作出任何判决都是非法,请求中止诉讼程序,并解除针对冻结令向法院作出的承诺。理由是:(1)对原告作出判决将构成向被制裁人员"交易"或"提供"、"资金或经济资源",属非法;(2)没有许可证,诉讼的中间阶段无法完成,而且根据有关条例没有适用的许可理由;(3)在没有中止的情况下继续进行诉讼会对被告造成严重损害,因为原告无法合法地支付不利讼费、满足讼费保证金令或支付就先前作出的交叉承诺可能判给的损害赔偿。因此,有两个主要问题需要确定:(1)原告二是不是被制裁主体,制裁对诉讼的影响;(2)该问题是否仅适用于其中一个索赔人或同时适用于两个。

裁判结果

英国高等法院驳回了被告关于中止诉讼程序的申请。

英国上诉法院驳回了上诉。

法院观点

对于确定为原告作出判决是否非法。英国法院认为，诉讼是一种“经济资源”，其依据是它可用于获得资金或金融资产以及商品和服务，而判决债务相当于2018年英国《制裁和洗钱法案》所采用的含义内的“资金”。因此，资产冻结条款可以涵盖诉讼因由和判决债务。需要考虑作出有利于被制裁主体的判决是否构成违反条例“处理”或“提供”资金(或经济资源)。为了让法院通过解读削弱诉诸法院的基本权利的立法，必须从立法的措辞中足够清楚和明确地表明这是议会的意图。从上述法案的文义来看，无法明确议会旨在通过该禁令来限制诉诸法院的意图。尽管2018年英国《制裁和洗钱法案》相关条文中的措辞范围很广，但议会是否意图阻止作出有利于被制裁主体的判决还不够明确，因此法院对被制裁主体作出判决并不违反相关法律规定。

关于被告可能遭受的损害。法院认为，OFSI能够向指定的被制裁主体提供许可，使其能够支付不利讼费，满足讼费保证令和支付损害赔偿金尊重交叉承诺。OFSI没有权力许可被制裁主体进入诉讼，因为没有必要。

对于俄罗斯国家银行信托是否由俄罗斯总统普京或俄罗斯中央银行行长“拥有或控制”。法院认为，当审视法定意图时，2018年英国《制裁和洗钱法案》第7(4)条涉及直接或间接的所有权，俄罗斯总统普京或俄罗斯中央银行行长拥有俄罗斯国家银行信托是不正确的。2018年英国《制裁和洗钱法案》并未直接针对俄罗斯这个国家，而是旨在在个人层面运作，希望以对与该政权有关联的个人财务造成损害的方式影响政策的改变。根据该分析得出结论，俄罗斯国家银行信托并非由俄罗斯总统普京或俄罗斯银行行长"拥有或控制"。

评 析

该案例是被制裁相关主体在制裁行为国家进行的诉讼。该案讨论的主要问题是当原告涉及制裁时,是否会对其提起并正在进行的诉讼产生影响,其中对于被制裁主体的关联性进行了论证。

该判决确认,在 OFSI 授予许可的前提下,被制裁主体可以充分利用诉诸法院的权利,他们不仅能够获得支付律师费的许可,而且还有权获得对其索赔的判决,并且可以获得支付诉讼费用、担保费用或法院命令的损害赔偿的许可。

关于"拥有或控制的范围",俄罗斯大部分银行业由俄罗斯国家通过俄罗斯中央银行拥有。英国高等法院裁定国家所有权本身不会导致实体成为金融制裁的对象是一个相当重要的决定。英国法院承认 2018 年英国《制裁和洗钱法案》的范围很广,但表示必须在整体背景对其进行审视,该法案并未直接针对俄罗斯国家,而是旨在个人层面运作,国家所有不等同于相关个人所有。避免给那些寻求遵守英国制裁制度的人带来沉重的负担,这些人需要根据他们可能无法轻易获得的信息来确定所有权和控制权。

(三)期间和送达

基于反外国制裁的威慑原则,反外国制裁司法救济机制的期间和送达应符合保护当事人实体权益的司法实践需求,体现程序推进的实效性。

涉制裁案件的相关期间(包括审理期间、答辩期间、公告期间、上诉期间等)，在程序正义的原则上应与普通涉外民商事案件的规定一致，但也应根据特殊情况予以快轨处理。就审理期间，法院审理涉外民事案件不受普通民事案件一审、二审审理期间的限制，涉制裁案件除具有普通涉外民事案件的诉讼送达文书、调查取证等方面的一般特征外，还需要与相关外事部门相协调，客观上案件处理流程更长，但为充分实现保护我国公民和组织的合法权益及其有效威慑，法院可对涉制裁案件的程序流转参照普通涉外民事案件的期间，实质性体现在审理上的快轨进程。也就是说，就答辩期间、公告期间、上诉期间等要求，对在我国领域内没有住所的被告提起的诉讼，可按照《民事诉讼法》相关普通涉外民事案件的相关规定。根据 2023 年 9 月 1 日第十四届全国人民代表大会常务委员会第五次会议通过的《关于修改〈中华人民共和国民事诉讼法〉的决定》，目前民事诉讼法的改革总体趋势是提高涉外诉讼效率，①涉制裁案件的审理也应当既保障程序正当性和裁判有效性，又符合涉制裁案件的审理效率要求。

涉外司法文书送达关系诉讼双方当事人的切身利益能否得到有效保护，我国法院作出的裁判文书最终能否在他国得到承认和执行，以及司法文书送达地所在国的司法主权是否被侵犯。② 在国际层面上，1991 年 3 月 2 日我国加入了《关于向国外送达民事或商事司法文书和司法外文书公约》，同时也批准、参加了多个双边司法互助协定(条约)。我国加入了《取消外国公文书认证要求的公约》并于 2023 年 11 月 7 日对我国生效，据此我国司法机关发出的文书将免除认证手续，简化公证文书

① 参见周强:《关于〈中华人民共和国民事诉讼法(修正草案)〉的说明——2022 年 12 月 27 日在第十三届全国人民代表大会常务委员会第三十八次会议上》，载《中华人民共和国全国人民代表大会常务委员会公报》2023 年第 6 期。

② 参见涂广建:《我国涉外民事诉讼文书送达制度之考问及续造》，载《国际法研究》2017 年第 3 期。

跨国流转程序,提高涉外案件送达效率,便于当事人跨境提交主体资质文件、授权委托书、证据等。在国内层面上,我国《民事诉讼法》和最高人民法院颁布的关于涉外司法文书送达的司法解释为涉外司法文书送达提供了全面系统的规则安排。2023 年 9 月 1 日第十四届全国人民代表大会常务委员会第五次会议通过的《关于修改〈中华人民共和国民事诉讼法〉的决定》的导向也是不断提高涉外送达效率,包括受送达人为外国人、无国籍人担任法定代表人的可向法人送达、公告送达的期间减少至 60 日等制度安排。[①] 涉制裁案件中对相关涉外主体的司法文书送达,亦应进一步完善推动送达细化扩张,使送达不成为障碍。[②]

(四)外国法院裁判和国际商事仲裁的承认与执行

对于外国法院裁判和国际商事仲裁的承认与执行的司法审查,需要平衡协调《反外国制裁法》《阻断办法》等反外国制裁法律体系与我国缔结或者参加的国际条约、相关诉讼规则的关系,注重反制裁司法救济和外国法院裁判、国际商事仲裁的承认与执行的协同。具体审查包括:首先,需依照我国关于外国法院裁判和国际商事仲裁裁决的承认与执行的基本原则进行审查;其次,针对涉制裁因素可能对承认与执行的影响进

① 根据 2023 年 9 月 1 日第十四届全国人民代表大会常务委员会第五次会议通过的《关于修改〈中华人民共和国民事诉讼法〉的决定》关于涉外送达的规定:"……(六)受送达人为外国人、无国籍人,其在中华人民共和国领域内设立的法人或者其他组织担任法定代表人或者主要负责人,且与该法人或者其他组织为共同被告的,向该法人或者其他组织送达;(七)受送达人为外国法人或者其他组织,其法定代表人或者主要负责人在中华人民共和国领域内的,向其法定代表人或者主要负责人送达……(九)采用能够确认受送达人收悉的电子方式送达,但是受送达人所在国法律禁止的除外;(十)以受送达人同意的其他方式送达,但是受送达人所在国法律禁止的除外。不能用上述方式送达的,公告送达,自发出公告之日起,经过六十日,即视为送达。"

② 送达的一般规则,参见肖凯主编:《上海金融法院涉外 涉港澳台金融案件审判指南》,法律出版社 2021 年版,第 80 ~ 93 页。

行具体问题具体分析，按照我国反制裁、阻断法律法规进行审理认定；最后，坚持维护国家主权、安全、发展利益，保护我国公民、组织的合法权益的基本原则，不能违反我国公共政策。

1. 外国法院裁判的承认与执行

当外国法院作出涉制裁的裁判时，受益方即外国裁判的胜诉方会来我国法院申请承认与执行。《民事诉讼法》对于申请或者请求承认和执行的外国法院作出的发生法律效力的判决、裁定的相关规定进一步进行完善，依照中华人民共和国缔结或者参加的国际条约，或者按照互惠原则进行审查后，认为不违反中华人民共和国法律的基本原则且不损害国家主权、安全、社会公共利益的，裁定承认其效力。根据《民事诉讼法》第300条的规定，有下列情形之一的，裁定不予承认和执行：(1)依据《民事诉讼法》第301条的规定，外国法院对案件无管辖权；(2)被申请人未得到合法传唤或者虽经合法传唤但未获得合理的陈述、辩论机会，或者无诉讼行为能力的当事人未得到适当代理；(3)判决、裁定是通过欺诈方式取得；(4)人民法院已对同一纠纷作出判决、裁定，或者已经承认第三国法院对同一纠纷作出的判决、裁定；(5)违反中华人民共和国法律的基本原则或者损害国家主权、安全、社会公共利益。外国法院裁判的承认或执行程序是反外国制裁和阻断法司法适用的重要场域。在处理反外国制裁和阻断法在外国裁判的承认与执行程序中的适用时，法院需要特别考虑以下三个方面的问题：第一，确定反外国制裁和阻断法司法适用的法律依据；第二，确定对外国裁判的审查范围；第三，确定不予承认与执行的理由。① 关键在于涉及制裁因素的判定，并按照我国承认与执行外国法院判决裁定的基本原则和反制裁、阻断法律法规进行审核。如果违反中华人民共和国法律的基本原则或者国家主权、安全、社

① 参见钱振球：《论阻断法的司法适用》，载《中国应用法学》2022年第2期。

会公共利益,则根据公共秩序保留原则拒绝承认与执行。如果存在平行诉讼,即当事人在国内基于基础关系提起一个相对抗的诉讼,若我国法院先于外国法院作出判决,则无论外国法院的诉讼程序是否先于中国法院开始,均不承认与执行外国法院的判决。[①] 同时,受损害的中国公民、法人或者其他组织可能基于《阻断办法》第9条对禁令范围内的外国法律作出的判决、裁定获益的当事人提起追偿诉讼,追偿诉讼具有一定的主动性。为防止基于同一事实或法律关系的诉讼的司法态度不一致,在国内层面需依靠层报机制加强统筹。

2. 国际商事仲裁的承认与执行

仲裁作为国际商事争议解决的主要方式,在实践中更易涉及制裁。我国作为《纽约公约》的缔约国,司法审查国际商事仲裁裁决时一般应当依据《纽约公约》及我国《民事诉讼法》的相关规定进行审查。在处理涉制裁的国际商事仲裁裁决的司法审查时,应当平衡协调《反外国制裁法》《阻断办法》等反外国制裁法律体系与国际商事仲裁法律体系的关系。《阻断办法》通过后,商务部条约法律司负责人在答记者问中指出,出台《阻断办法》不影响中方承担的国际义务。根据中华人民共和国缔结或者参加的国际条约,涉及外国法律与措施域外适用情形的,不适用该办法。中国政府一贯信守国际义务,将一如既往地认真履行相关国际条约。[②]

首先,需依照我国关于国际商事仲裁裁决的承认与执行的基本原则进行审查,坚持维护国家主权、安全、发展利益,保护我国公民、组织的合

① 参见刘仁山、陈杰:《我国面临的国际平行诉讼问题与协调对策》,载《东岳论丛》2019年第12期。

② 参见《商务部条约法律司负责人就〈阻断外国法律与措施不当域外适用办法〉答记者问》,载商务部官网2021年1月10日,http://www.mofcom.gov.cn/article/news/202101/20210103029779.shtml。

法权益的基本原则,不能违反我国公共政策。根据《全国法院涉外商事海事审判工作座谈会会议纪要》第 106 条的规定,法院应当首先审查被申请人依据《纽约公约》第 5 条第 1 款主张的不予承认和执行事由,具体包括:(1)原裁决所依据的仲裁协议无效、当事人无行为能力;(2)原仲裁具有程序瑕疵;(3)原裁决超出仲裁协议的授权范围;(4)仲裁庭组成、仲裁程序与仲裁协议不符或违反仲裁地所在国法律;(5)仲裁裁决不具有约束力。此外,该条第 2 款规定人民法院还应当依职权审查涉案裁决是否具有《纽约公约》第 5 条第 2 款规定的情形,即是否存在裁决事项依我国法律不可仲裁,以及承认和执行仲裁裁决是否违反我国公共政策。该会议纪要第 108 条特别规定,"如人民法院生效裁定已经认定当事人之间的仲裁协议不成立、无效、失效或者不可执行,承认和执行该裁决将与人民法院生效裁定相冲突的,应当认定构成《纽约公约》第五条第二款乙项规定的违反我国公共政策的情形"。中国法院对于以"违反社会公共政策"为由拒绝执行仲裁裁决采取了非常审慎和谦抑的立场,仅限于违反我国的基本法律制度、法律原则、损害我国根本社会利益、侵犯我国国家主权、违反善良风俗、侵犯中国的司法主权和中国法院的司法管辖权等情形。从《反外国制裁法》第 1 条规定的立法目的来看,相关反制措施旨在"维护国家主权、安全、发展利益,保护我国公民、组织的合法权益";同时,为了强化反制措施的执行力和威慑力,体现国家主权行为的性质,《反外国制裁法》第 7 条规定,国务院有关部门作出的反制措施为"最终决定"。如此一来,反制措施在一定程度上体现了国家主权性质,具有"社会公共政策"的属性,违反相关反制措施的仲裁裁决存在被中国法院以"违反社会公共政策"为由拒绝执行的可能。

其次,针对涉制裁因素可能对承认与执行的影响进行具体问题具体分析,既可能是仲裁裁决法律依据为外国制裁法或仲裁裁决内容涉及制裁行为,也可能是仲裁庭组成、仲裁程序与仲裁协议涉及制裁。

如果仲裁案件实体涉及制裁,即仲裁裁决法律依据为外国制裁法或仲裁裁决内容涉及制裁行为。比较法上,欧盟将第三国根据欧盟《阻断条例》附件中所列条款或根据这些条款制定或实施的仲裁裁决纳入可被阻断的制裁行为。欧盟《阻断条例》中第4条明确了适用范围包括仲裁裁决。① 与之配套的欧盟《关于修订版阻断条例的使用指引》更进一步释明,第三国根据欧盟《阻断条例》附件中所列条款或根据这些条款制定或实施的行为作出的任何决定,无论是行政、司法还是仲裁,均不会在欧盟得到承认。② 欧盟《阻断条例》附件中所列的内容为美国对古巴、伊朗等国的制裁行为。欧盟阻断立法的规定较为具体,部分仲裁裁决可以基于制裁合规领域法律文件的规定而不予承认。但是,制裁合规对仲裁裁决的抵触需要满足一个前提,即该等仲裁裁决是基于第三国的制裁法律或制裁行为而作出的。该种法律认定亦可为我国所参考。

如果仲裁庭组成涉及制裁,涉制裁关联主体与最终仲裁裁决的关系需要具体考量:一是仲裁员或仲裁庭成员与仲裁组织是否构成交易、合作关系;二是仲裁员或仲裁庭成员与被制裁主体的关系,是否为该被制裁组织的领导决策岗位;三是涉制裁仲裁员或仲裁庭成员在仲裁裁决中是否起决策作用。若仲裁员或仲裁庭成员为被制裁的个人,可能会构成违反《反外国制裁法》的第6条第3项禁止交易、合作等活动的规定,从而影响仲裁裁决的效力。若仲裁员或仲裁庭成员为被制裁组织中的一员,并且是领导决策岗位,可能会与被制裁主体形成穿透,因为主体涉制

---

① See Article 4 of the Blocking Statute: Nullifies the effect in the EU of any foreign decision, including court rulings or arbitration awards, based on the listed extra-territorial legislation or the acts and provisions adopted pursuant to them.

② See Section 1, Article 4 of the Guidance Note: This means that no decision, whether administrative, judicial, arbitral or of any other nature, taken by a third country authority and based on the provisions listed in the Annex to the Blocking Statute or on acts which develop or implement those provisions, will be recognised in the EU.

裁可能会影响仲裁裁决的效力,但如果只是普通岗位无法主导组织的决策则不应视为被制裁的主体,仲裁裁决仍然予以承认和执行。若被制裁主体在仲裁裁决中持少数意见,即与最终仲裁裁决结论相反,不会影响仲裁裁决的效力,则不需要审核;如果被制裁主体在仲裁裁决中持多数意见且主导仲裁裁决结果,则需要审核。比如,麦格理银行有限公司(Macquarie Bank Limited)诉万达控股集团有限公司申请承认与执行外国仲裁裁决案①中,被申请人在承认和执行外国仲裁裁决的传统抗辩理由之外,将《阻断办法》之规定作为其抗辩理由,但法院经过审理认为,该案中被申请人所提到的我国反制裁措施,主体上针对的是仲裁员所供职单位而不是其个人,时间上仲裁裁决作出的时间早于我国反制裁措施作出之时,其在仲裁员组成仲裁庭过程中也履行了相应的告知义务,因此所涉我国反制裁措施不影响该仲裁裁决的承认与执行。

参考案例1

麦格理银行有限公司诉万达控股集团有限公司申请承认与执行外国仲裁裁决案②

案例概要

仲裁员所在供职单位被制裁,但是与其关联性并不强且在时间线上不会对仲裁裁决造成影响,不影响仲裁裁决的承认与执行。

① 参见上海金融法院民事裁定书,(2021)沪74协外认1号。

② 参见上海金融法院民事裁定书,(2021)沪74协外认1号。

基本案情

麦格理银行有限公司向上海金融法院申请承认和执行新加坡国际仲裁中心编号为2020年第135号仲裁裁决。

申请人麦格理银行有限公司,是一家在澳大利亚注册并经澳大利亚证券与投资委员会许可的金融服务机构。2017年9月2日,麦格理银行有限公司与案外人A公司签订了一份《保证合同》,约定被申请人万达控股集团有限公司(以下简称万达控股)为案外人A公司与申请人之间的全部现有及将来的原油买卖交易提供担保。《保证合同》约定,“因签订本保证合同其而引起或与之有关的任何和所有纠纷或其他分歧,包括有关合同成立、有效性、撤销、终止的任何问题,应根据当时有效的新加坡国际仲裁中心的仲裁规则在新加坡提交仲裁,并通过该等仲裁得到终局性解决”。2019年12月18日,申请人与A公司签署相关原油买卖合同,申请人依约履行了合同。而A公司未履行其支付货款的义务,被申请人亦未承担保证责任。

2020年2月25日,申请人针对被申请人向新加坡国际仲裁中心提起仲裁,要求被申请人为A公司的未付债务承担保证责任。2020年10月5日,新加坡国际仲裁中心仲裁庭正式作出《最终裁决》,裁决被申请人立即向申请人支付本金、利息、仲裁费用以及A公司的费用。2021年2月4日,麦格理银行有限公司依据《民事诉讼法》《纽约公约》向上海金融法院申请承认与执行《最终裁决》。

在审理过程中,万达控股称,该案存在《纽约公约》第5条规定的情形,故不应予以承认及执行。其中两点抗辩理由为:一是《最终裁决》是由C仲裁员与其他两位仲裁员共同作出的裁决,C仲裁员所属的埃委克斯园大律师事务所因蓄意传播谎言和虚假信息被中国政府实施制裁，故该裁决本身有失公正。二是被申请人系从事液化气管道业务影响到社会民生工程的中国企业，符合商务部关于《阻断办法》的规定，希望法院在审理中考虑中央“六稳六保”政策及保护民营企业发展的精神。

裁判结果

上海金融法院于2021年11月1日作出裁定承认和执行新加坡国际仲裁中心所作2020年第135号仲裁裁决。

法院观点

针对仲裁员所属的律师事务所受到中国政府实施的制裁是否影响该案的审理问题，法院认为，2021年3月26日外交部发布对英国有关人员和实体实施的制裁。该制裁针对的是首席仲裁员C先生所在的埃委克斯园大律师事务所，并非针对其仲裁员的身份。制裁作出之时，该案所涉仲裁裁决已完成。该制裁亦非《纽约公约》第5条规定的不予认可范围，与该案的审理无关；且在仲裁员选择的过程中，新加坡国际仲裁中心及申请人均向被申请人履行了告知义务，程序并无不当。

针对仲裁裁决的承认与执行是否符合《阻断办法》问题，法院认为，《阻断办法》中所规定的外国法律不当域外适用与该案无关，选择仲裁系该案当事人意思自治的结果。关于特殊时期对某类民营企业如何特殊保护，属于政策考量，不应影响该案中仲裁结果的承认。法治是最好的营商环境，如不能保障法律实施的结果，可能会有利于保护单个企业，但从长久来看,会伤害更多的企业。故法院依法公平公正处理该案所涉争议。

评析

该案例中,被申请人万达控股跳出了承认和执行外国仲裁裁决的传统抗辩思路,将《阻断办法》之规定作为其抗辩理由,试图以此作为国内法院拒绝承认和执行案涉新加坡仲裁裁决。该案中虽然仲裁员所在供职单位被制裁,但是与其关联性并不强且在时间线上不会对仲裁裁决造成影响,因此不影响该仲裁裁决的承认与执行。"仲裁员的独立性与公正性,是保障仲裁程序正当、结果公正的关键要素之一,也是仲裁承认与执行需要考虑的因素之一。制裁引发的利益冲突问题,涉及仲裁员的独立性与公正性,应优先从仲裁员自行披露角度解决,从事前的程序设计解决问题。"①此外,该案中双方当事人所签订的保证合同所针对的基础合同是一项从事原油交易的 ISDA 合约,并不涉及国际制裁任何内容,不存在外国法律与措施的域外适用违反国际法和国际关系基本准则、不当禁止或者限制中国公民、法人或者其他组织与第三国(地区)及其公民、法人或者其他组织进行正常的经贸及相关活动的情形。

① 符望、朱婧婧:《制裁措施、阻断办法对仲裁程序的影响》,载《法治实务》集刊 2023 年第 2 卷——仲裁工作研究文集。

参考案例2

伊朗国防部诉美国立方体公司案①

案例概要

美国第九巡回上诉法院支持了地区法院对国际商会裁决的司法确认，认为裁决确认未被与伊朗相关的制裁措施禁止，其并未直接违反美国的公共政策。

基本案情

1977 年，美国立方体公司（Cubic International Sales Corporation，以下简称 Cubic 公司）与伊朗国防部签订了一份出售和维修空战机动靶场的合同，但伊朗革命最终导致合同未能履行。1982 年，伊朗国防部在伊朗—美国求偿法庭就合同违约向 Cubic 公司提出赔偿，但法庭最终裁定其无管辖权。1991 年，伊朗国防部在国际商会（The International Chamber of Commerce，ICC）国际仲裁院提起仲裁。1997 年，位于瑞士的仲裁庭作出最终裁决，裁定 Cubic 公司向伊朗国防部支付 2,808,519 美元另加裁决前利息，以及 60,000 美元仲裁费。

Cubic 公司最终未能支付裁决的金额，1998 年 6 月伊朗国防部向美

① See Ministry of Def. & Support for the Armed Forces of the Islamic Republic of Iran v. Cubic Def. Sys. Inc., 665 F.3d 1091, 1097 (9th Cir. 2011).

国联邦地区法院提交一份申请,要求根据《纽约公约》确认该案ICC裁决。另主张由Cubic公司支付ICC裁决作出之日至联邦地区法院确认执行裁决之日的判决前的利息以及因Cubic公司未履行ICC裁决而支付的律师费。

裁判结果

地方法院于1999年8月批准确认ICC裁决,但驳回对判决前利息和律师费的请求。Cubic公司就原审法院的裁决确认提起上诉,伊朗国防部就原审法院驳回相关利息和律师费请求提起上诉。

美国第九巡回上诉法院请求美国政府就确认该ICC裁决是否会违反《纽约公约》第5条第2款乙项下的美国公共政策发表意见。美国政府提交的法庭之友意见支持了该裁决确认。美国第九巡回上诉法院最终确认了地区法院对ICC裁决的确认,并支持了判决后利息,同时要求地区法院就伊朗国防部的裁决后、判决前利息和律师费的动议重新进行审查。

法院观点

法院认为,拒绝确认仲裁裁决的情形由《纽约公约》第5条进行了列举。这些抗辩应狭义地进行解释,反对承认与执行裁决的当事人负有证明这些情形存在的举证责任。

关于裁决的确认是否违反公共政策。根据《纽约公约》第5条第2款乙项的规定,“倘申请承认及执行地所在国之主管机关认定有下列情形之一,亦得拒不承认及执行公断裁决……(乙)承认或执行裁决有违该国公共政策者”。Cubic 公司主张原审法院对 ICC 裁决的确认是违反美国反对与伊朗进行贸易和金融交易这一公共政策的。美国颁布了若干制裁伊朗的法律,这些制裁与公共政策相关,具体包括两个方面。第一,这些制裁禁止 Cubic 公司支付 ICC 裁决下的数额,除非获得了 OFAC 的特殊许可。Cubic 公司认为,禁止支付裁决这一政策的存在就足以表明存在一项反对裁决确认的基本公共政策。第二,即使该制裁没有禁止确认裁决,这些制裁也是证明美国反对与伊朗的贸易、投资和经济这一公共政策的证据,这将使裁决确认有悖于美国的公共政策。

上诉法院认为,其并没有被 Cubic 公司的主张说服,该论点对支持承认和执行外国仲裁裁决这一公共政策的重视程度太低,对管理 ICC 裁决条款的监管限制的重视程度太高。相反,法院认为伊朗国防部和作为法庭之友的美国政府的论点更具说服力。《纽约公约》的目标以及美国签署和批准《纽约公约》的目的就是鼓励国际合同中商事仲裁协议的承认与执行,以及统一仲裁协议和仲裁裁决在签署国的适用与执行。法院强调,支持国际仲裁的公共政策是很强的。因此,若希望其主张得到支持,Cubic 公司必须证明存在一项相反的公共政策,其足以克服鼓励执行 ICC 仲裁裁决这一强大的公共政策。

上诉法院认为,Cubic 公司并未能证明这一点,其给出了 5 项理由:第一,美国对伊朗的制裁规则并未排除对 ICC 裁决的确认;第二,虽然制裁规则存在对支付的禁止,但支付和裁决确认之间存在巨大差异;第三,该案中支付可以通过授权进行而非完全被禁止,这更加突出了支付和裁决确认之间的差异,因此不能因为支付被禁止就拒绝确认裁决,因为该支付可以通过政府的特别许可进行授权;第四,相关制裁规则提供了授权伊朗的法定代表在美国参加诉讼程序的普遍许可,这表明解决类似该案争议的法律程序并不会与美国的制裁政策相冲突;第五,美国政府在其法庭之友意见中支持了地区法院确认裁决的意见。

综合上述原因,法院最终认为,对ICC裁决的确认并未违反在《纽约公约》第5条第2款乙项下的美国的公共政策。Cubic公司未能证明存在一项公共政策,其足以克服支持承认外国仲裁裁决这一强有力的联邦政策。

评 析

外国仲裁裁决本身在美国并不具有强制执行效力,若需在美国得到执行,其必须首先获得美国法院的司法确认并转化为当地判决。该案中ICC裁决的司法确认本身并未被制裁伊朗的相关法律禁止,其并未直接违反美国的公共政策。对于不予承认和执行外国仲裁裁决的公共政策例外情形,必须严格对其进行解释,这也是实现《纽约公约》之目的所必须的。

五、反外国制裁司法救济机制的实体性问题

涉制裁案件实体问题的法律适用,需要经过法院地的冲突规则的指引。[①] 诸多域外司法实践通过公共秩序保留制度或者通过识别定性为

① 一般而言,冲突规范具有强制性,法院在审理涉外民事纠纷时,必须依职权主动先适用本国的冲突规范来确定案件应当根据哪国法律审判,依照冲突法来确定涉外案件的准据法。

程序性问题等方式来排除外国法的适用而适用法院地法。[①] 根据《涉外民事关系法律适用法》第 41 条和第 44 条的规定，涉外合同纠纷当事人可以协议选择合同适用的法律，未选择法律时适用最密切联系的法律，涉外侵权责任纠纷一般适用侵权行为地法律。本书的立场为一般以中国法律为准据法。此外，中国法院在处理涉及外国制裁的合同或侵权纠纷时，无论当事人意思自治或合同冲突规范指向任何国家的实体法，根据《涉外民事关系法律适用法》第 4 条以及《最高人民法院关于适用〈中华人民共和国涉外民事关系法律适用法〉若干问题的解释(一)》第 8 条的规定，《反外国制裁法》属于涉外民事关系的强制性规定，具有对涉外民事法律关系直接适用的效力。[②] 涉制裁案件的实体审理中，应当要求当事人明确诉请和请求权基础，坚决维护我国权益，结合具体案件情形处理歧视性限制措施、合同中约定制裁条款的效力以及最终损失赔偿的认定等核心问题。

(一)请求权基础的明确

当事人在提起诉讼时，需要明确诉请及请求权基础，依据《反外国制裁法》第 12 条或者《阻断办法》第 9 条的规定，当事人可能提起侵权之诉或合同之诉，在司法实践中可能出现责任竞合的情况。在域外司法实践中，欧盟主要引用的是其《阻断条例》第 5 条指向违约之诉，针对因外国制裁而影响合同履行的情形，以禁止在欧盟范围内遵守外国具有域外效力的法律，目前鲜有依据欧盟《阻断条例》第 6 条直接对抗制裁国的侵权之诉。[③]

---

① 参见李双元、欧福永主编：《国际私法》(第 6 版)，北京大学出版社 2022 年版，第 96 页。

② 参见刘仁山：《“直接适用的法”在我国的适用——兼评〈《涉外民事关系法律适用法》解释(一)〉第 10 条》，载《法商研究》2013 年第 3 期。

③ 参见叶研、张晓君：《从欧盟实践看中国阻断法体系的法律适用》，载《法律适用》2021 年第 10 期。

在我国法律框架下，对于依据《反外国制裁法》第12条或者《阻断办法》第9条提起的诉讼，两者的反制对象、规范位阶、救济方式等方面有所不同：(1)《反外国制裁法》属于法律，针对的是制裁国对我国的直接制裁，且其明文规定，"任何组织和个人均不得执行或者协助执行外国国家对我国公民、组织采取的歧视性限制措施"。《反外国制裁法》第12条规定的责任承担的方式包括停止侵害和赔偿损失，停止侵害的具体表现可能是继续履行合同。(2)《阻断办法》属于部门规章，针对的是制裁国对我国的直接制裁或次级制裁影响到了我国主体，该办法第5条规定主要应对的是"中国公民、法人或者其他组织遇到外国法律与措施禁止或者限制其与第三国(地区)及其公民、法人或者其他组织正常的经贸及相关活动情形"，相关不当域外适用的外国法律与措施情形需要经过行政部门认定为禁令，《阻断办法》第9条规定的责任承担方式为赔偿损失。因此，当事人依据不同的纠纷情形，可能会援引不同的法律法规提出相应的诉请，比如，我国主体被冻结或没收财产，可以直接援引《反外国制裁法》第12条提起侵权之诉。而对于拒绝继续履行合同或提供服务，针对不同的诉请司法审查所采取的处理亦有所不同。

(二)歧视性限制措施的认定

1.程序要件

关于反外国制裁法的司法救济机制是否以相关行政禁令为前置条件，由于《反外国制裁法》和《阻断办法》的不同规定，反制措施和阻断机制启动的先决条件有所不同。《反外国制裁法》第12条的靶向是歧视性限制措施，并未规定以行政部门的命令为前提，偏向实体性判定，相应行为可以直接在司法审查中予以认定。《阻断办法》第9条指向的是禁令范围内的外国法律与措施，具有一定的形式前提，由国务院商务主管部门发布不得承认、不得执行、不得遵守有关外国法律与措施的禁令，当事人据此诉请赔偿。因此,当事人依据不同的请求权基础提起诉讼,法院的审查过程也存在实质和形式两种偏重方向。《反外国制裁法》第 12 条不拘泥于形式要件,在实体上构建了更具有实质性权益保护意义的反外国制裁的司法救济路径。

虽然有学者从政府主导角度分析,认为应加强对追偿诉讼适用条件的限制,将行政命令作为提起追偿诉讼的前置程序。① 但本书认为,若将涉制裁案件定性为不同于普通涉外民商事案件的涉外交事务案件,合理设计集中管辖和飞跃上诉机制,既能保持司法救济的独立程序特点,也不会妨害相关外事部门的行政裁量,更能体现司法救济的法治本质。相关行政部门出具的禁令等可以作为案件的证据予以审查认定,亦可以在审理过程中加强与行政部门的协商和意见采纳,但应保留法院认定具体歧视性限制措施的审查裁量权。

2. 判断基准

"歧视性限制措施"未在国际法的权威法律文本中出现过,并非国际法学界所公认和常用的术语,故国际法领域尚无相关明确的解释和界定。② 我国《反外国制裁法》第 3 条第 2 款对歧视性限制措施的定义进行了规定,但较原则性,即外国国家违反国际法和国际关系基本准则,以各种借口或者依据其本国法律对我国进行遏制、打压,对我国公民、组织采取歧视性限制措施,干涉我国内政的,我国有权采取相应反制措施。③

① 参见刘桂强:《阻断法的当代发展与价值选择》,载《中国应用法学》2022 年第 2 期。

② 在国际经济法领域中,GATT 和 WTO 协定框架下亦提出过多边性质的非歧视原则,具体指向最惠国待遇和国民待遇,但与反外国制裁法语境下的歧视性限制措施有所不同。

③ 我国《对外贸易法》中也出现过歧视性限制措施的表述,但限于对外贸易交易的情况,且与反制裁法语境下的限制性歧视性措施有所不同,该法第 7 条规定,"任何国家或者地区在贸易方面对中华人民共和国采取歧视性的禁止、限制或者其他类似措施的,中华人民共和国可以根据实际情况对该国家或者该地区采取相应的措施"。

《反外国制裁法》立法表述既没有直接界定“歧视性限制措施”的概念，也没有列举具体歧视性限制措施的种类，故而歧视性限制措施这一概念具有概括性、不确定性和开放性，[①]其内涵和外延需在具体司法裁判的法律适用中予以明确。

司法判定某一行为是否构成歧视性限制措施，可基于《反外国制裁法》的立法目的、基本原则和立法价值，以是否公平平等为核心判断基准，从实施主体、限制对象、限制手段等要件结合具体情况予以认定。歧视性限制措施的实施主体可能为外国国家及国家机关，也可能为执行或者协助执行外国制裁措施的外国个人和实体。具体限制性措施可分为法律歧视和事实歧视，也可分为直接歧视和间接歧视。[②] 某一措施如果具有了国际制裁意义上的歧视性、限制性的性质，事实上对中国构成了遏制、打压等不公平、不平等的行为，司法裁判中就可以结合具体案情判定其为歧视性限制措施。

(三)制裁条款的法律效力

由于制裁日益成为跨境交易的合规风险，当事人往往会在合同中订入制裁条款以免除相应的法律责任风险，如在信用证、保险、船舶运输等国际业务中，告知对方当事人应当遵守相关国家的经济制裁措施，避免因违反制裁措施而承担相应责任。[③] 以信用证为例，2010 年 3 月，国际

---

① 参见周艳云：《中国〈反外国制裁法〉中“歧视性限制措施”的识别》，载《环球法律评论》2022 年第 2 期。

② 直接歧视，是指外国无正当法律依据或其他充分合理理由主观上直接故意对国家、组织和个人强加不公正和不平等的待遇；间接歧视，是指外国设置标准或制定法律法规，使除中国之外其他国家均能符合此标准或法律法规的要求，事实上对中国形成不平等和不公正的对待，具有隐蔽性和迷惑性。

③ 参见杜涛：《国际经济制裁法律问题研究》（修订版），法律出版社 2023 年版，第 298 ~ 310 页。

商会银行委员会反洗钱工作组发布了《关于在受 ICC 规则支配的与贸易有关业务中使用制裁条款的指导意见》,对信用证中的制裁条款作了统一规定,如信用证涉及制裁措施所针对的是国家或个人,则银行不承担信用证项下的支付义务,开证行对由此导致的损失或损害不承担责任。

制裁条款的具体约定方式主要表现为以下 3 种类型:一是经过冲突规范指引,指向准据法是制裁国法律;二是合同双方直接在合同中约定以外国制裁法作为免责条款;三是冲突规范指引的合同准据法不是制裁国法律,但一方当事人援引外国制裁法或制裁行为作为免责事由。欧盟学术界就美国制裁法在国际商事合同中的性质提出了“准据法说”、“强行性规范说”(外国直接适用的法)及“纯粹公法说”等观点,主要是基于欧盟国家与美国外交政治立场一致并认可美国禁令的效力的背景。[①] 而以上学说在我国难以成立,我国法院一般不认可外国具有公法性质或具有强制性规范性质的法律规范,亦不接受外国实施的具有域外效力的单边经济制裁。

一般而言,涉制裁的合同亦属于涉外合同,在解决实体问题时,应首先确定合同准据法,根据准据法和制裁来源对制裁条款的效力予以判定。[②] 当准据法为外国制裁法或中国法时,我国《反外国制裁法》作为法院地直接适用的法,属于强制性规定,能够直接否定外国制裁法在我国的效力,合同中的制裁条款也因违反我国强行性规定而无效,外国制裁法不能通过意思自治的方式影响国际商事合同的法律适用。[③] 但如果

---

① See Tama's Szabados, *Economic Sanctions in EU Private International Law*, Hart Publishing, 2019, p. 39 – 43.

② 参见杜涛:《国际商事合同中的经济制裁条款效力研究》,载《上海对外经贸大学学报》2020 年第 5 期。

③ 参见姜悠悠:《论美国单边制裁对国际商事合同法律适用的影响》,载《财经法学》2022 年第 2 期。

合同准据法不是制裁国法律,而一方当事人援引外国制裁法或制裁行为作为免责事由,这种约定的效力如何判断?原则上,免责事由在事实层面具有一定的灵活性,法院可以根据具体案件的不同情况采取不同立场。如果合同制裁条款所规定的相关制裁行为为直接针对中国的歧视性限制措施,那么法院可以以违反《反外国制裁法》强制性规定为由认定该条款无效。如果因合同制裁条款所约定的相关制裁为对第三方的制裁而影响了该合同的履行,而继续履行合同可能会使当事人遭受严厉的惩罚、付出高昂的代价,当事人系基于商业的考量不得不遵守外国制裁法案,由于《阻断办法》属于部门规章无法达到强制性规定的效力位阶,法院不会径行认定该条款无效,可以根据具体情况判定是否对具体损失赔偿的请求予以支持。

参考案例1

马曼切特矿业公司诉艾吉斯管理机构等案①

案例概要

英国法院判决,对伊朗的制裁并未禁止美国所有或控制的外国实体保险公司根据制裁排除条款支付海上保险单下的有效索赔,保险活动属于美国新制裁全面生效前允许的交易逐步终止的范围。

① See Mamancochet Mining Ltd. v. Aegis Managing Agency Ltd. and Others [2018] EWHC 2643 (Comm).

基本案情

马曼切特矿业公司根据2014年4月30日签订的转让契约，成为案涉海上货物保险单的利益受让人。

海上货物保险单涉及的两票钢材货物于2012年8月23日和25日分别从俄罗斯运往伊朗，货物合计价值380万美元。货物运抵伊朗后被存放于港口的保税仓库；两票货物分别于2012年9月和10月被偷盗（利用伪造文件）。

被保险人于2013年3月提出索赔。保险人并未否认有权根据保险单索赔，但其以保单中的制裁限制和排除条款为由拒绝支付。保单适用英国法，制裁条款的措辞是伦敦保险市场（包括船壳保险和货物保险）上的标准措辞："如果提供此类保险、此类索赔的支付将使该（再）保险人受到联合国决议或欧盟、英国或美国的贸易或经济制裁、法律或法规的任何制裁、禁止或限制，任何（再）保险人均不应被视为提供保险，任何（再）保险人均无责任支付协议下的任何索赔或提供任何利益。"

2018年5月8日，时任美国总统特朗普重启对伊朗的制裁。2018年5月22日，被保险人向保险人（保单下合计有30家保险人，有19家涉及欧盟制裁的保险人同被保险人进行了和解）提出了索赔。最后剩下11家保险人参加了诉讼，其中2家仅仅以涉及欧盟制裁为理由拒绝付款赔偿；另外9家则同时涉及欧盟和美国制裁。

在判决作出期间，美国对伊朗的制裁制度发生了多次变化。被告保险人援引保险单中的制裁免责条款拒绝向原告支付索赔。但原告认为，即便被告支付索赔会因违反《伊朗贸易和制裁条例》而受到制裁，满足了制裁免责条款所设定的条件，但是其援引制裁条款主张合同免责的行为违反了欧盟《阻断条例》。

裁判结果

法院判决,只要在美国东部标准时间2018年11月4日晚上11时59分之前完成支付,保险人就不存在受到制裁的风险,被保险人有权获得赔款。

法院观点

英国法院分析了美国制裁的法制体系、欧盟制裁的法制体系以及保单本身应当如何解释。法院认为,保险人在2016年1月16日至2018年11月4日采用英镑支付保险赔款,并不违反美国制裁法。至于欧盟的制裁,事实上在2016年1月16日后,即伊核协议(Joint Comprehensive Plan of Action)正式实施之后,就不存在制裁的问题,欧盟也并未跟随美国重启对伊朗的制裁。

至于欧盟《阻断条例》,法院认为其同该案的争议和解决并无直接关联。欧盟《阻断条例》旨在对抗第三国或组织具有“长臂管辖”效果的立法,在其附件中涉及美国三方面的制裁立法,分别是针对古巴、利比亚和伊朗的制裁。在美国退出伊核协议后,欧盟重启并修订了欧盟《阻断条例》,出台了《附录修正案》,根据该法案第11条的规定,欧盟境内的自然人或者法人能够证明,遵守欧盟《阻断条例》的规定但不遵守美国重启的制裁措施将严重损害其自身利益时,可以依据该法案第5条获得豁免。

而对于保单本身的解释,法院认为,保单中的制裁条款并无意免除索赔本身;其目的仅仅在于根据相关的制裁制度,暂缓保险人的支付义务。当有关的制裁制度撤销时,保险人可以重新进行支付。因此,在分析了所有相关的制裁制度和该案的案情后,法院认为,只要在美国东部标准时间2018年11月4日晚上11时59分之前完成支付,保险人就不存在受到制裁的风险,被保险人有权获得赔款。

评析

该案中,英国法院将“面临制裁”与“面临制裁的风险”两者区分开来,认为只有当被告能够证明赔付会违反制裁的情况下才可以通过该制裁条款免责。在这种情况下,制裁条款并未涵盖赔付可能违反制裁的“风险”,因为在没有“明确的措辞”的情况下,人们不会期望被保险人达成一项协议,仅凭保险人指出存在违反制裁的风险就免除保险人的一项有效债权。[①] 该案所援引的制裁条款只是中止了保险公司的赔付责任,而不是完全取消赔付责任。中止支付索赔既不违反美国经济制裁法律,也不违反欧盟《阻断条例》。

合同中制裁条款从性质上是合同当事人之间契约自由的体现。因此,制裁条款中具体的表述非常关键。该案保单中的制裁条款采用的“面临制裁”一词不属于国际融资或资本市场合同制裁条款中惯常使用的典型表述。因此,对相关制裁条款的表述应当精准,才能准确区分所限定的情况。同时,该案中法院在解释商业合同时,始终必须考虑双方的商业利益。

① 参见杜涛:《国际经济制裁法律问题研究》(修订版),法律出版社2023年版,第305~307页。

参考案例2

拉梅萨投资有限公司诉塞尼吉银行案①

案例概要

英国法院认定,制裁条款中所指的强制法律规定包括未被阻断法阻断的相关美国制裁法律。

基本案情

拉梅萨投资有限公司根据英国法律与塞尼吉银行签订贷款协议并向其提供3000万英镑贷款。该贷款协议包含一项条款,约定如果塞尼吉银行为遵守任何强制性法律规定、法规或任何有管辖权的法院的命令而未支付该等款项,则不构成违约。

拉梅萨投资有限公司由一名俄罗斯国民维克托·维克塞尔伯格(Viktor Vekselberg)先生间接实际控制,该国民在拉梅萨投资有限公司借出资金后被OFAC依据《第13662号行政命令》纳入SDN清单。2020年,塞尼吉银行援引贷款合同中的制裁免责条款拒绝向拉梅萨投资有限公司支付利息,理由是如果塞尼吉银行明知并继续为拉梅萨投资有限公司的俄罗斯所有者促成重大金融交易,并试图依赖上述法律合规条款,

① See Lamesa Investments Ltd. v. Cynergy Bank Ltd., [2019] EWHC 1877 (Comm); Lamesa Investments Ltd. v. Cynergy Bank Ltd., [2020] EWCA Civ 821.

美国可能会对其实施二级制裁。其中，塞尼吉银行所依据的法律、法规中的强制性规定为美国《2014年乌克兰自由支持法案》(Ukraine Freedom Support Act 2014)第5(b)条，该条规定若外国金融机构在知情的情况下与SDN清单上的个人进行金融交易，则侵犯了美国的国家利益。据此，塞尼吉银行拒绝向拉梅萨投资有限公司支付利息。

故拉梅萨投资有限公司诉至英国高等法院，称美国的次级制裁的风险并未被法律明文禁止，不具有"强制性"，因此并不禁止塞尼吉银行支付相关利息。案涉条款是一种标准措辞形式，需要更明确的措辞才能让塞尼吉银行免除其付款义务。

塞尼吉银行辩称，欧盟《阻断条例》第5条中使用的语言与贷款协议第9.1条中使用的语言非常相似。"任何人……不得直接或间接遵守附件中规定的法律或基于该法律或由此采取的行动而直接或间接导致的任何要求或禁令。"依据欧盟《阻断条例》，该措辞适用于附件中提及的美国法律。因此可以推断，案涉条款与欧盟《阻断条例》第5条相似的表述可以合理地得出适用于美国次级制裁的结论。

裁判结果

英国高等法院驳回拉梅萨投资有限公司的诉讼请求，认定塞尼吉银行拒绝支付不构成违约行为。

英国上诉法院驳回上诉，同意英国高等法院的判决，但部分理由有所不同。

法院观点

英国法院认为,“强制性法律规定”,是指当事人无法更改或必须适用的法律规定。考虑欧盟《阻断条例》附录中并没有列入美国《支持乌克兰自由法案》,任何一方都无法不适用美国的二级制裁,因此它们构成强制性法律。此外,次级制裁下存在处罚风险,塞尼吉银行的行为是“遵守”次级制裁,因此塞尼吉银行拒绝支付不构成违约行为。

英国上诉法院认为,根据英国法下公认的合同解释原则权衡一系列的案涉因素,包括相关背景、当事人的商业利益以及协议,旨在适用国际银行的标准条款,并指出该条款并未免除支付义务而只是推迟支付义务,这意味着塞尼吉银行并未违约。而且重要的是塞尼吉银行拒绝支付利息的原因,而不是塞尼吉银行支付利息的后果即是否肯定会受到制裁或可能受到制裁。关于“强制性规定”,如果某项规定施加了“要求或禁止”,则该项规定是强制性的,而欧盟《阻断条例》将美国次级制裁立法视为施加了“要求或禁止”。关于根据美国次级制裁规定不付款是否构成贷款协议第9.1条所指的强制性法律规定的遵守。该条款的初衷是供国际银行使用。国际银行面临的风险之一是美国次级制裁可能性的问题。并且案涉贷款协议第9.1条的起草者的意图是,如果其不付款的理由是履行合同将触发外国法规,那么借款人可以获得救济。欧盟《阻断条例》第5条的措辞比贷款协议第9.1条的措辞更广泛这一事实不会影响该论点。总体而言,该案贷款协议是在国际银行背景下签订的,符合相关国际资本监管规定,案涉制裁条款适用美国次级制裁立法有利于平衡贷款协议各方利益。

英国上诉法院强调了案涉制裁条款认定中的3点主要因素:第一,

各方和标准条款的起草者必须知晓欧盟《阻断条例》条款；第二，案涉制裁条款是标准条款；第三，美国次级制裁在签订合同时是影响欧盟内提供贷款协议各方的一个潜在问题。

评 析

由于欧盟《阻断条例》的阻断清单附录侧重美国涉伊朗经济制裁法律，未涉俄罗斯、朝鲜、古巴等国家，其范围的有限性导致英国法院在司法实践中认可欧盟企业为自身利益遵守经济制裁法律的做法，间接地承认了美国经济制裁法律的域外效力，欧盟企业的对外经贸活动仍然受到次级制裁影响。因此，部分欧盟企业通过制裁免责条款来免除次级制裁导致的违约风险。

国际商事合同中的制裁条款是当事人合作应对经济制裁风险所采取的策略，是对经济制裁影响之下发生冲突的合同利益予以权衡的手段。制裁条款的核心功能就是使经济制裁给合同履行带来的风险得以理性解决，最终实现合同目的。该案强调了对制裁条款的不同解释所带来的风险，即使使用了行业标准格式措辞，法院在具体认定时也需要根据具体情况权衡多种因素。因此，合同中尽可能纳入量身定制的制裁条款具有重要性，尤其是在可能遭受域外制裁的情况下。根据确切的事实模式，标准地遵守法律条款可能会导致意想不到的结果，而可以起草定制的制裁条款，因考虑域外措施，如次级制裁，将带来不同寻常的风险。在受到美国次级制裁的国家开展业务的企业需要考虑审查其标准合同中的制裁免责条款，以确保这些条款在面临二级制裁风险时能够按预期发挥作用。

(四)损失赔偿责任的范围

反外国制裁司法救济机制兼具反制和救济功能,其损失赔偿具有特殊的语境含义和目的。一方面,对执行或协助执行外国歧视性限制措施的主体予以经济追责上的威慑,并弥补我国主体的损失;另一方面,在相应利益平衡留有司法裁量的余地,维持良好可预期的营商环境。域外立法和司法实践也将反制裁法作为同单边制裁实施国谈判的筹码,以期待与该国就冲突事项达成合作。例如,英国在制定《保护贸易利益法》时,有意限制追偿诉讼的适用对象和可追偿的范围,避免因过于强势和激进的措施引起美国的强烈反对导致无法继续协商。① 因此,反外国制裁司法救济机制损失赔偿范围应当是有效的、成比例的和劝阻性的。

就具体损失赔偿范围而言,欧盟、加拿大等国家和地区在反外国制裁立法方面积累了部分经验。部分国家和地区的损失赔偿的请求范围包括直接损失和间接损失,部分国家和地区也包括诉讼费用。例如,欧盟《阻断条例》第 6 条授权欧盟经营者向"造成损失的个人或法人,或代表其行事的中间人"追偿"因实施附件中指定的法律或基于附件所采取的行动或由此引起的任何损害,包括法律费用"。② 加拿大《外国域外措施法》第 9 条规定,在外国诉讼中作为被告的加拿大主体可以追偿诉讼过程中所有的费用(包括诉讼费、律师费),以及因外国判决遭受的任何损失或损害。③ 立足我国国内的现实,考察国外追偿条款的立法、司法

① 参见刘桂强:《阻断法的当代发展与价值选择》,载《中国应用法学》2022 年第 2 期。

② See Council Regulation (EC) No 2271/96 of 22 November 1996. protecting against the effects of extra-territorial application of legislation adopted by a third country, and actions based thereon or resulting therefrom, article 6.

③ See Foreign Extraterritorial Measures Act, R. S. C., ch. F – 29 (1985) (Can.), article 9.

实践,本书认为,我国可以支持将直接损失、间接损失(包括诉讼费用)纳入损失赔偿的范围。

小　　结

反外国制裁司法救济机制是重要的涉外法律斗争工具。该机制的运行,既要站在国际法体系下考量,也要站在中国立场下思考,依照我国的法律法规特别是涉外法律法规以及我国缔结、参加的国际条约处理相关涉外诉讼,全方位统筹以有效维护国家主权、安全、发展利益,保护我国公民、组织的合法权益。反外国制裁司法救济机制完善应遵循中央事权原则、威慑原则和比例原则,构建审理涉制裁案件的特别程序。在程序规则上,应建立集中管辖、层报机制和飞跃上诉机制,进一步优化期间、送达、承认执行外国法院裁判和仲裁裁决的规则;在实体问题上,应明确原告请求权、认定歧视性限制措施和制裁条款的效力、确定损害赔偿的范围。通过司法救济程序的有效运行,巩固和维护反外国制裁法的实效,进而维护我国相关主体的合法权益和国家发展利益。

第五章

加快涉外司法审判人才培养储备

前　言

以统筹推进国内法治和涉外法治为方向，结合涉外司法审判发展及人才需求，明确涉外司法审判人才培养的目标是培育具备过硬的政治素养、综合的专业素养和较强的实践素养的高素质涉外司法审判人才，总体定位是专业复合、实战经验丰富的高端人才。探析涉外司法审判人才的培养路径，并探讨相应创新机制，形成自上而下、纵横联合、循序渐进的培养格局，构建院校联合培养机制，发挥各自的长板优势，采取灵活的培育方式，建立科学的培育体系，优化涉外司法审判人才的培养、使用、交流等各项机制，推动建设涉外法律争议解决职业共同体。

一、统筹推进国内法治和涉外法治中的涉外司法审判站位

(一)统筹推进国内法治和涉外法治之涉外司法审判职能要求

党的二十大报告提出，“加强重点领域、新兴领域、涉外领域立法，统

筹推进国内法治和涉外法治，以良法促进发展、保障善治”。[①] 坚持统筹推进国内法治和涉外法治是习近平法治思想的“十一个坚持”中的第九个坚持，统筹推进国内法治和涉外法治的核心要义有三层意思：一是要加快涉外法治工作战略布局，协调推进国内治理和国际治理，首要就是协调推进国内法治和国际法治，以法治方式应对复杂局势，加快实现国家治理体系和治理能力现代化；二是要强化法治思维，运用法治方式，有效应对挑战、防范风险，综合利用立法、执法、司法等手段开展对外法律斗争，坚决维护国家主权、尊严和核心利益；三是要推动全球治理变革和建设，推动构建人类命运共同体。[②]

全方位统筹推进国内法治和涉外法治，必须全面协调发展立法、执法和司法。加强涉外法治建设，关键之一在于铸就维护国家主权、安全与发展利益的“法律之矛”。在制定新的法律条款或修改既有法律条款的过程中，应以维护我国权益为着眼点，科学厘定我国法域外效力的边界，充分考虑外国的合理关切以及与国际法规则的兼容性，并在此基础上明确我国法域外适用的条件、方式、范围及其法律后果，并通过具有可操作性的制度和规则设计确保其落地实施。当今世界的国家竞争，更多的是规则、制度和法律竞争，充分、灵活利用国内法域外适用，是反击外国不合理的“长臂管辖”的有力法律武器。例如，2019 年《证券法》增加条款规定，境外证券发行和交易侵害境内市场秩序和境内投资者合法权益的，适用《证券法》的相关规定。该条款在国际经济金融交易日益互融的情势下，对于更好地维护我国国家金融安全和利益具有重要意义。

---

① 参见《习近平：高举中国特色社会主义伟大旗帜　为全面建设社会主义现代化国家而团结奋斗——在中国共产党第二十次全国代表大会上的报告》，载中央人民政府网，http://www.gov.cn/xinwen/2022-10/25/content_5721685.htm。

② 参见黄进：《强化涉外司法审判工作　促进涉外法治体系建设》，载中国法院网2021 年 7 月 28 日，https://www.chinacourt.org/article/detail/2021/07/id/6171798.shtml。

然而,实现国内法的域外适用,立法仅为第一步,在具体法律条文中明确国内法域外适用的原则与规则,赋予司法和执法部门对特定领域的域外管辖权后,能否有效适用、实施法律则是关键。只有司法和执法部门具备充分的能力和资源落实域外管辖权,通过国内法域外适用来赢得法治斗争的目标才能得以实现。

司法是维护公平正义的最后防线。人民法院作为国家审判机关,肩负宪法法律赋予的司法审判职能,发挥着有效解决各类涉外法律纠纷的重要作用,是平等保护各方当事人合法权益、积极维护国家安全和司法主权的重要阵地。作为统筹推进国内法治和涉外法治的关键环节,涉外司法审判工作是涉外法治体系不可或缺的重要组成部分。人民法院履行好涉外司法审判职能,必须深入贯彻落实习近平新时代中国特色社会主义思想和习近平法治思想;必须牢牢把握涉外法治建设的司法要求;必须坚定党的领导,站稳人民立场,统筹安全与发展。由内而外完善推进涉外司法审判机制建设,提升涉外司法审判水平,既要基于全盘考虑,也要从具体机制、措施入手,稳步落实推进;既要提升涉外司法能力,也要坚持合目的性、合规则性、合理性的司法理念;既要提升域外法与国际法的通识能力,也要提升国际法治交流与合作的能力。

(二)新时期涉外司法审判面临之时代挑战

1. 应对世界百年大变局,涉外法治地位凸显

当今世界正经历百年未有之大变局,国际秩序正处于深刻变化之中,推动世界新秩序发展需要以涉外法治方式发挥中国力量,而高素质涉外司法审判人才则是“唱响中国声音”的核心所在。

在国际层面,中国作为负责任的大国,深入参与全球治理,要依托国际组织,积极参与国际事务,凝聚正义力量,以涉外法治方式谋求在

国际规则、制度建设方面的主动权。然而,在推进涉外法治过程中,人才是关键。充分发挥涉外司法审判职能,加快规则示范和输出,加强国际法治交流合作,必须通过人的思维展现法治思维,以人的行为实现法治斗争目标,这就对高素质涉外司法审判人才培养提出了紧迫要求。

2. 契合双循环新发展格局,涉外司法重担在肩

加快建设双循环新发展格局,发展新质生产力,吸引全球先进生产力要素持续流入,用好全球创新资源,建设更优质、友好的营商环境,法治是重要力量,也是关键的吸引力之所在,高素质涉外司法审判人才则是练好法治"内功"的基础。

一方面,当今世界变局加速演进,地缘冲突引发的全球产业链供应链阻断的风险加剧。在经济领域,各国之间的合作不断加深,但同时经贸规则出现了更多的阻碍与风险——尤其是不确定性与不稳定性因素增加,导致保守主义恶性循环。各国运用绿色壁垒、技术壁垒以及贸易外汇管制措施的频率大幅增加,贸易保护工具滥用情形尤为突出。如美国通过《1988 年综合贸易和竞争法》、《1962 年贸易拓展法》第 232 条(国家安全)、《1974 年贸易法》第 122 条(国际收支平衡)等国内立法,授权商务部、农业部等行政部门采取配额管理、禁止进口、收取进口附加费等方式对进口实行限制。加之 WTO 项下与 GATT 项下的争端解决机制功能性失灵,导致国际贸易缩水与经济萧条。另一方面,"法治同开放相伴而行,对外开放向前推进一步,涉外法治建设就要跟进一步"。[①] 从宏观层面看,近年来我国不断健全完善涉外法律法规体系,现行有效的近 300 部法律中,涉外法律已达 53 部,特别是出台了《反外国制裁法》

① 参见《习近平在中共中央政治局第十次集体学习时强调 加强涉外法制建设 营造有利法治条件和外部环境》,载新华网,http://www.xinhuanet.com/politics/leaders/2023－11/28/c_1129996975.htm。

《外国国家豁免法》,修正了《民事诉讼法》有关涉外诉讼相关条文,加入《关于取消要求外国公文书认证的公约》,积极应对“长臂管辖”、外国制裁等,充实涉外法治斗争的法律“工具箱”。具体到个案审理,则体现了国与国关系的微观生态。例如在国际投融资领域,境外投资涉及境内担保,境内企业利用境外资金、以境内资产担保,国内企业在海外进行并购合作等市场行为中,若发生纠纷,在法律适用、司法管辖权、涉外裁判的承认与执行等方面的法治斗争不仅关系企业经营的成败,也关系我国经济发展的整体风险防范和市场化、法治化、国际化营商环境建设。2020年10月30日,上海金融法院作出(2019)沪74认港1号民事裁定,认可和执行中国香港特别行政区高等法院原讼法庭HCA 1712/2018号民事判决书,支持时和全球投资基金SPC－时和价值投资基金申请,①华信集团履行对境外投资者的承诺。该案涉及法律适用与司法管辖权确定等涉外司法审判中的常见核心问题,受到国际市场普遍关注,充分体现出涉外司法审判的重要示范意义。2018年,天齐锂业以40.66亿美元(其中包括中信银行牵头的跨境银团贷款35亿美元)收购智利化工矿业公司(SQM)23.77%的股权,2024年5月,SQM与智利国家铜业公司(Codelco)签署《合作协议》,预计自2031年开始,SQM不再拥有其智利阿塔卡马核心锂业务的控制权,2024年6月18日,智利金融市场委员会(CMF)驳回天齐锂业的相关申诉。锂矿业控制权直接影响行业价格

① 该案裁判要旨:申请人请求认可和执行的为缺席判决,被申请人未在合理期限内就该缺席判决在中国香港特别行政区法院寻求救济的,符合最高人民法院《关于内地与香港特别行政区法院相互认可和执行当事人协议管辖的民商事案件判决的安排》(已失效)所称的中国香港特别行政区法院之具有执行力的终审判决。无论是缺席判决还是对席判决,维好协议在内地法律效力的实体法问题,不属于本案审查的范围。该安排第9条第2款关于拒绝认可和执行当事人协议管辖的民商事案件判决之“社会公共利益”条件应作严格解释,不能以内地法律关于维好协议性质及效力的实体判断作为认可和执行该中国香港特别行政区的判决是否违反内地社会公共利益的认定标准,而只应考量认可和执行相关判决的结果是否有悖于该案审理之时的公共利益。

链，进而影响我国相关市场发展。该纠纷实际也反映出在跨境投资中，企业事前充分考量和防范投资国当地法律风险的重要性，以及在相关合作协议中，针对法律适用与司法管辖权提前作出安排，充分发挥涉外司法审判作用的重大意义。

因此，在国内层面，人民法院积极贯彻落实国家统筹推进国内法治与涉外法治要求，努力使涉外司法成为展示我国法治文化与法治吸引力、进行规则输出的窗口。一方面，通过不断完善涉外司法审判体制机制建设，向世界充分展示我国涉外司法的公正高效，塑造我国涉外司法的权威和既判力；另一方面，通过典型涉外司法案例，尊重国际经贸交易规则与惯例，释放规则信号，稳定市场主体预期，为优化营商环境奠定基础。然而，上述职能目标的实现，均需要高素质涉外司法审判人才队伍的支撑。扎实的案件审理技能，通识国际惯例、规则与国际法，融汇专业行业知识，深谙涉外司法审判的重大政治、社会意义，这些涉外司法审判人才必备素质的养成必然需要在培养机制层面加以设计，在具体培养方式方面加以落实。

二、涉外司法审判人才培养存在的问题与成因

“近年来，人民法院积极加强涉外司法审判工作，在服务保障高水平对外开放，依法维护国家主权、安全、发展利益等方面作出了积极贡献。但与应对外部风险挑战所需、高质量共建‘一带一路’所需、以中国式现

代化全面推进强国建设民族复兴伟业所需相比，涉外司法审判工作总体还是跟不上、不适应。"①

(一)涉外司法审判发展及人才需求

党的十八大以来，伴随我国高水平对外开放的持续推进，涉外司法案件呈现以下特点：一是案件数量高位运行。2021年审结一审涉外民商事案件2.1万件、海事案件1.4万件。② 2022年审结涉外商事案件9.5万件、海事案件7.6万件。③ 2023年审结涉外民商事案件2.4万件、海事案件1.6万件，同比分别增长3.6%、5.3%，平均审理时间缩短近10日。④ 二是新类型案件不断涌现。涉跨境电商、跨境破产、企业和资产跨境并购、金融衍生产品投资、中欧班列运单等新类型纠纷不断涌现，亟须明晰交易规则、规范行为界限、平衡各方权益。⑤ 三是案件审理难度加大。因同一争议涉及多国平行诉讼而产生的管辖权国际冲突案件增多，案件审理涉及国际条约、国际惯例和准据法适用的情形增多，司法

---

① 张军：《不断提升涉外司法审判工作水平 以审判工作现代化服务保障中国式现代化》，载《人民法院报》2023年12月5日，第1版。

② 参见周强：《最高人民法院工作报告》，2022年3月8日，第十三届全国人民代表大会第五次会议。

③ 参见周强：《最高人民法院工作报告》，2023年3月7日，第十四届全国人民代表大会第一次会议。

④ 参见张军：《最高人民法院工作报告》，2024年3月8日，第十四届全国人民代表大会第二次会议。

⑤ 参见周强：《最高人民法院工作报告》，2022年3月8日，第十三届全国人民代表大会第五次会议。周强：《最高人民法院工作报告》，2023年3月7日，第十四届全国人民代表大会第一次会议。张军：《最高人民法院工作报告》，2024年3月8日，第十四届全国人民代表大会第二次会议。

管辖权和法律适用等问题愈加复杂。① 四是案件影响力日益提升。涉及当事人已覆盖全球100多个国家和地区,国内国际关注度显著上升,对我国外交工作大局和国际形象塑造发挥着重要作用。② 与此同时,我国涉外司法审判在承认(认可)与执行涉外仲裁裁决的效率方面深受认可,引进境外专家智力资源也进一步发展,③国际司法交流合作更加深入。通过主办、参与各类国际司法会议,扩大我国涉外司法国际影响力,积极参与推动各类国际规则的制定。④

新发展格局下,日益发展的涉外司法事业须整体规划涉外法治人才培养,需要从坚定政治立场、具有国际视野、通晓国际规则、参与国际事务、善于维护国家利益等方面点明涉外法治人才建设的目标。⑤ 涉外法治人才的需求可归纳为三方面:一是高效公正审理各类涉外案件的需求;二是参与国际司法合作交流加强国际传播的需求;三是向国际组织输送国际法官、仲裁员的需求。公正审案需求是基础,国际司法合作需求作为涉外司法的保障,更紧迫。在面临外国法查明、协助调查取证、承认与执行等问题时,若无统一理解,一些涉外司法制度机制将被架空。

---

① 参见周强:《最高人民法院工作报告》,2022年3月8日,第十三届全国人民代表大会第五次会议。周强:《最高人民法院工作报告》,2023年3月7日,第十四届全国人民代表大会第一次会议。张军:《最高人民法院工作报告》,2024年3月8日,第十四届全国人民代表大会第二次会议。

② 参见周强:《最高人民法院关于人民法院涉外审判工作情况的报告》,2022年10月28日,第十三届全国人民代表大会常务委员会第三十七次会议。

③ 参见张军:《最高人民法院工作报告》,2024年3月8日,第十四届全国人民代表大会第二次会议。

④ 参见周强:《最高人民法院工作报告》,2022年3月8日,第十三届全国人民代表大会第五次会议。周强:《最高人民法院工作报告》,2023年3月7日,第十四届全国人民代表大会第一次会议。张军:《最高人民法院工作报告》,2024年3月8日,第十四届全国人民代表大会第二次会议。

⑤ 参见周强:《在习近平法治思想指引下 奋力推进新时代司法为民公正司法》,载求是网,http://www.qstheory.cn/dukan/qs/2022-02/16/c_1128368020.htm。

涉外司法协助将最终决定涉外案件是否具有域外效力。域外效力的权力源于互惠原则或条约协定,而这些又基于国际司法的交流合作。作为我国国际话语权的彰显——国际组织专家的地位十分重要,其间接决定国际组织作出何种决议与解释,同时在外交辞令的传达与弥合各国之间分歧中也发挥不可替代的作用。若使涉外法治充分发挥域外效力,身处国际组织的我国籍专家则起到十分重要的推动作用。

(二)涉外司法审判人才培养的现状

1. 涉外司法审判人才培养存在的问题

当前,涉外司法审判人才队伍有“小”“少”“散”“乱”的特点。

首先,从人才培养体系看,国内涉外司法审判人才培养主要存在“两头小中间大”的问题,即涉外高端司法审判人才和辅助人才少,同质化人才多。一是从高校培养体系看,目前中国有700多所大学设立了法学院,课程体系、教材使用、教学方式等同质化现象严重,这虽然填补不了涉外司法审判人才和辅助人才的缺陷,但是也导致就业难等一系列问题。“十一五”期间,中国高校法学教育累计培养法学类专业本科毕业生36万多人,但短板弱项明显,合格的涉外法律人才比例极低。[①] 例如,全国70万名律师中,专职涉外律师不过万余人,占比仅为1.4%。供给端的这些问题直接反映在需求端,一方面,涉外司法审判人才队伍的数量和质量远远不能满足法院工作需要;另一方面,法院系统薪酬待遇和职业前景相比法律职业共同体的其他行业而言不具有优势,导致一些优质人才流失,同时法院从其他法律职业共同体引进高素质人才也进展缓

① 参见黄惠康:《双管齐下,破解涉外法治人才培养困局》,载网易网2024年6月30日,https://www.163.com/dy/article/J5V6MKB405218636.html。

慢。① 二是就法院内部的涉外司法审判人才培养而言，虽然在最高人民法院及各省市高级人民法院、中级人民法院乃至基层人民法院均建立了专项涉外司法审判队伍，但是受到案件数量的客观限制，法院系统内的人才培训并未形成常态化培养机制，且培训方式单一，延续性不强。人才梯队并未建立。

其次，从人才培养目标看，涉外司法审判人才培养目标不明确。目标一定是结合需求而制定的，要契合前文分析的涉外司法审判人才的三方面需求：履行涉外司法审判主责、加强国际司法交流、向国际组织输送人才，我国目前的涉外司法审判人才培养目标还未能很好地契合涉外司法审判的职能要求，未能针对性地解决我国涉外司法审判人才面临的供给不足、培养不精、素养不全、能力不够的问题。目前，具备扎实法学专业功底、精通外语、具有行业理论学识和实操技能、通识国际规则、惯例和国际法律的复合型的涉外审判人才严重不足，通晓英语、日语、法语、德语、俄语以外其他非通用语种的涉外司法审判人才更是稀少。例如，"一带一路"横跨65个不同国家，而涉外司法审判队伍中真正通晓哈萨克语和乌克兰语或中东欧国家语言的人才极其稀少，通晓上述语言区域法律的更是凤毛麟角。如前文提到的天齐锂业在智利的投资行为，如果引发诉讼纠纷进入我国涉外司法审判程序，且适用智利法律，那么我国涉外司法审判人才培养的不足即时显现。

最后，从人才使用方面看，涉外司法审判人才的畅通流通机制尚未形成。从建设法律职业共同体视角看，实现涉外司法审判与涉外法律服务、外交事务等人才共育交流非常有必要。在实践中，当面对涉外司法案件时，往往会出现司法审理的应对措施与我国的政治与外交姿态不能

① 例如，上海金融法院在设立之初曾设想引进其他行业的高素质法律人才，但最终未能实现。

及时相称的现象。特别是在我国加快推进双循环发展战略，加快双向开放进程中，国际经济贸易争端的多元化解决已成必然趋势，推动法治化、市场化、国际化营商环境建设，对高效解决涉外经济贸易纠纷提出了更高要求。面对投资者—国家争端解决（ISDS）的普遍化与国际化趋势，司法实践的应对举措尚不能满足双循环发展战略对深化改革开放的法治需求，投资者未能得到有效途径以保障自我权益，这对我国在吸引外商投资以及国际经贸中的正面形象造成了一定的影响。在面临国际贸易诉讼时，一些司法裁判采取拒绝管辖的态度，导致在国际舆论中产生不利影响。① 当然，《民事诉讼法》对涉外案件的管辖进一步加以细化，对当事人就涉外民商事纠纷协议选择我国法院管辖，不再限定“实际联系”，同时也明确了“不方便法院原则”条款。但是分析引发拒绝管辖的司法裁判的因素，涉外司法审判人才不足也是主要原因之一，同时也与我国目前涉外司法审判人才与涉外法律服务人才、外交人才流动机制并

① 成都法院涉外民商事审判十大典型案例（2018～2022年），柬埔寨某租赁公司（以下简称租赁公司）与四川省某建筑公司（以下简称建筑公司）管辖权异议案：租赁公司法定代表人（该公司董事长）为中国公民，建筑公司为国有独资公司。建筑公司因在柬埔寨承包建设工程，向租赁公司租赁建筑设备，双方在成都签订了《建筑周转材料租赁合同》约定租赁事宜，合同履行中因租金支付发生争议，租赁公司向成都市某基层人民法院提起诉讼。建筑公司在答辩期间对该案提出管辖权异议，认为成都市某基层人民法院对该案无管辖权或不方便管辖，该案应当由柬埔寨金边初级法院审理，要求驳回租赁公司的诉请。成都市某基层人民法院一审认为，该租赁公司系外国企业，该案应属涉外民事案件。因双方约定发生争议时向合同履行地法院提起诉讼，而案涉项目位于柬埔寨，即该案的合同履行地应当系柬埔寨，合同履行地法院更便于查明案件事实；且案涉合同属于建筑材料租赁合同，亦不属于中华人民共和国法院专属管辖。建筑公司提出管辖权异议，一审法院裁定驳回租赁公司的起诉。租赁公司向成都市中级人民法院提起上诉，成都市中级人民法院二审认为：建筑公司是中国法人，案件裁判结果与中国法人利益相关，该案不属于最高人民法院《关于适用〈中华人民共和国民事诉讼法〉的解释》（2020年修正）第532条第4项规定中“案件不涉及中华人民共和国国家、公民、法人或者其他组织的利益”的情形，一审裁定驳回起诉系适用法律错误，且一审法院没有涉外商事案件的管辖权，该案应当由成都市中级人民法院管辖。

未畅通有关，从而导致涉外法律职业共同体协同发展、相互支撑的局面难以形成。

2. 涉外司法审判人才培养问题的成因

一是涉外司法审判人才培养的机制和模式未能与时俱进。新时期，国际形势复杂多变，服务好国家发展战略，发挥好涉外司法审判的能动作用，要契合涉外司法审判对人才的需求，要在宏观层面建立科学的具有实践性的涉外司法审判人才培养机制，同时综合利用好法律职业共同体的各类资源，丰富培养模式，有针对性地加强人才的短期速成培训，以便迅速满足不同审判岗位的实践需要。

目前，涉外司法审判人才培养机制和模式存在以下问题：一方面，尚未打通法院与其他部门的双向联合培养通道。受制于法院办案人员紧张等因素，审判人员跨部门、跨领域的专业性培训交流并未形成常态化机制。院外流入人员多，院内流出人员少。① 因此，打通法院与高校联合培养通道，在优势高校建立涉外司法审判人才培养基地，法院从在岗或者后备的涉外司法审判人员中选拔一批政治素养过硬、法律功底扎实、外语能力强，同时具备一般的国际法、国际规则通识及一定行业专业知识基础的同志，根据各法院涉外司法案件实际需要进行针对性培训，培养人才实为务实之举措。另一方面，尚未形成充分利用培训机构等社会力量和资源的培养机制和渠道。拓宽合作渠道是落实培养目标、实现培养机制的具体抓手。一些涉外司法审判专项培训还仅限于聘请高校教师授课，众多优秀涉外仲裁、法律服务行业培训资源并未被及时引进。另外，涉外司法审判人员与法律职业共同体之间的交流和境外学习实践机会也受制于法院系统的一些外事规定而未能长效展开。此外，针对翻

① 参见贾宇：《新时代司法机关与法学院校共同培养法治人才的实践与思考》，载《中国应用法学》2024 年第 3 期。

译人员、咨询专家等涉外司法审判辅助人员的培养机制尚存空白，尤其是明确其参与相关执法司法活动的资质要求以及翻译、咨询、鉴定等的法律效力等方面的培训模式尚未在顶层设计中明确。

二是涉外司法审判人才培养的内容仍需优化调整。以往，针对涉外司法审判人才培养的内容主要限于国际法等相关法律学科及法律英语等外语能力素养。但随着我国对外开放深入进行，“一带一路”倡议的推广等的落实，“海外中国”加速形成①，涉外诉讼纠纷出现了新特点，其不仅与国际市场交易惯例规则联系更加紧密，也牵涉更多跨境、跨地域的法律内容，经济贸易纠纷往往还牵涉国家外交政策考量，涉及更多专业领域与细分市场。这就要求处理涉外案件的审判人员具备更多、更全面的知识素养和能力。反映到涉外司法审判人才培养的内容方面，就必须与时俱进，调整培养内容，除了传统知识素养外，还要特别注意增加域外不同区域、法系的法律知识，“一带一路”共建国家的小语种知识，法律之外的政治经济外交知识等跨领域素养培养，以及现代数据技术应用技能。以更好地适应“一站式”国际民商事纠纷解决机制下涉外纠纷线下线上一体解决新趋势。

三是涉外司法审判人才使用的机制尚未畅通完善。只有进一步完善涉外司法审判人才培养、使用机制，才能使人才用得好、动起来、留得住。虽然建设法律职业共同体由来已久，但是就目前实际情况而言，职业共同体内部的人才流动并未形成长效机制。法律职业共同体建设不仅是社会经济发展的客观需求，也与法治建设进程息息相关。充分利用共同体资源，实现人才互通，是畅通涉外司法审判人才使用机制的必然要求。因此，进一步完善我国涉外司法人才培养相关制度与配套措施，

---

① 参见黄惠康：《双管齐下，破解涉外法治人才培养困局》，载网易网2024年6月30日，https://www.163.com/dy/article/J5V6MKB405218636.html。

要以促进司法审判职能发挥为核心,打通司法审判人才、仲裁专家、优秀律师等纠纷多元化解人才、涉外法律服务人才、高校专家学者流动循环体系,加快建设配套的人才跨域任用机制,逐步清除涉外司法人才跨部门、跨地域使用的流动障碍,打通不同类别单位的人才身份管理、职称管理、财政社保人事等相关机制,建立以人才为核心、符合我国国情和发展需求的全方位涉外司法人才管理制度,优化涉外司法审判人才从选拔、培养、吸引、任用到流动的全过程。

三、涉外司法审判人才培养的目标与定位

(一)涉外司法审判人才之培养目标

1.过硬的政治素养

涉外司法审判人才在争端解决、国际规则制定等方面肩负维护国家利益的重要使命,具备过硬的政治素养是基本要求。忠于党、忠于国家、忠于人民、忠于法律是涉外司法人才政治素养的具体表现。深入学习贯彻习近平新时代中国特色社会主义思想,增强“四个意识”,坚定“四个自信”,在中国特色社会主义法治理论的指导下进行法律研究和法律实践,才能坚定社会主义法治理论自信的正确政治方向。我们所培养的涉外司法人才唯有具备坚定的政治立场和过硬的政治素养,才能在复杂的国际环境中维护国家利益,维护中国司法的权威和尊严。

2. 综合的专业素养

涉外司法审判人才应当具备的专业素养主要体现在三个方面:法律素养、法律外语素养、外事工作素养。

在法律素养方面,涉外司法审判人才应当具备扎实的法律知识、深厚的理论功底,精通国内法,与此同时还能够正确理解和适用国际条约与国际惯例、掌握国际司法发展动态。首先,夯实国内法知识是涉外司法人才培养的基础。其次,正确理解和适用国际条约与国际惯例,系统掌握国际法知识是涉外法治人才培养的重要任务。此外,在国际争端解决机构中的中国籍法官的数量非常有限,在国际组织中"发出中国声音",是直接向世界展示中国司法形象的重要渠道。因而,涉外司法审判人才的培养不仅应当以培养能够在中国法院审理涉外案件的司法人才为目标,培养能够在国际争端解决机构参与案件审理的中国籍司法审判人员也应当是涉外司法人才培养的应有之义。

在法律外语素养方面,语言是国际交流的重要渠道,精通法律外语是涉外司法审判人才所应具备的沟通交流技能。对于优秀的涉外法治人才来说,法律外语能力的重要性不亚于法律知识能力。法律外语在涉外案件审判中处于重要地位,它是审判人员或审判辅助人员能够胜任涉外案件审判工作的基础。其中,法律英语占据法律外语的主导地位。但需注意的是,法律英语不等于法律加英语。法律英语具有很强的专业性,不同于日常生活中使用的英语。培养精通法律英语或其他法律外语的涉外司法人才,应当以涉外司法审判人员能够以英语或其他外语读懂国际规则、分析具体案件中的争议条款为具体目标。

在外事工作素养方面,涉外司法事务的涉外因素要求相应岗位的涉外司法审判人才应当具备丰富的外事工作经验和出色的外事工作能力。外事活动有特殊的行为规则,牵涉国家形象、尊严与利益,在涉外司法活动中,严守外事规定规则,对于中国法院与司法审判而言具有重要意义,一方面，严格遵守外事规定规则，体现了涉外司法的庄严与规范；另一方面，体现对所涉国家和当事人的尊重及我方的专业素养。因此，涉外司法审判人员应熟悉外事活动的政策规定，在外事交流中选择性吸收他国司法审判经验，在外事交流中以出色的表达能力向世界传递中国司法的声音，提高中国司法的话语权。

3. 较强的实践素养

涉外司法审判人才必须具备较强的实践素养以及丰富的实践经验。全面把握梳理案件事实、精准适用法律、熟练驾驭庭审需要的不仅仅是理论基础与综合素养，经验积累也尤为重要。在个案中总结经验，强化综合概括能力与应变处置能力是实战经验的主要养成方式。综合概括能力即在庭审中正确归纳争议焦点，引导当事人围绕争议焦点有针对性地举证、质证，以查明案件事实、辨明责任。应变处置能力为针对案情复杂、当事人个体特殊情况，以及庭审中出现的突发事件，以迅速的反应能力与果断的处置能力正确处理问题，防止矛盾激化。上述实践能力的培养需要长时间的体系化培养，不可一蹴而就。因此，对于涉外司法审判人才来说，必须坚持一以贯之的体系化实践培养。

（二）涉外司法审判人才之总体定位

1. 专业复合型

法律是一门解决社会问题的学科，随着社会的进步和发展，法律已经深入金融、知识产权、生物医药等各领域。因此，复合型司法人才既要有扎实的法律功底，又要通晓金融、贸易、生物医药等专业知识。而涉外案件因其相较国内案件的特殊性，对司法审判人员及审判辅助人员提出了特殊要求。涉外司法审判人才在具备扎实的国内法专业知识、深厚的理论功底的基础上，应当具备复合型专业背景知识。

具体而言，其一，具备扎实的法律外语功底。目前，与“海外中国”

呼应,中国涉外司法审判涉及的国家和地区的范围不断扩大,境外诉讼主体主动选择中国法院管辖的案件日益增多,承认与执行涉外法院裁判、仲裁裁决也将越来越多。接轨国际司法实践,离不开精通法律外语的涉外司法人才。在实践中,有相当一部分涉外案件的争议焦点源于双方当事人对争议合同条款的不同解读,这就必然对司法工作人员的法律外语能力提出了较高要求。其二,通晓国际规则与惯例。处理涉外法律关系不可避免地需要适用国际条约与国际惯例。我国《民事诉讼法》《民用航空法》《海商法》等法律均规定了国际条约在我国适用的基本原则。此外,在国内适用我国所缔结或加入的国际民商事条约是履行我国的国际法义务;适用当事人选择的国际惯例是尊重各国私法通行的意思自治原则;在审理涉外民商事案件中适用国际规则也是我国建设市场化、法治化、国际化营商环境的必然要求。基于此,熟悉国际法、国际规则与国际惯例,是妥善化解纠纷的基本前提,精准理解与适用,以确保涉外司法的公正,为纠纷当事人提供稳定预期,树立中国司法权威。其三,掌握金融、科技等多领域的专业知识。随着社会的不断发展,社会分工精细化已经成为现代经济发展的基本模式,隔行如隔山。一方面,每一专业领域知识自成体系;另一方面,现代社会是法治社会,法律参与社会治理的方方面面,法律与科技、法律与金融、法律与医学等的交叉关系日益紧密。例如,在专利侵权纠纷中,审判人员需要掌握与涉案专利相关的理工科知识;在金融衍生品种交易纠纷中,审判人员需要掌握金融领域相关知识。因此,在涉外司法审理中,需要审判人员拥有复合型背景知识。以“法律 + 金融”“法律 + 科技”等复合型视角,检视涉外诉讼纠纷,以跨学科逻辑梳理当事人争议问题,打破学科界限,才能够在涉外司法实务中真正化解某一领域的具体争端。

2. 实战经验丰富

涉外司法活动解决的是现实的争议纠纷,因此,涉外司法审判人员实战经验水平决定了纠纷解决的质量。案卷研阅、法律检索、庭审、调解四个方面的能力水平是涉外司法人员实践能力的重要体现。在案卷研阅方面，涉外司法审判人才应当具备通过查阅卷宗快速把握争议核心要点的能力。法律检索能力是法律专业人员必备的素养。掌握法条检索能力是研究某具体法律问题的基础，尤其是在涉外案件中，外国法查明对于某些案件的判决至关重要。在庭审中，涉外司法审判人员应当具备顺利推进庭审的能力，居中裁判，把握庭审节奏。在调解中，应当具备化解争议双方的矛盾冲突，准确把握各方关注点进行沟通与说服的能力。主体涉外的案件涉及的不仅是事实与法律的交流，还涉及当事人不同的思维方式、文化环境，以及所处法系的差异，这些因素对涉外司法审判人才的能力提出了新的要求。

3. 高端审判人才

涉外司法涉及面广，牵涉国家利益、主权与发展，因此，涉外司法审判人才应定位于高端人才。高端人才的表现形式主要分为两方面，即具备高学历与丰富的实践经历。高学历意味着受过系统的专业教育与通识教育，具备高学识与高素养；丰富的实践经历意味着涉外司法人才具有丰富的实习经历、跨国交流经历、跨领域实践经历等，并能将从其中掌握的经验方法运用于司法实践。

四、务实与创新：涉外司法审判人才培养之格局与路径

2023 年 2 月 26 日，中共中央办公厅、国务院办公厅印发《关于加强新时代法学教育和法学理论研究的意见》，要求法治工作部门加大对法学院校支持力度，积极提供优质实践教学资源，做好法律职业和法学教育之间的有机衔接。在创新涉外司法审判人才培养路径方面，从优化顶层制度设计、聚合资源联合培养模式、促进涉外法律职业共同体建设等方面，实现涉外司法人才培养、使用、流动的全体系提升。

(一) 形成自上而下、纵横联合、循序渐进的培养格局

1. 注重顶层设计

2021 年 9 月 27 日，习近平总书记在中央人才工作会议上发表重要讲话，强调要“加快建设世界重要人才中心和创新高地，必须把握战略主动，做好顶层设计和战略谋划”①。涉外司法审判人才培养同样如此，做好顶层设计，形成自上而下、纵横联合、循序渐进的培养格局。在顶层设计中明确培养目标、定位，明确具体的时间轴与方案，能够让人才培养目标得以“落地”，推动人才培养创新路径贯彻与实施。

① 习近平：《深入实施新时代人才强国战略 加快建设世界重要人才中心和创新高地》，载《求是》2021 年第 24 期。

2. 一体化培养模式

建立审学研一体、国内外联合的培养机制是推进涉外司法人才培养储备的必然需求。审学研一体即先在司法实践中提出问题，通过调查研究解决问题，再通过业务培训推广研究成果，形成一种审判实践中的良性循环。国内外联合的培养机制即培养涉外司法人才，不仅要让涉外司法审判人才接受国内高校系统的法学教育，具备扎实的国内法基础，还要与国外高校、社会资源建立联合培养的合作关系，使得涉外司法人才掌握其他法域的基础知识，为解决日益复杂的涉外纠纷提供知识储备。

3. 特色化培养模式

近年来，“一带一路”倡议、粤港澳大湾区建设、自由贸易试验区建设飞速发展，对涉外司法审判人才提出了新的要求。培养能够服务于自由贸易试验区等特色法律需求的司法人才，要针对不同需求，推进特色化人才培养模式。以粤港澳大湾区为例，该项目建设覆盖的领域较广泛，在粤港澳合作工程中不可避免地会出现一些跨境或涉外法律问题。熟悉三地法律，保障司法程序合乎“一国两制”的精神内核，为粤港澳大湾区建设提供法治保障，是该地区涉外司法审判人才特色化培养的重点和目标。

4. 试点培养模式

涉外司法审判人才培养模式的创新路径是否有效、是否可行，不在于纸面上所搭建的培养模式是否精巧完备，而在于通过“先行先试”的方式加以落实，在试点中总结培养模式创新路径的经验，反思不足，为后续的规模化培养奠定基础。试点对象需要具备一定的客观条件，即案件资源与研究资源。在涉外案件较集中，且高校资源较丰富的区域进行试点，能够将法院与高校各自的优势有效地发挥出来。

(二)构建涉外司法审判人才院校联合培养机制

1. 发挥各自长板优势

人民法院的优势在于其处于司法审判一线,丰富的案源提供了锻炼实战技能的机会。而高校的优势在于雄厚的师资力量、科学的教学体系、完备的人才培养体系,以及进行深入理论研究的平台与氛围。建立法院与高校的联合培养机制,让法院与高校发挥各自的长板优势,在涉外司法审判人才培养上发挥各自作用。院校联合机制的构建对人才培养所产生的作用将大于高校或法院各自培养人才所取得的成果,取得"1 + 1 > 2"的效果。一方面,高校的研究成果能否运用于实践,理论能否与实践相结合,需要由司法实践来检验;另一方面,让涉外司法人才具备在个案中总结经验、在实务中发现理论问题并对此进行深入研究的能力,需要高校培养体系的支撑。例如,以上海金融法院与上海交通大学中国金融研究院的战略合作为参考,两者合作旨在利用各自的背景与资源优势培养复合型金融法律人才。借鉴该院校合作模式中的可取之处,在涉外司法人才培养中亦可建立这样的合作机制。

2. 采取灵活培养方式

灵活培养方式主要分为4 种类型,即委托培养、短期进修、互派导师或专家、研究专项课题。

委托培养,是指由用人部门委托高等学校培养学生的制度,类似"订单式培养"。此种培养方式在医学专业中较常见,住院医师委托培养是我国医学教育标准化和国际化的重要举措。若在涉外司法审判人才的培养模式中能够引入委托培养的模式,在一定程度上能够让司法人才在被培养的过程中兼顾理论与实务,具有较为丰富的实战经验,以及较好地解决实务问题的能力。

短期进修则可以让涉外司法审判人才在短时间内集中学习某学科

体系下的专业知识，接受专题式的培训。法院与高校可以开展合作，为涉外司法审判人员提供短期的、集中式的学习机会。

互派导师或专家的培养方式，对高校来说，即在“双导师制”培养模式下，学生在培养期间内由校内导师与校外导师共同完成带教，其中校外导师可以由各级法院的法官担任。对于法院来说，即通过聘请高校学者担任专家咨询委员，就涉及复杂案情或新交易模式、新颁布法律等新类型疑难复杂案件提供专业意见建议。

在研究专项课题方面，高校与法院建立起合作平台。一些课题所涉问题复杂，往往横跨法学理论与司法实务。例如关于以公共秩序为由拒绝承认与执行外国仲裁裁决的课题，其研究过程离不开理论分析，也离不开实践案例，往往需要高校与法院合作完成，以使课题研究切实解决司法实践中的“真问题”。

3. 建立科学的培养体系

建立科学的培养体系主要体现在两方面，即健全指标量化的评估体系，以及建立全周期、闭环式的人才培养模式。

量化指标在建立科学评估体系中起着至关重要的作用。在院校联合培养体系中，法学院学生在实习单位的参与度与学习成果、审判一线法官参与学生带教的程度、涉外司法人员参与短期进修的成果等，都可以通过量化指标形成可视化的评估结果。

全周期是从立项到结项的整个过程，包括 4 个阶段，即计划（plan）、执行（do）、检查（check）、处理（act），形成完整的 PDCA 闭环培养体系。这是一种闭环式管理，重视四个阶段的环环相扣，通过总结检验成果推广有效经验，反思不足之处，进而将经验应用于下一个 PDCA 循环中。现有的院校合作人才培养并未实现全周期、闭环式的模式，囿于机制的缺失，学生参与实践学习往往仅限于一个阶段，未能参与全周期的培养、也未能参与闭环式的培养。若能够以全周期、闭环式的模式培养涉外司法审判人才,各环节环环相扣,反思不足,逐渐推进,则能实现对涉外司法审判人才的系统化培养。

(三)构建涉外司法审判人才职业共同体

1. 构建涉外司法审判人才培养全体系

把涉外司法审判人才培养置于涉外法律争议解决人才培养的整体框架中,与司法部牵头的两个人才培养计划相协调(涉外律师+涉外仲裁),构建全体系涉外司法人才职业共同体。

依教育部学位管理与研究生教育司、司法部律师工作局《关于实施法律硕士专业学位(涉外律师)研究生培养项目的通知》《司法部、教育部、科学技术部、国务院国有资产监督管理委员会、中华全国工商业联合会、中国国际贸易促进委员会关于做好涉外仲裁人才培养项目实施工作的通知》,涉外律师与涉外仲裁作为法律职业共同体的组成部分,以及争端解决机制不可或缺的环节,已经开始体系化培养满足专门需求的涉外法治人才。相较而言,涉外司法审判方面尚无专门的人才培养计划。涉外律师、涉外仲裁人员与涉外司法人才是涉外法律纠纷化解的重要力量。为补齐涉外法治人才短板,更好地促进我国法律职业共同体发展,促进涉外法治职业共同体的交流与互促互进,涉外司法审判人才培养应尽快开启体系化之路。

2. 集合各方资源提升涉外司法审判人才培养效率

加强涉外律师、涉外调解、涉外仲裁、法院、法学院校的交流合作,提升跨领域、全方位法律职业共同体语境下的涉外司法审判人才培养效率。

具体到涉外司法审判人才的培养路径,项目实施需要各板块优势互补,通力细致协作,注重发挥各方的特有优势。发挥律师对外联络与交往的优势,吸引一大批专家来访,并定期开展经验交流。利用律师执业机会,使外界更加深入了解我国市场化、法治化、国际化营商环境的具体措施,从而进一步增强外国友人与专家的交流意愿,形成良性循环。试点开放金融领域法律服务市场,通过自由贸易试验区先行先试,逐步放开外国律师的境内执业限制,吸收更多国际先进法律服务经验,为我所用,为涉外司法审判人才培养提供更多实践机会。充分利用仲裁参与纠纷解决所形成的国际通用话语渠道,考察更多涉外仲裁专家的专业知识技能与裁决经验,通过仲裁平台模拟纠纷场景,为涉外司法审判人才培养提供更多纠纷实战操练机会。

3. 发挥人民法院实践教学的主导作用

加强司法审判与专业机构合作交流,积极吸纳专业机构共建"一站式"纠纷解决平台,从而实现案件信息共享,积极推动建设职业共同体的内部建议接纳机制。积极引入具有国际影响力的高素质法律智力资源,发挥其在外国法查明、国际条约、国际规则、惯例的司法适用等方面的积极示范教学作用。考察迪拜、新加坡等国际金融中心的成熟做法,通过聘用制、任期制等灵活方式,吸引在国际某一专业领域具有丰富经验和较大影响力的法律专家为特聘法官或陪审员,与我国法官共同审理涉及适用境外法律、国际条约和国际规则惯例的涉外案件,从而建设、形成以法院为中心的涉外司法审判人才实践教学基地。

4. 丰富涉外司法审判人才教学实施手段

更新完善高校法学专业课程体系,融通建设法学专业理论教学课程和实践教学课程。契合互联网教育和 AI 教学新形态,创新教育教学智能信息化手段。可考虑采用中教 + 外教联合授课,线上教学 + 线下辅导,真实情景 + 模拟任务的创新教学模式,探索涉外司法人才培养新模式。充分运用线上资源技术,积极搭建涉外法律服务合作平台,开展线上课程、线上案例经验分享会与线上职业规划茶话会等,为涉外法治人才尤其是涉外审判人才的培养与发展搭建常态化教学平台。

5. 建设涉外司法审判人才国际交流平台

加强对外交流，可通过开展合作课题研究、共同举办学术研讨会、互派访问学者、对点调研涉外司法审判难点问题等形式，拓展对外交流领域，开辟更多合作渠道。发挥已有各类国际化论坛等平台的作用，如陆家嘴论坛、金融街论坛、世界互联网大会等，搭建涉外司法审判人才的国际化实习合作平台，提升涉外司法审判人才实战能力。充分利用各方渠道，与各类国际组织洽谈，例如，可利用中国法学会审判理论专业委员会等学术团体组织、中国法院金融审判国际交流（上海）基地，与各类国际组织签订合作交流备忘录，为涉外司法审判人才提供国际组织实习机会。

结　语

高素质的涉外司法审判人才是做好涉外司法审判的基础。站在统筹推进国内法治和涉外法治的大局视角，服务国家“双循环”发展战略，立足涉外司法审判实际需求，完善人才培养机制建设，整合各方资源，更新人才培养模式，调整人才培养能力素养内容，提升人才培养效率，以加快建设涉外纠纷解决法律职业共同体为推手，不断推进涉外司法审判人才队伍建设。

涉外法治文库

中国涉外民事诉讼通则　　何其生　主编

外商投资法及实施条例释用　　孔庆江　著

反外国制裁法释用　　霍政欣　主编

对外关系法释用　　何其生　范子豪　著

- 司法实践中的涉外法治　　肖凯　等　著

外国国家豁免法释用　　李庆明　著